양극화시대의 일하는 사람들

희망제작소 프로젝트
우리시대 희망찾기 **05**

양극화시대의 일하는 사람들
환경미화원에서 변리사까지

초판 1쇄 발행 • 2008년 12월 26일
초판 2쇄 발행 • 2009년 12월 10일

지은이 • 이병훈 · 윤정향 · 김종진 · 강은애
펴낸이 • 고세현
책임편집 • 박기효 안병률
펴낸곳 • (주)창비
등록 • 1986년 8월 5일 제85호
주소 • 413-756 경기도 파주시 교하읍 문발리 513-11
전화 • 031-955-3333
팩시밀리 • 영업 031-955-3399 편집 031-955-3400
홈페이지 • www.changbi.com
전자우편 • human@changbi.com
인쇄 • 예림인쇄

ⓒ 희망제작소 2008

ISBN 978-89-364-8550-4 03300
ISBN 978-89-364-7984-8 (세트)

희망제작소 프로젝트
우리 시대 희망 찾기

05

양극화시대의 일하는 사람들

환경미화원에서 변리사까지

| 이병훈·윤정향·김종진·강은애 지음 |

창비

'현장의 목소리'에서 희망을 찾다

민간 싱크탱크 희망제작소의 '우리시대 희망찾기' 연구 프로젝트는 민주화 이후 한국사회 현실을 심층적으로 진단하고, 이를 바탕으로 새로운 사회개혁의 전망을 모색하고자 하는 하나의 시도이다. 이 프로젝트가 같은 문제를 고민하는 다른 노력들과 구별되는 점이 있다면, 일상세계로 들어가 '현장의 목소리'를 듣고, 그 목소리가 들려주는 '아래로부터의' 경험과 지혜를 체계화하여 우리사회의 문제와 애로가 형성된 역사적·문화적·제도적 조건을 해명하고, 그러한 구체적이고 풍부한 이해 속에서 희망의 단서를 찾고자 한다는 것이다. '현장의 목소리'에서 출발해 사회 현실을 그려보고자 하는 '우리시대 희망찾기'의 문제의식은 이 연구 프로젝트의 연구방법론이자 사회 현실을 이해하는 태도이기도 하다.

이 연구 프로젝트를 기획한 것은 우리 두 사람이지만, 이 기획을 현실화시킨 것은 우리의 문제의식에 공감해 재능과 열정을 모아준 연구자들이다. 2006년 1월 희망제작소 내에 꾸려진 연구위원회는 집중 토론을 통해 모두 14개의 주제 영역을 설정하였고, 이후 주제별로 관련 '현장'에서의 활동 및 연구경험을 가진 전문가들로 연구팀을 구성했다. 각 연구팀은 독자적인 방식으로 연구를 수행하면서, 필요할 때는 연구팀 사이의 공통의 문제의식을 확인하고 토론했다. 연구의 전 과정에서 연구자들은 섣부른 주장보다는 현장 속에 유형무형으로 녹아 있는 다양한 목소리를 그려내고, 어렴풋하게나마 형성되고 있는 새로운 실천의 지향과 가능성을 드러내고자 노력했다.

주제별 연구자들에 대한 소개와 연구과정은 순차적으로 발간될 책에서 하기로 하고, 전체 프로젝트 진행에 참여하였던 분들을 간단히 소개한다. '우리시대 희망찾기' 첫권의 저자이기도 한 유시주 희망제작소 객원연구위원은 작가 특유의 지적 감수성과 깨어 있는 시민으로서의 사회의식을 바탕으로 '우리시대 희망찾기' 씨리즈의 주요 편집인으로서 연구내용을 감수했을 뿐 아니라 프로젝트 전체를 실질적으로 이끌었다. 이희영은 연구기획 이외에 연구방법론 전공자로서 모든 주제 연구가 '현장의 목소리'에 기초하여 재구성될 수 있도록 전체 연구내용을 감수하고 자문했다. 강현선 연구원은 섭외, 조직, 예산집행을 포함한 연구진행 실무를 책임졌다. 또 삼성은 '우리시대 희망찾기'의 연구가 실현될 수 있도록 연구기금의 지원을 아끼지 않았고, 창비는 경제적 효과를 기대하기 힘든 연구보고서의 출판을 기꺼이 맡아주었다.

생활세계의 구체성과 풍부함에 주목하고자 하는 우리의 문제의식이 기존의 연구방법에 대한 아쉬움에서 말미암은 게 사실이지만, 그렇다고 해서 이 연구가 지금까지의 다양한 이론적·경험적 연구결과들과 무관한 것은 아니다. 오히려 기존의 다양한 연구성과들은 현장의 목소리를 재구성하기 위한 분석과 해석 과정에서 중요한 자원이 되었음을 밝힌다.

'우리시대 희망찾기'의 연구결과에 대한 평가는 독자들의 몫이다. 우리는 독자들과의 다면적인 소통을 통해 연구결과가 평가되고 재해석되는 과정이야말로 이 연구의 마무리라고 생각한다. 독자들의 날카로운 질책과 비판을 기대한다. 마지막으로, 낯선 연구자들에게 마음을 열고 '나의 이야기'를 들려준 구술자들이야말로 이 프로젝트의 기본 동력이었음을 밝히며, 귀한 시간을 내어 경험과 지혜를 나누어주신 그분들께 진심으로 감사드린다.

2008년 12월

박원순(희망제작소 상임이사)

이희영(대구대학교 교수·사회학)

차례

일러두기

1. 구술자의 이름은 가명으로 하되, 구술 당시(2007년)의 성별·나이·직업을 본문 뒤 '구술자 소개'에서 밝혔다.
2. 구술자 인용은 연구팀에서 작성한 녹취록을 바탕으로 했고, 해당 녹취록의 면수를 각 인용문 뒤에 밝혔다.
3. 구술자 인용은 녹취록을 그대로 따르는 것을 원칙으로 하되, 가독성을 지나치게 해치는 부분만 일부 빼거나 가다듬었다. 인용문 가운데 일부 중략한 곳은 (…)로 표시했으며, 인용자의 설명의 필요할 때는 ( )안에 넣었다.

일하는 사람들이 증언하는 노동양극화

연구 배경

우리사회에 풍요와 빈곤의 "비동시적 동시성"*이 날로 커지고 있다. 연간 수십억원의 소득을 올리는 이른바 '골든칼라'가 이 시대의 성공모델로 소개되는 한편, '88만원'에 불과한 저임금에 허덕이는 수많은 비정규직 노동자들의 절박한 아우성이 끊이질 않는다. 수십억원이 넘는 고급 아파트들이 즐비한 도시의 거리 한구석에서는 집 없는 사람들이 잠을 청한다. 대로를 질주하는 고급 외제차가 급속히 늘어가는데 교통비 한푼를 아끼려는 '맨발의 청춘'들 또한 적잖다. 가족관광이나 골프여행을 즐기려는 사람들로 인천국제공항이 흥청거리는 황금연휴에, 누군가는 일하던 회사에서 쫓겨나 절박한 파업의 나날을 보내고 있다.

---

* 소설가 공선옥은 『마흔에 길을 나서다』(말 2003)에서 "동시대 속에서 빈자와 부자가 늘 다른 시대를 살고 있는 것"을 일컬어 우리사회가 동시적이면서도 비동시적이라고 평한다.

1960년대초만 하더라도 지구상에서 가장 가난한 나라들 중 하나였던 우리나라는 압축적 산업화에 성공하여 경제개발의 성공모델로 칭송받았다. 아이러니하게도 민주화 이전의 권위주의정권에서 경제성장의 과실은 대체로 평등하게 배분되어 두터운 중산층이 형성되었는데, 이는 오히려 민주화의 욕구를 분출시켰다. 그런데 1987년에 민주화를 쟁취한 우리사회는 1990년대 세계화 시대를 맞으면서 날로 불평등해지기 시작했다. 1997년 외환위기의 충격으로 정부와 기업이 신자유주의적 구조개혁에 나서, 실업과 고용불안정이 일상화되고 불평등체제가 갈수록 견고해지고 있는 것이다. 겉으로는 외환위기를 성공적으로 극복하여 1998년에 7355달러로 추락했던 1인당 국민소득을 2007년에 2만달러로 끌어올려 경제의 선진화를 이루는 듯했지만, 실상은 1998~2007년 근로가구소득의 5분위배율(하위 소득 20퍼센트 대비 상위 소득 20퍼센트의 비율)이 4.76배에서 5.27배로 늘어나 빈부격차가 엄청나게 확대되고 말았다.

　　요즘 언론에서는 노동양극화를 비롯하여 소득양극화, 경제양극화, 복지양극화, 건강양극화, 교육양극화, 자산양극화(부동산, 금융), 산업양극화, 소비양극화 등 이른바 '양극화'를 귀에 못이 박히도록 언급하고 있다. 그만큼 양극화 문제는 반드시 풀어야 할 핵심 난제로 주목받고 있는 것이다. 실제 '양극화'는 2007년 한해 동안 국내 언론에서 기사로 다뤄진 사례가 총 9715건(표제어 670건 포함)에 달하여 매일 25회가량 언급되었다. 더욱이 '사촌이 땅을 사면 배가 아플' 정도로 동질성의 전통을 이어온 우리이기에 이러한 불평등에 대한 불만과 박탈감은 더욱 확산되고 있다. 세계 주요 34개국을 대상으로 일본의 요미우리신문과 영국 BBC 방송이 2007년 10월부터 2008년 1월까지 실시한 조사에 따르면, 우리나라 국민들이 경제양극화에 가장 강력하게 불만을 표하고 있다. 경제불평등에 불만을 느끼는 비율이 34개국 평균 64퍼센트임에 반해, 우리나라는

무려 86퍼센트에 이르렀던 것이다.[1]

통상 양극화란 사회불평등의 심화 경향을 가리키는데, 특히 '중간계층이 줄어들고 사회계층이 양극단으로 쏠리는 현상'[2]을 의미한다. 양극화의 원인으로는 부동산이나 금융소득 등 보유자산 유무 등을 들 수 있지만, 이보다 성별·고용 형태·기업 규모, 산업과 경제활동 부문의 특성에 따른 취업조건의 차이가 더 결정적이다. 실제로 지난 10여년 동안 비정규직의 급격한 증가, 대기업 일자리의 축소와 함께 양극화는 날로 심화되었다. 대기업, 공공부문, 전문직종으로 대표되는 소수의 좋은 일자리, 그리고 중소기업 또는 비정규직, 영세자영업에 종사하는 다수의 나쁜 일자리의 소득격차가 지속적으로 확대되는 '노동양극화' 현상이 불평등을 확대재생산하는 주요한 원인이다. 그 결과 대다수 노동자들의 삶이 갈수록 피폐해지고 불안정해지는 '노동의 위기'(crisis of labor)[3]가 닥치면서 사회의 분열과 갈등이 가속화되고 있다. 이는 또한 자살·이혼·범죄 같은 사회 해체의 징후들을 확산시킬 뿐 아니라 우리 경제의 내수기반을 크게 위축시켜 성장 잠재력을 약화시키고 있다.[4] 노동양극화와 더불어 민생경제의 파탄으로 민심이 돌아선 결과, 지난 2007년말 대통령선거를 통해 '경제 살리기'라는 구호를 내건 보수정권이 출현하고 말았다.

이처럼 노동양극화는 일터에서 경제적 불평등과 차별을 심화시켜 비동시적인 삶의 단면들을 확산시켰으며, 사회구조의 해체와 더불어 숱한 갈등을 낳고 있다. 이 책에서 우리는 날로 심각해지는 노동양극화를 직시하고, 그 해법을 찾기 위해 일하는 사람들의 목소리를 생생히 드러내려 한다.

　2000년대에 들어 노동양극화의 심각성이 크게 부각되면서 학계와 국책역구소, 민간연구소에서 그 실태분석과 해결방안에 관한 연구물들이 연이어 발간되었으며, 지난 참여정부 역시 양극화 해소를 위한 다양한 정책을 내놓았다. 그러나 소득불평등과 비정규직의 지속적인 증가에서 드러나듯이, 문제해결의 기미는 보이지 않고 양극화 경향이 더욱 고착되는 듯하다. 실제 노동양극화의 심화 추이는 소득격차와 고용지표를 통해 분명히 나타나고 있다. 도시노동자 가구의 가계수지에서 지난 20여년 동안 상위 소득계층과 하위 소득계층의 격차가 지속적으로 확대되었으며, 2001~06년에 하위10퍼센트 대비 상위 10퍼센트 소득계층간 임금불평등이 4.8배에서 5.4배로 증가했다.[5]

　또한 지난 10여년 동안, 중산층의 일자리가 줄어든 가운데 하위소득과 상위소득 일자리가 상대적으로 크게 늘어났다. 다시 말해, 대기업의 중위소득 일자리는 지속적으로 감소하는 대신, 저소득 비정규직과 중소기업 일자리 그리고 고소득 전문직 일자리가 증가해온 것이다. 임금 노동자에 대한 고용의 질을 평가하는 최근 연구[6]에서도 쌍봉형(bi-modal shape) 분포를 확인할 수 있어서 노동양극화 실상이 확연히 드러난다. 산업별로 고용의 질 분포를 보자면, 제조업-생산자써비스-사회써비스 부문에 대체로 좋은 일자리가 밀집되어 있는 가운데, 농림어업-건설업-개인써비스업-유통써비스업의 경우 나쁜 일자리가 집중되어 산업간 고용의 질 차이가 현저하다.

　일하는 사람들은 삶속에서 양극화의 현실을 과연 어떻게 느끼고 있을까? 우리는 구술연구를 통해 양극화가 일하는 사람들에게 이미 익숙한 현실이 되어 있음을 손쉽게 확인할 수 있었다. 가진 게 없어 부지런히 일하며 하루하루를 살아가는 다수의 노동자들은 이 사회가 '돈이 돈을 버는 세상'으로 변질되어 가난한 자들에게는 가혹하나 가진 자들에게는 더없이 유리한 체제가 되었다고 생각한다. 심지어 고소득 전문직 종사자들 역시 날로 치열해지는 약육강식의 경쟁법칙을 뼈저리게 체험하고 있다.

그런데 통계지표를 활용한 양적 분석으로는 노동자들의 일상적인 삶에 밴 좌절감과 분노 그리고 불안심리 등을 제대로 들추어내지 못한다. 기존 연구자들이 치중해온 통계분석은 총량지표로서 노동양극화의 추세와 구조를 '조감'하는 데에는 나름대로 기여했으나, 일하는 사람들이 구체적으로 어떤 아픔과 고민을 안고 살아가는지를 생생히 밝혀내기에는 역부족이었다. 어찌 보면, 날로 심각해지는 노동양극화에 대해 전문 연구자와 정부당국의 해법찾기가 답보상태를 보이는 까닭도 일하는 사람들의 실제 삶과는 동떨어진 '탁상의 진찰방식' 때문인 듯하다.[7]

따라서 이 책에서는 일하는 사람들을 찾아 그들의 삶에 배어 있는 노동양극화의 구체적인 현실을 깊이 있게 탐구해보려 한다. 이를 위해 그들이 걸어온 삶의 궤적과 현실단면들을 생생히 기록하고 해석하는 구술면접방법[8]에 의존한다. 노동양극화에 관한 기존 연구들이 '숲'을 드러내는 데에 치중했다면, 이번 연구에서는 질적 연구방법을 활용하여 숲속 '민초'들의 삶을 생생하고도 섬세하게 살펴봄으로써 해법을 모색하고자 한다.

연구과정

이 연구는 희망제작소의 '우리시대 희망찾기' 프로젝트의 일환으로, 2007년 6월에 꾸려진 4인의 연구팀이 노동양극화에 대한 구술면접과 집필 작업에 들어갔다.[9] 이병훈 중앙대 사회학과 교수가 책임연구원을 맡아 연구 전반의 기획과 조사방법 지도 그리고 원고 집필과 감수를 담당했다. 윤정향 한국고용정보원 부연구위원과 김종진 한국노동사회연구소 연구위원 그리고 중앙대학교 사회학과 박사과정에 재학중인 강은애 씨가 구술면접과 녹취록 작성 그리고 원고 집필을 맡았다. 이 책은 연구의 기획에서부터 원고 집필, 감수 단계에 이르기까지, 연구팀이 20여차례 회의를 열면서 상호 의견조율을 통해 완성한 공동작업의 성과라는 점을 밝혀둔다.[10]

이 연구의 초기단계에서는 3회의 기획회의를 거쳐 면접대상자 선정 기준과 면접조사 조사표를 확정했다. 당초 면접대상으로는 '음지'에 있는 취약 노동자 집단을 중심으로 선정하기로 했으나, 논의과정에서 희망제작소 지원실무진의 제언에 따라 좋은 일자리(decent jobs)에 종사하는 '양지'의 노동자집단을 포괄하기로 했다. 다만 20:80의 양극화론을 고려하여 양극화 현실을 더 깊이 있게 다루기 위해 '음지'와 '양지'의 노동자 집단 비율을 대략 4:1로 편성하여 총 24인(19인+5인)을 구술자로 선정, 면접조사하기로 결정했다. 취약 노동자 집단에 대해서는 그 취업유형이나 고용지위의 다양성을 고려하여 대표적으로 '나쁜 일자리'(bad jobs)로 인식되는 12개 부문 총 19인을 면접조사 대상자로 선정했다. 취약 노동자 집단의 일자리 유형에는 생계형 청년알바생(2인), 고령 노동자(2인, 아파트경비원과 건물청소원), 특수고용 노동자(2인, 학습지교사와 덤프트럭기사), 공공부문 비정규직 노동자(1인), 제조업 사내하청 노동자(1인), 장애인(1인), 이주 노동자(1인), 영세사업장 노동자(2인, 영세제조업체 노동자와 식당 종사자), 건설일용직 노동자(1인), 가사써비스 노동자(1인), 영세자영업자(3인, 노점상, 농민, 그리고 잡화점 주인), 투잡(two jobs) 노동자(대리운전기사 1인), 장기 취업준비생(1인)을 포함시켰다.

'양지'의 취업자집단에 대해서는 대표적인 좋은 일자리라 할 수 있는 대기업 정규직(3인, 대기업 생산직과 사무관리직 그리고 금융기관 종사자), 공공부문 정규직(1인) 그리고 전문직 종사자(1인) 총 5인으로 구성하기로 했다.[11] 구술자들을 섭외할 때 성별과 연령층 그리고 직종과 고용형태 등을 고루 반영할 수 있도록 사전 조율을 거쳤다. 또한 선정된 면접대상자별로 취업규모와 노동조건 등에 대한 연구보고서 또는 언론 기사를 조사하여 현황을 파악하기도 했다.

구술면접을 실시하기에 앞서, 면접조사 진행의 유의사항을 정리했으며 노동양극화라는 주제에 맞추어 핵심적인 질문요지를 구성했다. 구술자로부터 풍부한 얘깃거리를 끌어내기 위해 개방형 질문을 활용하여 자연스런 대화방식을 취하되, 연구주제의 큰 줄거리를 놓치지 않도록 체크리스트를 마련했다. 주요 질문은 노동양극화라는 연구주제와 관련하여 구술자들의 일, 삶의 체험, 현실인식 등을 생생히 드러내기 위해 다음과 같이 크게 6가지 질문요지로 구성했다. ① 구술자의 취업 경력(직업력) ② 현재 하는 일의 객관적인 조건과 주관적인 태도 ③ 일 이외의 생활방식(특히 가정과 여가생활을 중심으로) ④ 향후 일의 전망과 계획 ⑤ 우리사회의 변화, 특히 노동양극화에 대한 현실인식과 의견 ⑥ 구술자의 삶을 개선하기 위한 바람이나 제언(구체적으로 정부정책이나 노동조합, 시민사회단체에 대한 희망사항 등).

구술면접은 3인의 공동연구원이 주도했는데, 연구팀 차원의 인맥을 활용하여 면접대상자를 섭외해 구술작업을 진행했다. 당초의 연구계획에 따라 24인을 대상으로 구술면접을 실시했으나, 중간점검회의를 통해 구술자의 면접내용이 빈약하거나 연구취지에 못 미친다는 의견이 제기되어 일부 면접대상(예: 장애인, 남성 고령 노동자-아파트경비원, 여성 고령 노동자-건물청소원, 건설일용직)의 경우 4인의 구술자를 추가로 선정하기도 했다. 그 결과, 7월말에 시작된 구술면접은 예상보다 지체되어 11월초에 마무리되었다. 총 28인을 대상으로 실시된 구술면접 녹취시간이 75시간 50분에 달하여, 구술자 1인당 평균 약 2시간 40분이 소요되었으며, 최소 1시간 40분에서 최장 5시간이 걸렸다. 구술면접내용을 정리한 녹취록은 연구보조원들의 도움을 받아 작성되었으며, 분량이 무려 1000쪽이 넘었다.

구술 텍스트의 분석은 녹취록의 검토와 핵심 주제어(key words)의 추출, 내용분류 그리고 책 줄거리 구상 순서로 진행했다. 연구자들은 녹취록 전체를 읽어보면서 노동양극화와 관련하여 구술내용에서 추출되는 핵심 주제어들과 해당 인용구들을 정리했다. 연구자들은 11월과 12월 두 달에 걸쳐 각자 추출한 핵심 주제어들을 토론을 통해 취합, 검토하면서 크게 12개 줄거리로 분류하여 책의 목차를 구성했다. 2008년 들어 연구팀은 집필 작업을 시작했다. 각 연구자들은 자신이 맡은 세부 연구주제들에 대해 집필 아웃라인을 작성 발표하여 다른 연구자들의 의견을 원고에 반영할 수 있도록 했다. 연구자들이 작성한 초고에 대해서는 다시 연구팀 검토회의를 열어 논리 전개와 인용된 구술자들의 녹취사례와 의견이 적절한지, 연구자의 해석이나 설명이 타당한지, 그리고 글쓰기 방식이나 문체에 보완할 점은 없는지 등을 점검했다. 이렇게 수정된 원고는 책임연구원의 '꼼꼼한' 감수를 거쳐 추가 보완되었으며, 최종적으로는 희망제작소 연구기획팀의 2차 감수를 통해 완성되었다.

구술 텍스트 분석과 원고 집필 과정에서 구술의 의미와 맥락을 충실히 해석하는 데 치중할지, 구술의 사회적 배경과 함의를 해설하는 데에 치중할지를 둘러싸고 팀원들간에 적잖은 논쟁이 벌어지기도 했다. 연구 성과물이 학술보고서로 발간되기보다는 일반시민을 대상으로 노동양극화의 현실을 알기 쉽게 전달하는 교양서라는 점에서 후자를 강조하는 방식으로 집필하기로 의견을 모았다. 또한 구술면접의 질적 연구방법이 구술자의 생활체험과 생각 그리고 행위지향을 깊이 파고드는 장점이 있으나, 그 경험 사례를 일반화하는 데에는 어려움이 있다는 점을 고려하여, 이를 개인적 특수성으로 치부하지 않고 일하는 사람 다수가 공유하는 보편적 경향성으로 확장해 분석·해설하려고 노력했다. 이때 개별 연구자의 주관적이거나 자의적인 해석에 의해 구술내용이 곡해되거나 호도되는 것을 막기 위해 집필된 원고에 대해 최소 3차례 이상의 집단 검토와 토론을 거치도록 했다. 아울러 특정 주제에 구술이 집중되었을 경우 여러 요인을 감안하여 일부 인용구를 취사선택할 수밖에 없었다는 점을 밝혀둔다.

구성

이 책은 12장으로 구성되어 있다. 1장(윤정향)에서는 이 책의 주인공인 28인의 구술자들을 간략히 소개하는데, 그들의 일과 삶을 개략적으로 그리는 동시에 일의 유형에 따라 범주화하여 이력을 서술하고 있다. 3장에서 9장까지는 양극화시대에 일하는 사람들이 겪는 현실을 살펴본다. 2장(윤정향)에서는 이러한 사회구조 속에서 일하는 사람들이 자신의 노동에 어떠한 의미를 부여하는지를 들어본다. 구술자들에게 일이란 돈벌이 수단이기도 하지만 존재의미이자 미래의 꿈을 채워나가는 행위임을 알 수 있다. 3장(김종진)에서는 일자리를 걱정하는 다양한 노동자집단의 모습, 일자리를 둘러싼 세태를 비롯하여 좋은 일자리의 불안정성과 나쁜 일자리의 열악함을 살펴본다. 4장(강은애)에서는 일터에서 일상적으로 겪는 차별에 대해 비정규직, 여성 그리고 장애인과 이주 노동자의 사례를 중심으로 검토한다. 5장(김종진)에서는 여전히 상당수 노동자들이 법의 보호를 받지 못한 채 인권유린의 사각지대에 놓여 있는 현실을 고발한다. 6장(윤정향)에서는 일터에서의 인간관계를 서술하는데, 노동통제 방식과 동료관계의 변화, 늘어나는 써비스직에서의 고객관계를 살펴본다. 7장(김종진)에서는 장시간노동으로 인한 노동자들의 건강훼손과 여가권 상실 등의 문제를 다룬다. 8장(강은애)에서는 일하는 사람들의 일상의 고민들, 그러니까 생계, 노후 걱정, 가족과의 여가 상실, 그리고 가족양극화 등을 서술한다. 9장(강은애)에서는 양극화시대에 구술자들의 고단하며 불안정한 삶을 지탱해주는 힘의 원천이 무엇인지를 다양하게 살펴본다.

10~11장과 맺음말(이병훈)에서는 구술자들의 시각에서 노동양극화의 원인 진단, 노동조합과 시민사회운동에 대한 평가, 그리고 더 나은 삶을 위한 그들의 바람과 제언을 정리해본다. 10장에서는 구술자들이 어떤 계기로 현재의 처지에 놓이게 되었는지, 그리고 우리사회의 양극화 현실을 어떻게 평가하고 진단하는지를 살펴봄으로써, 그들의 눈에 비친 양극화를 확대재생산하는 원인들을 점검한다. 11장에서는 양극화에 대응할 주요 사회운동세력으로서 노동조합과 시민사회단체의 실천적 가능성과 현실의 문제점들을 검토해본다. 맺음말에서는 구술자들이 소망하는 사회상과 그들의 현실에서 자연스럽게 도출되는 제도와 정책의 개선과제를 살펴보고, 노동양극화를 극복·치유하기 위한 종합 제언을 덧붙였다.

우리시대 희망찾기

1장

28인의 프로필

트라우테나우에는 두 개의 묘지가 있다.

못 가진 자의 것과 가진 자의 것.

무덤에서도

가난한 자는 차별받는다.

―트라우테나우 주보(週報)(1869년)에 실린 시

우리나라에서 일을 하고 있는 사람은 몇명이나 될까. 하루에 3~4시간 일하는 사람이 있는가 하면 12시간 이상 일하는 사람도 있다. 이들 중에는 수입을 목적으로 일을 하는 '취업자'들이 있는가 하면 '임금'으로 환산되지 않는 일을 하는 전업주부도 있다. 도대체 얼마나 많은 사람들이 일을 하고 있을까? 이 궁금증을 해결하는 간단한 방법은 통계청이 매월 조사하여 발표하는 경제활동인구 현황을 보는 것이다. 통계청에 따르면 2007년 현재 우리나라 경제활동인구는 2421만 6000명으로 15세 이상 생산가능인구 중 61.8퍼센트가 경제활동에 종사하는 것으로 추산된다.[1] 이들 중 실업자 78만 3000명을 제외한 2343만 3000명이 현재 일을 하고 있는 취업자이다. 가까운 일본(2005년 기준으로 60.4퍼센트)이나 유럽의 주요 국가들과 비교해도(2005년 기준: 프랑스 55.7퍼센트, 독일 58퍼센트, 영국 50.3퍼센트로 대체로 60퍼센트가 안된다) 뒤지지 않는 비율이다. 그렇다면 그 많은 사람들은 도대체 어디에서 무슨 일을 어떻게 하고 있을까? 궁금증은 또 있다. 모두들 일을 하고 있는데 왜 사람들은 갈수록 사는 게 팍팍하다고 말할까? 주위 사람은 쪼들리는데 언론매체에 보도되는 고위 공무원의 재산신고액은 왜 그렇게 어마어마할까? 그들은 도대체 얼마나 열심히 일하기에 '돈 벌려면 열심히 일해야 한다'고 배웠던 평범한 사람들은 평생 만져보지도 못할 돈을 벌고 있는 것일까?

이 책의 주인공들 역시 누구나 한번은 생각해봤을 법한 그런 물음들을 품고 있다. 그들은 '노동자'로 불리기도 하지만, 때로는 (이름뿐인) '사장'으로 때로는 '선생님'으로도 불리는, 그저 평범하기 이를 데 없는 사람들이다. 구술자들이 이런 의문들을 텔레비전을 보거나 저녁을 먹는 자리에서 서로에게 던지는 까닭은, 너무도 큰 삶의 '격차'가 보통사람들의 상식으로는 이해가 되지 않기 때문일 것이다. 그렇기에 우리는 '노동'과 '불평등'의 구조적 관계를 아카데믹한 분석을 통해서가 아니라 노동하는 이웃들의 삶속에서 끌어내보기로 했다.

우리는 보통사람들의 노동하는 삶에 좀더 쉽게 다가갈 수 있도록 구술자들을 성기지만 다양한 노동집단으로 재분류했다. 비정규직 노동자 집단, 영세자영업자 집단, 불안정 취업 청년 집단, 소수자 집단, 그리고 정규직과 전문가 집단이 그것이다. 구술자들이 어느 한 집단에 속한다고 하여 그(그녀)의 구술이 그 집단만의 특성을 대변하는 것은 물론 아니다. 그저 노동시장의 구조적인 특징들(그로 인한 사회문제들)을 쉽게 이해할 수 있도록 구분한 것에 불과하다. 조사대상 28인의 개인적·직업적 이력을 살펴보자.

구술자의 절반이 비정규직 노동자

우리가 만난 구술자 28인 중 절반에 가까운 13인이 비정규직 노동자이다. 비정규직 노동자가 비교적 많이 포함된 이유는 '양극화사회'에서 서민들의 일하는 삶을 있는 그대로 풍부하게 보여주기 위해서이기도 하지만, 실제로 비정규직 노동자가 그만큼 많기 때문이다. 통계청에서 비정규직 노동자의 규모를 파악하기 위해 2000년부터 경제활동인구조사 부가조사를 실시한 이래, 전체 임금 노동자의 절반을 넘는 비정규직의 비중은 좀처럼 줄어들지 않고 있다.[2] 우리나라 임금 노동자 2명 중 1명이 비정규직이라 해도 틀린 말이 아니다. 비정규직은 정규직과 달리 정년이 보장되지 않으며, 같은 일을 해도 더 적은 임금을 받고, 각종 복지혜택에서 불이익을 당한다.

우리 연구에서 13인으로 대변되는 비정규직들이 차별대우를 받는다고 해서 노동조건이 모두 동일하다고 볼 수는 없다. 대체로 노동자와 고용주로서의 계약관계가 성립되었는지(고용관계의 성립), 고용주가 채용된 노동자를 어느 정도 책임져야 하는지(책임 영역)에 따라 다시 몇가지 하위 유형으로 분류된다. 우선 고용주와 노동자가 직접고용관계를 맺는 '직접고용'이 있고, 고용주—사용자—노동자라는 이원적 고용계약이 체결되어, 노동자를 채용한 사람과 실제 일을 시키는 사람이 다르거나 일터가 달라지는 '간접고용'이 있다. 그리고 2007년 통과된 비정규직 법률에서 '고용관계'를 인정하지 않아 '노동자성'이 부인된 '특수고용'이 있다. 이들은 고용형태에 따라 서로 다른 노동조건에서 일하고 있다.

직접고용된 비정규직들

고용주가 노동자를 직접 채용하여 일을 시키고 임금을 지급하는 고용방식이 '직접고용'인데 여기에도 여러 유형들이 존재한다. 우선 최미경씨처럼 계약기간을 정해놓고 채용되는 '기간제고용'이 있다. 물론 계약기간이 반드시 지켜지는 것은 아니다. 또한 고용기간을 정하지 않은 채 계절적·임시적·일시적 사유로 채용되어, 일이 종결되면 자동으로 고용관계가 소멸하는 '임시고용'이 있다. 식당일을 하는 장현희씨가 여기에 속한다. 그리고 하루 단위로 고용관계가 형성되는 간병인 박명숙씨, 건설일용직 이창석씨와 김수택씨 같은 '일용고용'도 있다. 경제활동인구조사 부가조사에 따르면 기간제고용은 2000년 7퍼센트에서 2007년 14퍼센트로 2배가량 증가했다. 임시·일용 고용[3]은 같은 기간 36퍼센트에서 25퍼센트로 감소했다.

애들한테 방학할 때 새로운 2학기 때 선생님이 오신다, 이런 식으로 제가 그 만둔다는 얘기를 했을 텐데, 당연히 1년 근무할 거라고 생각했으니까 그런 말을 안했죠. (정규직 교사가) 병간호로 휴직을 냈는데, 7월 31일에 (와서) 8월 1일 날 온대요(출근한다고 그러는 거예요). 이거는 뭐 재고의 그것도 없고 그냥 그만두는 거잖아요. (면접자: 기간이 1년으로 돼 있잖아요?) 그거 소용 없고…….(최미경, 10면).

최미경씨는 화학을 전공하여 관련 연구소 취업을 희망했으나 인맥이 두텁지 못해 낙방했다고 생각했다. 석사학위 취득 후에도 희망하던 업종에는 결국 취업하지 못했다. 대신 과학기기 수입업체에 비서직으로 1년 6개월 정도 일했다. 그러던 중 외환위기를 맞아 경영상의 이유로 해고되었다. 한 회사에 오래 근무하지 못해 이직이 잦았던 남편은 만학도와 직장인을 겸하다가 외환위기 때 학업과 직장 사이에서 퇴사를 선택했다. 가계를 꾸려야 했던 그녀는 제약업체의 약품허가 업무와 관련한 공공근로사업에 8개월 정도 참여하다가 출산을 했다. 출산 후 전 직장에서 파트타임으로 재근무를 요청해 1~2년 정도 더 일했다. 퇴사 후 시어머니 권유와 친정의 자금지원으로 편의점을 인수했으나 남편의 무관심 속에서 혼자 운영하기에는 벅찬 일이었다. 그래서 사업을 시동생에게 넘겨주고, 친정아버지의 소개로 5년 전부터 임시직교사를 하고 있다. 지금 심정으로는 고용만 보장된다면 어떤 일이든 하고 싶다. 부모의 경제적 뒷받침으로 생활고에 시달리지는 않으나, 가장으로서 자녀양육과 경제적 독립을 생각하면 마음이 무겁다.

장현희씨는 다른 구술자와 달리 대뜸 "할 얘기가 별로 없다"고 했다. 굴곡 많은 삶이었음에도 "남편에게 얽매이는 삶"도 아니고, "아이도 다

크고", 하던 일을 꾸준히 하고 있어서, 또래 여성들보다 기복 없이 살고 있다고 생각하는 듯했다. 다소 관조적인 듯한 그녀의 태도는 어린 시절부터 형성된 것으로 짐작된다. 하반신 소아마비를 앓았던 그녀가 학교를 제외하고 거의 유일하게 활발히 참여했던 곳은 교회였다. 종교는 그녀에게 안식처이자 희망의 보금자리였다. 그리고 무슨 일이든 도전할 수 있는 힘을 주었다. 이웃마을 남성과 결혼하기 전까지 고향을 떠나본 적이 없던 그녀가 무능했던 남편과 모진 시집살이가 힘들어 아들을 데리고 무작정 상경할 수 있었던 것도 신앙의 힘 때문이었던 듯하다. 직장경력이나 특별한 기술이 없었던 그녀가 잘할 수 있는 일은 식당일이었다. 중간에 보험회사에 다니고, 동생과 봉제공장을 경영한 후에 음식업에 뛰어들었다가 실패했던 2~3년을 제외하면 14년간 식당 주방에서 일하고 있다.

이창석씨는 고교 졸업 후 외환위기 전까지 1군(대기업) 건설사에서 관리직으로 근무했다. 그러나 연령이나 직무를 따져보니 자신이 구조조정 1순위라 여겨졌기에 스스로 회사를 그만두고, 일하면서 알게 된 동료를 통해 건설현장에 나가게 되었다. 직접 일용노동을 하는 것은 아니지만 간혹 인력회사에 나가 일자리를 구해보기도 한다. 자신의 수입이 일정치 않지만, 아내가 화실을 운영하고 있어 가계는 "있지도 않고, 없지도 않게" 그럭저럭 유지된다. 그는 수영선수를 하던 장남이 부상으로 운동을 그만두고 방황할 때, 그리고 둘째를 교통사고로 잃었을 때를 힘든 시기로 기억한다. 그렇지만 시민사회운동, 건설현장, 그리고 노동운동에 대해서는 매우 길게 불만과 문제점을 털어놓았다. 특히 이주 노동자 때문에 한국인 일당이 낮아지고 일자리도 줄어든다고 강변하며, 진짜 밑바닥 노동자들을 위해 노동조합은 해준 게 없다고 생각한다. 건설경기가 좋아져 일자리가 많아지는 게 바람이다.

박명숙씨는 "국가시책"(구조조정) 때문에 순탄하던 집안이 망했다고 분개하면서도 국가시책(간병사업)으로 일을 하게 되었다고 기뻐했다. 살면서 이처럼 진지하게 입에 담아본 적 없었을 '국가' '정책'이란 용어가 그녀의 삶과 가치관을 완전히 뒤바꿀 만큼 지대한 영향을 미쳤던 것이다. 그 사연은 이렇다. 외환위기로 남편의 사업이 부도를 맞으면서 그녀는 기울어가던 가계를 책임지고자 온라인 판매 사업을 시작했다. 그런데 명절에 판매했던 전복이 모두 죽은 상태로 배달되고 손해배상을 반복하면서, 큰 빚을 떠안은 채 사업을 접어야 했다. 불행 중 다행으로 사업을 하면서 익힌 인터넷을 통해 간병과 가사도우미에 대한 정보를 접했고, 이 일로 월 150만원 정도를 벌고 있다. 이렇게 얻은 수입은 물론 고스란히 빚을 갚는 데 사용되며 생활비는 직장 다니는 딸이 내놓는다. 그래서 대학원생인 아들에게 용돈 5만원도 주지 못한다며 눈시울을 붉히기도 했다.

김수택씨는 건설현장에서 '막일'하는 일용직이지만 한때는 잘나가던 '1등항해사'였다. 젊은 시절, 그물직조공장에서 일하다가 그곳에서 만난 사람의 소개로 20년 정도 배를 탔다. 갑판장에서 선장까지 올라가면서 큰돈을 모아 어려움 없이 살았다. 15년간 선장을 하다가 어선의 주선선장을 맡게 되었는데, 어획량이 적어 돈이 안되자 선원들이 흩어지고 선주가 자신을 무능력하다고 평가하여 어선을 타기 어려워졌다. 다행히 홍합배 선장을 하면서 생활이 나아졌으나 만성요통으로 배를 계속 탈 수 없어 뱃일을 접고 상경했다. 서울에서 부동산 경기가 달아오르면서 덩달아 성행한 주방설비업에 발을 들여 싱크대 설치기사를 했다. 이후 싱크대공장 종업원, 처남이 운영하는 싱크대업체 직원을 하다가 생활이 안돼 그만두고 2년 전부터 인력사무소 문을 두드렸다. 지금은 보증금 560만원에 월 10여만원 하는 셋집에 살고 있다. 고2인 아들의 뒷바라지, 장애가 있는 큰아들의 미래, 그리고 자신의 노후가 걱정이다.

간접고용

간접고용이란 고용주와 사용자가 달라 노동자가 실제로는 두명의 고용주에게 관리·감독을 받는 고용방식을 말한다. 그러다보니 고용불안과 인격무시, 불법·탈법적 관행이 판을 친다. 여기에는 다른 사업장에 보내져 그 사업장의 고용주와 관리자의 지시에 따라 업무를 수행하는 파견노동과, 사업의 전부나 일부를 맡아 완결을 목적으로 별도로 업무를 수행하는(근무장소는 중요하지 않지만 공식적으로는 원청업체가 일하는 노동자를 직접 관리·감독하지 않는) 용역노동이 있다. 비정규직 법률에 따르면 우리나라는 26개 업무에 파견을 허용하고 있지만, 2007년 법이 개정되어 26개 업무 외에 예외적으로 파견을 허용한 업무가 늘어났다. 게다가 불법이나 위법적인 파견·용역업체와 사용업체들이 많아 수치로 나타난 파견·용역노동 실태는 간접고용의 실체를 드러내기에 역부족이다.

사내하청 용역업체 사장들은요, 사장이 아니어. 진짜 원청에서, 관리자급 권한도 없지, 힘도 없지, 관리자급밖에 안되요. 옛날에 한 1년 아니면 6개월 계약을 한다고 그러더라고. 요즘에는 3개월, 6개월 이렇게 계약을 한대요. 용역회사 사장과 원청회사하고 계약서 쓸 적에 용역 기간이 짧아진 거예요. 노동자들도 마찬가지예요. 사장이 그만두라면 그만두고, "너 그러면 자리 바꿔 너 더러운 데 가서 일을 해" 하는 거예요. 그러면 찍소리 못하는 거지요. 지가 나가야지 뭐.(조중호, 6면)

황종수씨는 16세 무렵 부친과 함께 상경 후, 지금은 대기업이 된 식품가공업체에서 3년간 일했다. 아들이 보호장비도 없이 화학약품에 노출되는 비인간적인 작업환경에서 일하는 걸 안 부친은 당장 일을 그만두게 했고, 그는 형님이 운영하던 (자연산) 얼음판매사업을 10년 정도 같이 했다. 그 뒤 택시회사에 취직하여 30여년 동안 택시기사를 했다. 나름대로 "자유로웠던" 일을 했기에 나이 들어 경비원을 하면서 윗사람의 지시를 받는 게 달갑지는 않았다고 한다. 더구나 최저임금도 안되는 월급으로 24시간 맞교대로 일하는데, 신앙생활도 자유롭게 하지 못해 회의가 많이 들었고, 급기야 택시기사를 하면서 나빠졌던 위장에 큰 병이 생겼다. 그래서 3년간의 경비원생활에 대한 기억은 좋지 않다. 듬직하고 항상 신뢰하던 아들이 노동운동을 하여 심신의 고생이 적지 않았지만, 이제는 동년배들에 비해 사회문제도 비판적으로 볼 수 있는 안목이 생겼을 뿐만 아니라 사회정책에 대해서도 풍부한 상식을 갖게 되었으니 오히려 기쁘다.

박명국씨는 농촌 부잣집 막내아들로 태어나 '도련님' 대접을 받으면서 귀하게 성장했다. 흰색 제복이 멋져 보여 해군사관학교를 지망했으나 잘 안돼 군에 입대했다. 가세가 기울고 형수와 사이가 좋지 않아 제대 후 상경했다. 그후 분말주스업체 수금사원부터 건설현장 막일까지 안해본 일이 없고 3일 동안 굶어 병원에 실려가기도 했다. 게다가 시멘트블럭 제조와 유기 제조에도 뛰어들었으나 운도 경험도 없어 실패했다. 그 뒤 공인중개사(85년 1회 시험 응시) 자격증을 취득해 부동산 중개업에 뛰어들었으나 "사람을 상대로 선의의 거짓말을 하는" 게 적성에 맞지 않았다. 80년대 후반에는 주식투자로 손해를 보았는데 목돈에 대한 미련은 지금도 쉽게 떨칠 수가 없다. 아파트경비직에 발을 들여놓은 것은 1994년이다. 대규모 아파트단지에서 8년간 근무하고 정년퇴직을 했다. 이후 다단계사업에 참여했다가 역시 실패하여 4년 정도 쉰 뒤에 아파트경비 용역업체에 입사한 지 1년이 안된다. 1994년에 경비원으로 받았던 임금은 월

120만원이지만 동일노동을 하는 지금은 80만원으로 외려 하락했다. 사업에 거듭 실패하면서 경제적으로 곤궁해졌다.

홍순임씨는 젊은 나이에 남편과 사별하고 홀로 세 딸을 키우며 25년을 긴장 속에서 살아왔다. 사람에 대한 경계심이 심해 섭외가 쉽지 않았지만 대면했을 때의 인상은 고생한 흔적을 찾기 어려울 만큼 평안한 모습이었다. 지금 일하는 환경미화원을 하기 전까지 사무보조, 가내노동, 봉제공장, 인쇄업소, 식당 등 3D업종 중 여성들이 다수인 일들은 대부분 거쳤다. 미화원은 나이 들어 할 수 있는 유일한 일이라는 생각에 3년 전부터 시작했다. 백화점에서 1년 근무한 뒤 정년에 걸려 지금의 일터로 옮긴 지 만 2년이 지났다. 그녀는 고등학교를 졸업하여 동년배에서는 고학력층에 속했다. 그래서인지 '이런 일' 하는 사람과 '다르다'는 구별의식이 있다. 그들로부터 인간적인 삶을 배우지만 자신은 '읽을거리'를 늘 곁에 두면서 사회흐름에도 관심을 갖는 교양 있는 여성이라고 생각한다. 인터뷰를 시작할 때 소설책을 옆에다 살며시 놓아 인상적이었다.

이경숙씨는 자신이 "내성적이고 말 잘 안하고 생각이 많은 사람"이라고 했다. 그런데 전혀 아니었다. 아주 설득력 있게 할 말 다하는 사람이었다. 무엇이 그녀를 바꾸었을까? 그녀는 여상을 졸업하고 인테리어회사를 거쳐 시숙 회사의 경리로 근무하다가 결혼 후 한동안 전업주부로 살았다. 1980년대 부동산 붐이 일 때 남편이 이미 집을 장만한 상태였고, 영세자영업이지만 사업도 잘되는 편이라 생활이 어렵지는 않았다. 남편과 사별 후 사업빚을 청산하기 위해 자산을 정리한 뒤, 자녀들이 "더이상 내 손이 필요하지 않을 때" 본격적으로 구직활동을 하여 제조업 생산직으로 취직했으나 정신적·육체적 고통이 적지 않아 1년 만에 그만두었다. 계속되는 야근과 주말근무로 정신적 버팀목이던 종교활동을 원만히 하지 못한 것도 퇴직사유 중 하나였다. 종교생활을 병행하는 일을 찾다가 지금의 환경미화원을 하게 되었는데 생각보다 일은 힘들었다. 그런데 벌써 6년이 지났다. 노조활동을 하면서 자신의 일을 숨기지 않아도 될 정도로 자신감을 얻었다.

조중호씨는 형제들이 모두 고등학교를 졸업할 정도로 경제적으로 괜찮은 가정에서 성장했다. 그는 대학진학을 희망했으나 형의 사업실패로 가세가 기울어 진학이 좌절된 아픈 기억이 있다. 제대 후 대기업 가전회사 생산사업파트에서 근무하면서 동생들의 학비를 지원하기도 했다. 그 회사에서 17년간 일하고 외환위기 직후에 명예퇴직했다. 이후 가전제품 대리점을 운영했으나 대형할인점과 백화점이 셔틀버스를 운행하는 등 공격적 '싹쓸이' 마케팅을 하자 경쟁에 밀려 1년 후 문을 닫았다. 경제적으로 여유가 있던 터라 타조위탁사업, 기계자수사업, 주식투자 등에 투자했으나 줄줄이 고배를 마셨다. 그러다가 40대 후반에 친구 소개로 자동차대기업의 사내하청 노동자로 취직했다. 한때는 스스로 중산층이라 생각하고 호기도 부렸으나, 지금은 노후와 자녀 결혼비용 마련이 걱정이고 자녀의 학비를 대기 위해 아내도 식당일을 나간다.

'노동법'이 인정하지 않는 노동자

우리 주변에서 자주 접하는 학습지교사, 보험설계사, 대리운전기사, 덤프트럭기사 들은 대표적인 특수고용 노동자들이다. 직무내용이나 업종이 각기 다른데도 '특수고용'으로 통칭되는 이유는 공식 계약으로는 '종업원'이 아닌 '독립사업자' 신분이지만 업무수행과정은 '피용자'와 다를 게 없기 때문이다. 실제로 학습지교사나 덤프트럭기사들은 1990년대 초만 하더라도 '월급'을 받는 봉급생활자들이었다. 산업 구조조정과 외환위기를 거치면서 지금처럼 노동자도, 사업자도 아닌 불완전한 지위로 내몰리게 되었다.

2007년 8월 기준으로 현재 특수고용 노동자들은 약 60만명으로 전체 경제활동인구의 3.8퍼센트 정도이다.[4] 종사자수도 적고 노동법에서도 외면받고 있어서 사회·제도적 지원이 부실해도 별로 주목받지 못하는 실정이다. 사회구성원으로서 누려야 할 권리(social rights)를 박탈당한 이들의 삶은 법적·제도적 보호를 받는 사람들보다 훨씬 많은 위험에 직면해 있다. 그뿐 아니라 보험설계사 같은 일부 직종에서는 동일 사업장 내의 빈부격차도 커지고 있다. 학습지교사인 김정은씨는 이런 모호한 고용형태로 인해 늘 정체성을 고민한다. '교사'로서의 역할에 충실하고 싶지만, '독립사업자'이다보니 다수의 고객을 모집·유지하기 위한 판매전략에도 공을 들여야 하기 때문이다.

> 나는 교육자라는 생각을 많이 갖고 있는 편이고 그래서 공부를 많이 하는 편이에요. 근데 이건 어차피 한달 몇만원의 회비를 주고받으면서 맺어진 계약관계기 때문에 아무리 좋아도 그때뿐이거든요. 그래서 저는 오랫동안 상처 많이 받았어요. 마음을 주고 정성을 들였는데 어느 날 생각을 딱 바뀌가지고 그만두겠다고 하면. 도대체 관계에 대해서 어떻게 고민을 해야 하는가. 그때마다 결론은 그거예요. 이 관계는 기본적인 교육자와 피교육자의 관계가 아니라 돈을 주고받는 계약관계일 뿐이다.(김정은, 16면)

김정은씨는 여유롭지 못한 가정에서 성장했다. 부친이 중장비사업을 하다가 실패하여 가족 모두 수도권으로 이사를 왔다. 여장부였던 어머니가 돌산을 일궈 농사를 지으면서 생계를 꾸렸다. 나중에는 부모님이 함께 농사를 지었으나 매번 실패했고 결국 5남매 중 막내인 그녀만 대학에 진학했다. 80년대 중반 학번인 그녀는 학생운동의 경험을 "화장하고 싶은 감정조차 허락되지 않던" "아프고, 경직되었던" 그래서 "예쁜 20대가 없었지만 후회되지 않는" 성장기로 기억하고 있다. 대학을 자퇴하면서 20대 중반까지 소위 '활동가'로 살다가 이렇게 살면 안되겠다 싶어 선택한 직업이 학습지교사였다. 두번 이직한 후 현재 회사에서 유아 학습지를 맡고 있지만, 학습지사업이 번창하던 시기에 일을 시작했으므로 이 분야에서는 숙련된 노동자이다. 1일 "50과목"(회원 1명을 1과목으로 계산) 정도 수업을 하며 1과목당 1만원의 수수료를 받는다. 오전 11시에 '회사'에 출근하고 1시 정도부터 수업을 시작하여 밤 10시쯤 마감한다. 월평균 200만원의 소득으로 혼자 두 아들을 양육하는 생활이 쉽지는 않다.

이진우씨는 빈곤가족의 자녀로 태어나 가난의 고통을 뼛속 깊이 새기며 성장했다. 시골에서 먹고살기가 힘들었던 부모님은 가족을 데리고 무작정 상경하여, 부친은 건설일용직으로, 모친은 노점과 가판으로 생계를 꾸려갔다. 부친을 일찍 여의면서 형편은 더 악화되었다. 결국 고등학교도 남들보다 1년 늦게 입학했지만 끝내 졸업은 하지 못했다. 주위의 도움으로 프레스공장에 취업(8개월)을 하기도 했지만 군에서 대형면허를 취득한 덕분에 제대 후 덤프트럭기사가 되었다. 골재수송 회사를 포함해 몇번의 이직 후 중소건설업체에서 2년간 정규직으로 일했다. 1990년대 초, 회사 사정으로 퇴직하면서 중고 덤프트럭을 2700만원에 불하받아 지입차주로 일한 게 지금까지 이어지고 있다. 화물운송기사로 3개월간 전직했으나 형편없는 수입과 불규칙한 생활패턴이 싫어 다시 덤프트럭 운전대를 잡았다. 1980년대 중반 1일 평균 운송료가 250만원이었으나 2000년에는 30~35만원으로 급락했지만 기름값은 몇배나 올랐다. 가족 중 혼자 돈벌이를 하니 항상 생활고에 시달린다.

조상구씨는 농사짓는 부모님 슬하에서 5남매 중 셋째로 넉넉지 않은 성장기를 보냈다. 공부를 잘한 데다, 교육에 대한 관심이 남달랐던 부모님 덕에 형제들이 고등학교 때부터 인근 대도시로 유학생활을 했다. 대학은 장학금을 받는 곳으로 선택했고 안정된 직장을 구하기 위해 취직공부도 열심히 했다. 졸업 후 대기업에 취업하고 바로 군대를 다녀왔으나, 복직 후 연줄관계로 엉킨 조직문화에 염증을 느껴 사표를 내고 출판사 사무직, 통신회사 영업사원 등을 하다가 제법 규모 있는 통신대리점을 운영했다. 하지만 외환위기 직후 납품대금이 제때 환수되지 않아 부도가 나면서 신용불량자가 되었다. 대학시절 1차까지 합격했던 고시에 미련이 남아 뒤늦게 고시원 생활을 4년 가까이 했는데 그 과정에서 부인이 견디다 못해 집을 나갔다. 갑작스러운 아내의 가출에 충격을 받을 겨를도 없이 생업전선에 뛰어들어야 했기에, 몇년 전 모든 것을 정리하고 지방으로 내려가 낮에는 사무보조 일용직으로, 밤에는 대리운전기사로 일하고 있다.

"이렇게 힘들게 일하는 사장이 어디 있어?"

외환위기 이후 우리나라 자영업에는 새로이 구조조정이 일어나고 있다. 가장 두드러지는 예로 소매업과 음식점업에서 우후죽순 격으로 늘어나는 자영업체들을 들 수 있다. 이는 대규모 감원과 구조조정으로 해고된 노동자들이 '샐러리맨'으로 재취업하기 어려워지자 퇴직금과 대출받은 돈으로 소규모 창업을 한 결과이다. 그런데 이런 도소매업이나 음식숙박업은 경기에 민감하여 요즘처럼 경기가 침체되면 소비 위축으로 직접적인 타격을 받는다. 게다가 복합소비가 가능한 유통업체가 들어서 소비자를 '싹쓸이'함으로써 재래시장과 토박이 소매업이 치명타를 맞았다.[5] 구술자 중에서 한때 유통업에 손댔던 조중호씨가 대형업체들과의 경쟁에 밀려 결국 사업을 접었고, 김성자씨는 지금도 대형 슈퍼마켓 때문에 하루벌이가 녹록지 않다.

> 대형슈퍼가 없었기 때문에, 그때는 명절 때도 하루에 70만원씩 팔았어. 이 조그만 데서. 그런데 지금은 하루에 7만원도 안 팔려. 그러니까 지금은 대형슈퍼에서는 카드를 쓰잖아. 그리고 차들도 많고 이러니까 자가용 많으니까 한꺼번에 한달 치씩. 그리고 카드회사에서 연말에 (세금) 정산해주잖아. 그러니까 동네 구멍가게로는 급한 대로 떨어진 것만 사러 오니까 이렇게 힘들지.(김성자, 3면)

김성자씨는 친정이 부자여서 돈 귀한 줄 모르고 살았다고 한다. 그게 화근이 되어 재산을 불리지 못한 채 집안을 어렵게 만들었다고 자책했다. 넉넉한 어린 시절을 보낸 뒤 성인이 되어 (결혼할 생각으로) 상경한 뒤 직물공장에서 7년 정도 일하면서 남편과 7년 연애 끝에 결혼했다. 당시 택시를 했던 남편의 수입이 괜찮아 여유롭게 살았으며, 돈을 모아 건물을 지었다. 그리고 노후자금을 적립하고 소일거리나마 하기 위해 1층에 슈퍼마켓을 냈다. 슈퍼마켓을 운영한 지도 벌써 15년째로 동네 터줏대감이 되었다. 가계가 어려워진 이유는 남편 몰래 친정 형제들의 빚을 갚아주고 대출을 해주면서 문제가 생겼기 때문인데 현재는 갚을 빚이 산더미가 된 지경이다. 아들도 사업에 실패하고 집에서 쉬는 상황이라 집안 생활비의 많은 부분을 딸이 충당하고 있다. 그래도 사는 곳이 재개발구역으로 지정되어 당장에는 돈이 부족하지만 노후가 그리 어둡지만은 않아 보인다.

강재섭씨는 아내와 누이와 함께 의복 주머니를 짜는 영세사업장 사장이다. 주머니 짜는 기계의 중고가격이 구입 당시 2000만원이었는데 여름철 옷에는 '주머니'가 거의 없기에 어쩔 수 없이 1년 중 3개월은 기계를 놀려야 한다. 더구나 일이 철따라 들쭉날쭉하여 수입이 일정치 않아 사람을 부릴 여유가 없다. 당연히 일이 많을 때는 며칠 밤을 새워야 한다. 그러면서 '이렇게 힘들게 일하는 사장'이 어디 있느냐고 묻는다. 가난한 농가에서 태어나 척추결핵이라는 병을 제대로 치료하지 못해 콤플렉스를 안고 살았다. 어느 농촌 사람들처럼 기술 배워 돈 벌려는 목적으로 상경했다. 처음 카센터에서 기술을 배우려 했으나 여의치 않아 당시 돈 깨나 번다던 '객공'이 되기 위해 미싱과 재단일을 배웠다. 손재주가 좋아 빨리 객공이 되었으나 외환위기로 회사가 폐업하는 바람에 여러 공장을 전전했다. 내 사업을 해야 돈을 모을 것 같아 집에 기계를 들여놓고 일을 시작했다. 한창때는 그럭저럭 벌었지만 봉제업이 사양화되어 살기가 빠듯해졌다. 더구나 주변 여건은 성실하게 사는 그를 계속 궁지로 몰고 가는 듯했다.

유경희씨는 두 자녀를 키우면서 혼자 밤농사를 짓고 있다. 젊은 시절 결혼을 하면 생활이 안정되고 무섭지 않을 것 같아 지인의 소개로 남편을 만났다. 그런데 남편은 결혼을 위해 잠시 서울에 올라와 있던 농촌총각이었다. 그녀는 만삭인 채로 남편의 손에 이끌려 험난한 농촌생활을 시작했다. 농사가 힘들어 소파동이 일어났을 때 소를 팔자고 남편을 설득한 게 화근이 되어 큰 빚을 지게 되자 시어머니의 학대가 더해갔다. 1년 내내 농사를 지어도 돈을 만지지 못하자 남편은 점점 알코올에 빠져들었고 폭력을 일삼아 급기야 그녀는 농약을 마시기도 했다. 결국 남편은 술로 사망했고 시어머니는 서울 딸집으로 갔지만 고난은 계속되었다. 주민들이 '과부'라고 무시했고 특히 남성들이 끊임없이 괴롭혔다. 이곳을 탈출하고 싶지만 돈도 없고 할 수 있는 일도 없는 듯하여 망설이고 있다. 지금은 정부 지원금을 받아 연명하지만 무엇보다 딸들의 장래가 걱정이다.

이성찬씨는 동생이 밥을 굶게 되어 쌀을 훔쳤던 고등학교 시절을 기억하면서 뒤죽박죽 엉킨 기억의 실타래를 정리하지 않은 채 풀어놓았다. '굶주림'의 기억은 17살 때부터 50이 될 때까지 쉼 없이 일했던, 한때 삶에 지쳐 술과 우울증에 빠졌던 기억들로 이어졌다. 그렇지만 그가 노점일을 하게 된 것은 가난 때문이 아니었다. 그는 전기기술자로 직장생활을 23년이나 했고 친구의 노점을 도와 사장 눈 밖에 나기도 했지만 3년간 잘 버텨 외환위기 때도 명퇴를 안 당했다고 했다. 그러던 중 직장생활에 점차 회의가 들었고 수입이 더 많은 일을 찾던 중에 아는 사람과 함께 시작한 일이 노점이었다. 노점은 재미가 있지만 이리저리 옮겨다녀야 하고 고정수입이 보장되지 않는 일이다. 그래서 부인도 식당일을 하고 있다. 가족관계가 원만치 않지만 살아가는 데 필요한 것은 서로 관심을 갖고 보듬는 것이라 생각한다.

불안한 청년층

통계청의 '2008년 청소년통계'에 따르면 2007년 고등학교 졸업자의 대학진학률이 82.8퍼센트로 나타났다. 이미 10여년 전부터 급속한 고학력화가 진행되어 2005년 이후부터는 대학진학률이 80퍼센트를 넘어섰다.[6] 진학률 상승과 취업난 가중으로 15~29세 경제활동 참가율(2007)은 46퍼센트에 머물러 2004년 이후 꾸준한 감소 추세를 보이며 전체 평균을 밑돌고 있다.[7] 첫 일자리를 좋은 일자리로 만들기 위한 경쟁에서 살아

남기 위해 이들은 '알바생'이라는 이름으로 엄청난 규모의 저임금 시장
을 떠받치고 있다.

2002년, 2003년에 이제 처음 학원생활을 했던 거고 2004년도에 방송국 (알
바)생활을 했어요. 2005년도에 다시 보습학원생활을 했다가 2005년 겨울에

그림 1 20~29세 비경제활동인구

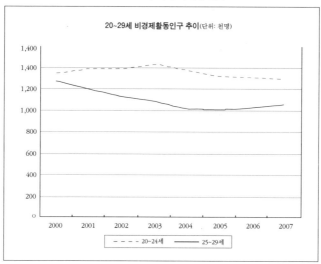

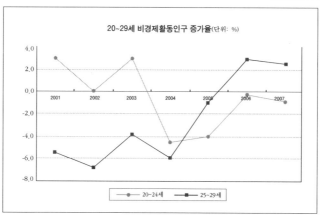

마치고 2006년이 시작되면서 공무원시험 준비를 했었죠. 임용고시를 볼까 공무원시험을 볼까 막 고민을 했었는데, 임용고시를 예전에도 준비해봐서 알지만, 공무원 후배한테 들으니까 공무원 쪽이 맞을 거 같아서. 그냥 그때는 이제 그냥 막연한 안정된 직장 이것만 생각한 거죠.(최민호, 17면)

취업난이 너무나 심각하여 이제는 아예 경제활동에 참여하지 않는 청년층이 증가하고 있다. 20~29세 청년 중 비경제활동인구는 235만 5000명으로 지난 3년간 꾸준히 늘고 있다. 특히 25~29세 연령층의 비경제활동인구 증가율이 높아지고 있다. 2008년 3월 통계청 발표에 따르면 비경제활동인구 중 '그냥 쉬는 사람'이 160만을 넘어섰고, '취업준비자'와 일자리를 구하지 못한 실업자를 포함하면 '사실상 백수'는 300만명 이상으로 집계된다.[8]

최민호씨는 32세의 장기 취업준비생이다. 가정형편이 나빠져 부모님이 이사를 고민했을 때조차 무리해서 '강남'권역으로 정착했다. 말하자면 기형적인 교육제도가 낳은 청년층의 초기 세대였다. 그는 재수해서 대학에 들어갔지만, 지금도 재수할 때처럼 목표의식을 갖고 성실히 공부하면 좋겠다고 되뇔 만큼 그 시절을 알차게 보냈다고 생각한다. 졸업 후 곧바로 교사임용고시를 준비하기로 마음먹고, 학원강사 아르바이트를 하면서 시험준비를 했으나 일과 병행하기에는 무리였다. 그렇다고 가정형편상 일을 그만둘 처지는 아니었다. 낙방 후 방송작가 보조를 8개월 정도 했고, 검정고시학원에서 강사도로 10개월 정도 일하면서 시험준비를 했으나 매번 고배를 마셨다. 4~5년 동안의 '노량진 고시촌 주민' 생활은 본인조차 불행한 시절로 기억할 것이라고 말할 만큼 정서적으로 지쳐있다. 학원강사 '알바' 경험에서 '교사'로서의 꿈을 다졌지만 올해도 합격하지 못하면 일반직장에 취직해야 할 것 같다고 말한다.

고지은씨는 남들처럼 고3 때 대학에 합격했으나 등록마감일을 통보받지 못해 합격이 취소되는 황망한 슬픔을 겪었다. 졸업 이후 이런저런 자격증을 취득하면서 피시방 아르바이트를 3개월 정도 하다가 '이러면 안되겠다' 싶어 중소기업 사무직으로 취직했다. 일이 재미없고 답답하여 대학진학을 목적으로 퇴사했으나, 바로 진학하지 못해 편의점에서 파트타임으로 3년째 일을 하고 있다. 매장경영과 관리에 '흥미'가 생겼고 점장에게 재능도 인정받았지만 진학하면 그만둘 생각이다. 부모님이 직장생활을 하고 있지만 여유롭지 않아 직접 일을 하면서 학비를 마련할 계획이다. 학창시절 교우관계가 넓었던 만큼 일터에서도 상사와 동료들과 우호적인 관계를 형성하고 있으며, 자신에 대한 믿음과 책임의식이 강하다.

이주형씨는 운수업을 하는 부친과 전업주부인 모친 슬하에서 별다른 어려움 없이 성장했으나, 독립한 현재는 그리 여유롭지 못하다. 고등학교 1학년 방학 때 학생 신분임을 속이고 지하철 공사장 아르바이트를 했다. 고3 때 '실습' 명목으로 신발공장에서 일을 했으나 나중에는 와인바나 커피숍에서 몰래 아르바이트를 했다. 모델학과를 졸업하고 2년 정도 꾸준히 모델활동을 했으나 요즘은 가끔 한다. 광고모델료는 불규칙해서 생활비 마련이 어렵기 때문이다. 그래서 현재 일하는 커피숍에서 받는 월급으로 생활비를 충당하고 있다. 그렇지만 이것으로 밥벌이를 지속할 생각은 없다. 더구나 모델일도 비전이 불투명하기에, 연기자가 되기 위해 열심히 연기학원에 다니고 있다. 자기 주관만 있으면 어떤 상황에서든 희망이 있다고 생각한다.

노동시장의 사회적 약자들

2007년 2월 11일 여수출입국관리사무소의 화재로, 감금되어 있던 이주 노동자 10명이 사망하고 20여명이 부상당하는 참사가 일어났다. 이들 다수는 미등록 노동자였고 이로 인해 임금조차 제대로 받지 못한 채 수용되어 있었다. 이 사건은 이주 노동자 보호와 고용허가제 등 노동인권의 문제점을 공론화하여 2008년 6월 정부 개정안을 끌어냈으나, 이주 노동자의 '고용선택의 자유'는 요원해 보인다.

매해 4월 20일이면 언론을 통해 세상에 나왔다가 잊혀지는 사람들도 있다. 바로 장애인들이다. 장애인들의 노동권 역시 이주 노동자와 별반 다르지 않다. 상대적으로 제도적 보호는 받고 있지만 지켜지지 않기 때문이다. 2007년말 민간기업 장애인 의무고용률은 1.51퍼센트로, 법적 고용률인 2퍼센트를 채우지 못한 데서도 알 수 있다. 대기업일수록 심각했지만,[9] 의무고용률 위반은 해묵은 관행이 되어버렸다. 이처럼 주변부 노동시장에는 '단지 그대가 무엇이기 때문에'라는 이유로 일할 권리와 일하면서 보장받을 권리가 무시되는 것이다.

> 자리만 지키고, 쉬운 거, 니가 할 수 있는 거 서포팅해라. 솔직히 말해 대부분 중증장애인 노동자들은 학습장애인이 아니신 분들은 회사에서 위치나 하는 일이나 회사에서 그들에게 바라는 그런(자리 지키는) 조건이 90퍼센트고. 그리고 어차피 취직이 안되니까 생활은 해야 되는데 돈은 없고, 장애인들은 경제적으로도 다 쪼들리죠.(김영훈, 13면)

조재야씨는 미얀마의 중류층 가정에서 태어나 대학교 1학년 때 돈을 벌기 위해 한국에 왔다. 한국에 온 지도 벌써 15년이 지났다. 한국에서의 첫 직장 경험은 감금노동과 폭력이 난무하는 악몽 그 자체였다. 결국 5개월째에 공장을 나와 불법체류자가 되었다. 신분이 불안정하여 취직도 어렵고 그나마 구한 일자리도 임시직이다. 두번째 직장까지는 브로커에게 소개비로 200달러를 지불했으나 세번째부터는 알음알음으로 취직하게 되었다. 외환위기 이후 1년을 실업자로 지냈고, 간간이 아르바이트를 해서 생활을 이어갔다. 몇개월 전까지도 일거리 없이 지내다가 얼마전 지금의 일자리를 구했다. 그는 영세제조업체에서만 일했는데 고된 핍박의 시간을 견뎌내면서 숙련 노동자가 되었고, 이제는 공장에서 통역뿐만 아니라 동료들을 교육할 정도가 되었다. 35세 이전에 돈을 모아 고국에서 개인사업을 하고 싶단다.

김영훈씨는 생후 6개월에 뇌성마비 2급 장애인이 되었다. 그에게는 학교를 다니는 것 자체가 생존을 위한 투쟁이었다. 초등학교 때는 어머니가 손발이 되어주었고 이후로도 부모님의 도움으로 학업을 마칠 수 있었다. 이제는 부모님의 사랑과 장남으로서의 책임감 때문에 늘 어깨가 무겁다. 부친의 양복점이 어려워져 어머니가 정육점을 차렸으나 외환위기 때 문을 닫았다. 그후 아버지는 건설일용직을 거쳐 경비를 하고 어머니는 청소일을 하며 지방에 살고 있다. 그의 첫 직장은 보험설계사였는데 3개월 인턴과정 후 그만두었다. 두번째 일터는 정부의 일자리지원 프로그램을 통해 알게 된 공공근로사업장이었다. 이때 재교육 프로그램과정에서 전문기술(IT)을 습득했고 이를 토대로 구직활동을 했으나 장애인이라는 이유로 거절당했다. 세번째 직장에서도 IT 분야 업무를 맡았으나 업무강도가 높고 업무제한도 많아 그만두고 쉰 뒤에 현재의 회사에 입사했다. 장애인 차별 극복과 자립 지원에 관심을 갖고 부지런히 사회활동을 하고 있다.

김다혜씨는 장애인미디어 운동단체에서 구성작가를 하는 활동적인 여성이다. 이런 그녀가 초등학교 2학년까지는 걷지도 못해 어머니가 업고 다녔다. 중학교 시절부터 수많은 차별과 불편한 생활시설들 때문에 수업과 교우관계에서 어려움을 겪었다. 악착같이 대학을 졸업하고 취업문을 줄기차게 두드렸으나 매번 거부되었다. 첫 직장은 개인사업체였는데 사장의 인간적 배려로 일을 하게는 되었으나 재택근무를 강요해 6개월 만에 그만두었다. 두번째 직장은 사장의 부당노동행위로, 세번째 직장은 조직 내부 문제로 퇴직했다. 그래도 장애인 운동단체에서 봉사활동을 한 덕분에 자신의 고민을 사회문제로 인식할 수 있었다. 현장을 다니며 프로그램을 제작하고 싶지만 기회가 별로 없고, 독립을 준비중인데 월급 50만원 가운데 부모님께 드렸던 30만원을 이제는 못 드리게 되어 고민이다.

'좋은 일자리'를 가진 사람들

'좋은 일자리'로 불리는 직업군들은 대체로 정년이 보장되고, 임금이 일정 수준 이상이면서 안정적으로 상승하며, 다양한 복지혜택을 누린다는 공통점이 있다. 대개 공기업이나 민간 대기업의 정규직, 그리고 고소득 전문직이다. 통계청에 따르면 2008년 1/4분기 전국 가구(2인 이상) 월평균소득은 약 342만원인데, 2008년 3월 현재 월평균임금이 342만원을 넘는 임금 노동자는 약 139만 2000명으로 전체 임금 노동자의 8.7퍼센트를 차지한다. 우리가 만난 구술자 중에서 5인이 여기에 해당하는데, 공교롭게도 전원이 남성이며, 4명이 4년제 대학 졸업 이상의 고학력자들이다.

그때 당시도 중소기업 같은 경우에는 막 진짜 사람이 일할 수 없는 정도인데, 작업복부터 해서 뭐 얼굴부터 해서 진짜 시커멓게 기름 묻어가면서 이런 거였는데, 뭐 여기 들어오면 그렇지는 않고 이제 임금도 안정이 되고, 생활도 안정이 됐어요. 중소기업 같은 경우에는 언제 어떻게 될지 모르잖아요. 빚을 그때 당시 돈으로 한 500만원 정도 졌을 땐데, 이런 데 아파트 하나 살 정도의 돈이 됐었어요. 그랬을 정도였으니까 생활이 말이 아니었지요. 그렇게 하다 보니까 만성적으로(꾸준히) (일을) 하다보니까 정기적으로 (빚을) 갚아나가고, 그런 데 신경 안 쓰고 직장 때문에 걱정 안하고 일만 하면 되니까. 그런 차이점이 나지요.(고광택, 10면)

고광택씨는 제대 후 매형의 악기판매업을 돕다가 개인사업으로 독립했으나 실패하여 빚을 안고 3년 만에 지방으로 내려갔다. 중소기업에서 완성차(자동차 대기업) 납품 업무를 1년간 하면서 사귄 친구 소개로 87년 11월의 '혼란 정국'에 입사하여 20년째 같은 부서에서 근무하고 있다. 그의 일은 '힘든' 작업환경으로 정평이 나 있지만 10년 동안은 묵묵히 일만 했다. 노조활동을 한 뒤로는 타부서로 옮기고 싶어도 정보접근과 인맥구축에 유리한 지위의 혜택을 볼 수 있기에 "도의적으로" 그러지 못했다. 입사 당시 월급은 높지 않았지만 "잘 들어왔다"는 생각을 했다. 사업 빚 500만원(당시 해당 지역의 아파트 한 채 가격)을 입사 2년 만에 청산할 만큼 "안정적"이었기 때문이다. 외환위기 때 연대보증을 서 위기를 맞았지만 가족의 자랑일 만큼 '당당한' 가장이다. 구술중에 감지된 여유도 대기업 정규직 신분에 편안한 가족관계 때문으로 보인다.

최형철씨는 취직이 어렵다는 공학을 전공했다. 그리 넉넉한 형편이 아니어서 대학재학중 커피숍과 식당 서빙, 과외 등 아르바이트로 용돈을 벌었고, 두차례 학자금 대출을 받았다. 대학원 준비중 교수와 선배들의 지도로 공부한 게 큰 도움이 되어 국내 굴지의 대기업 '취업설명회' 때 원서를 제출해 합격했다. 현재 3년 된 평직원으로 제품불량검사를 담당하고 있다. 그에 따르면 입사 7~8년차가 되면 "잘릴 수 있다"는 생각을 할 정도로 경쟁이 치열해 승진을 늦추려는 사람이 있을 정도이다. 그렇지만 기업복지가 잘 되어 있어 일하면서 다른 불만은 없다고 했다. 결혼한 지 1년 2개월 된 신혼으로 생활의 어려움은 없으나, 주택비용 등 지출이 많아 저축을 많이 하지 못한다. 그는 주위의 평가와 달리 자신은 임금(고정임금)이 높은 고소득자가 아니라고 생각한다.

김한성씨는 교육공무원인 부친 덕분에 경제적으로 어렵지 않은 성장기를 보냈다. 1990년 전후에 대학을 다닌 대다수 남학생들이 그러했듯이 복학 후 안정된 직업을 얻기 위해 바로 취업준비를 했고, 현재 공기업에 입사한 지 15년이 되었다. 입사 직후 1년 6개월 지방근무를 했을 뿐 13년 이상을 본사에서만 근무하고 있다. 그는 1주일 중 하루 한나절을 제외하고는 회사에서 산다고 해도 과언이 아닐 정도로 일에 대한 열정과 성취욕이 높다. 쉬지 않고 자신을 채찍질하는 생활 습관은 중학교 때 겪었던 광주항쟁과 군대의 위압적인 조직문화, 그리고 굶주림을 경험하면서 생긴 소외감, 공포, 편견을 극복하기 위한 생존전략을 터득하는 과정에서 형성된 것이다. 사내커플이었던 아내는 자녀양육을 위해 외환위기 직후 구조조정 분위기 속에서 명예퇴직을 했다. 그는 주식투자에 손을 댔다가 적잖은 타격을 입었으나 지금은 회복되었고 그래서 경제적 어려움은 없다.

오현우씨는 일찍 부친을 여의고 8남매 중 막내로 태어났다. 형제들의 도움을 받아 공부를 하면서 자신과 가족에 대한 '책임의식'이 남달랐다. "회사는 안 가고 월급 받으면서 공부하는 직장인이 제일 부러웠고, 대학원 졸업하자 빚이 3000만원"이었을 만큼 힘겹게 학위(MBA)과정을 마쳤다. 이때 형성된 인맥으로 금융권에 취직했는데, 첫 직장(은행)과 둘째 직장(증권)을 거치면서 '직무만족'의 기대는 버렸는데, 지금은 다시 은행에서 리스크 관리 업무를 맡고 있다. 금융권을 선택한 이유는 경제적으로 어려웠던 시절과 그때를 무사히 통과하게 해준 '형제들에게 보답을 하고 싶기' 때문이다. 그의 일은 고도의 전문성을 요하는 직업으로, 고임금과 사회적 지위를 보장하지만 전문계약직이기에 심리적 불안이 적지 않다. 노동조합이나 사회문제에 비판적 시각을 잃지 않으려고 노력하지만 그것을 자신의 일 속에서 찾기는 어렵다고 한다.

변형진씨는 언론에서 해마다 발표되는 "전문직 고소득 1위 집단"에 속하는 사람이다. 중소기업 사장이던 부친 덕분에 풍족한 성장기를 보냈기에 매우 여유로운 인상을 주었다. "가세가 기울어" 대학원 재학중 입대했고 제대 후 "먹고살 만하다"는 주위의 권유로 특허사무소에 취직했다. 당시 그 분야가 희소했던 시기라 전문적으로 성공하고 싶어 2년간 공부하여 자격을 취득한 후 등록변리사로 17년째 일하고 있다. 그에 따르면 변리사 업계의 "화려했던 시절"은 옛말이고, 지금은 대형 로펌을 중심으로 "양극화"가 진행중이라고 한다. 그는 3년 이상 근속자가 없을 만큼 이직률이 높은 곳에서 한 직장을 꾸준히 다니는 저력도 있는 사람이다. 장기근속을 무기로 자기계발 차원에서 '조건부 안식년' 기회를 얻어 2000년 초반 가족이 1년간 해외에 체류했다. 비록 기러기아빠로 살고 있지만 아내도 외국에서 성공하여 경제적인 어려움은 없다. 그러나 외롭다고 한다.

‘일하는 사람들’ 28인이 전해주는 ‘일 속의 삶’과 ‘삶속의 일’은, 우리 사회가 직면한 노동·사회 문제들, 특히 고용, 성, 인종, 임금, 그리고 가족을 둘러싼 양극화문제를 동시대뿐만 아니라 역사적으로 이해할 수 있게 해준다. 또한 그 속에서 희망이 어떻게 태동하고 있고 그 희망을 어떻게 키워야 하는지를 일러줄 것이다.

한국사에서 경제적 격동기로 기억될 ‘외환위기’와 ‘그 이후 10년’은 구술자들의 삶의 경로를 크게 비틀어버렸다. 그로 인해 좌절하고 고통받으면서 잃어버린 것을 복구하려는 사람도 있고, 그 길 위에서 다시 묵묵히 시작하는 사람도 있지만, ‘외환위기’보다 더 험난한 인생역정을 걸었던 이들은 ‘외환위기’의 고통을 덤덤히 받아들이는 듯했다. 게다가 외환위기와 그 이후 삶은 이미 지난 격동기가 아니라 구술자들과 가족, 그 주변인들의 삶속에 각인되어 지금도 영향을 미치고 있는 무거운 짐이다.

다수 ‘비정규직’과 일부 ‘정규직’이라는 점을 제외하고, 서로 다른 곳에서 살아왔고 만나기도 쉽지 않은 매우 이질적인 28인의 삶은, 어느 순간 ‘일 속의 삶’으로 만남으로써 우리사회 양극화의 실상을 드러낼 것이다.

우리시대 희망찾기

2장

일은 나에게 무엇인가

소년이여 일하라, 일하며 만족하라

끼니를 사 먹을 수만 있으면 그것으로 족하니 일하라

애써 분발하고 일하기만 하면

머지 않아 부유해질 것이니

그런 사람 믿을 만하네

――에릭 홉스봄, 『자본의 시대』

누구나 한번쯤은 주위 사람들에게 왜 사느냐고 묻거나 그런 질문을 받아본 적이 있을 것이다. 이런 철학적 질문을 접하면 십중팔구 답을 피하거나 심드렁하게, 때로는 냉소적으로 반응할 것이다. 요즘 세상에 이 못지않게 골치 아픈 물음이 있는데 바로 "뭐하면서 살 건데?"이다. 물론, '왜'라는 질문에는 그럴듯한 답변을 하지 못한다 해도 "뭐하면서 살 것인가?"에 대한 답은 다양하게 나올 수 있다. 자신의 꿈을 얘기할 수도 있고, 돈을 벌어 먹고살 나름의 방도를 털어놓을 수도 있다. 당연히 각양각색의 생각들을 쏟아내겠지만 한가지 일치된 결론을 기대할 수 있다. 그것이 꿈이든 생계수단이든 '일'을 해야 한다는 것이다. 즉 돈을 벌든, 또는 남을 위해 사회봉사를 하든, 집 주변에 있는 텃밭을 가꾸든, 일은 우리 삶의 중심 요소이다.

그런데 이 책의 주인공 대부분은 '돈벌이'로서의 일에 대한 소회를 털어놓는다. 가수 김종찬의 드라마 주제곡 〈산다는 것은〉은 '신산한 삶'을 한번 돌아보고 앞으로 나아갈 에너지를 재충전한다는 의미가 담겨 있지만, '고달픈 삶'에는 '힘든 노동'과 '그 노동을 하게 된 이유들'도 녹아들어 있다. 구술자들은 '일하는 삶'을 들려주면서 적어도 한번은 '산다는 게……'라고 언급했다. 또박또박 설명하기 어렵고 뭉클거리며 솟는 '무엇' 때문에 말끝이 자꾸 흐려질 수밖에 없지만 자연스레 입 밖으로 나오는 그런 것. 지금껏 '힘든 노동'을 하면서 살아왔고, 앞으로도 그런 생활을 이어갈 이 땅의 일하는 사람들은 '내게 일이 무엇인지'를 이렇게 들려준다.

살기 위해 돈을 벌어야 하고, 일을 해야 돈을 벌 수 있고

28인의 구술자들은 두가지 방향에서 '생계수단'으로서 일의 의미를 말한다. 본질적으로 노동은 '생계수단'이기에 누구에게나 고통스럽다. '먹고살아야 하고' '노후를 대비해야 하며' '가족을 책임지기' 위해 누구나 일을 해야 한다. 이런 점에서 유경희씨의 농사일, 홍순임씨의 청소일, 이성찬씨의 노점일, 김한성씨의 관리일, 그리고 변리사 변형진씨의 일은 모두 동등하다. 다른 하나는 구술자들이 '어떤 노동'이냐에 따라 '부럽고 좋은 일'과 '무시당하는 나쁜 일'로 생계수단에 사회적 가치를 부여한다는 것이다.

홍순임씨는 자신의 고단한 현실과 별반 다를 게 없는 건물 유리 청소부를 보면서 "자기대로 최선을 다하는데도 그렇게 힘들게 살아야 하는" 인생에 연민을 느꼈다. 일한 대가로 여유롭게 생활할 만큼 돈을 번다거나 그 정도는 아니더라도 먹고사는 데 불편하지 않다면, 즉 일에 대한 보상이 만족스러운 수준으로 주어진다면 노동의 고통은 줄어들 것이다. 물론 보상이 꼭 금전적인 형태로 주어지지 않아도 좋다. '자식이 공부 잘하고 건강하거나' '가족관계가 편안하면' '현실을 긍정하면서' 견뎌볼 만하다. 그렇지만 홍순임씨는 일에 대한 보상이 빠듯하게 살기도 어려울 만큼 형편없고 그로 인해 '근심'들이 늘어간다면, 노동은 벗어날 수 없는 '굴레'처럼 무겁다는 것을 지난 25년간 경험했기에 젊은 유리 청소부가 안쓰러웠던 것이다.

> 높은 데 줄 하나 매달고 유리 닦고 그러잖아요. 그러면 아유 에사로 안 보여요. 저렇게 힘들게 그냥 위험한 일 저런 걸 하는데, 부모야 또 다 잘해주고 싶고 돈 많이 주고 싶지만, 자기는 자기대로 최선을 다해서 하는데도 그렇게 힘들게 살아야 하고. 그러는 거 생각할 때, 아이고 언제나 좋은 세월을 살 수 있을까, 그러면서 또 거기에 매달려 있는 식구들도 안됐고. 그 사람도 안됐고.
> (홍순임, 32면)

유경희씨는 당장이라도 농사를 그만두고 싶지만 엄청난 부채를 안고 있는 데다 "먹고살아야" 하므로 한눈 팔 여유가 없다고 했다. 홍순임씨와 이경숙씨도 그동안 전혀 경험하지 않은 새 일을 접해야 했지만 "가릴 게 없는 처지"였다. 살기 위해 돈을 벌어야 하고 그래서 일을 하는 것인데, 이들에게 일은 숨 한번 크게 쉬고 비장한 각오로 맞아야 할 정도로 가혹한 선택인 것이다.

홍순임씨처럼 경험이 많다 하더라도 '나이'가 많아서, 장현희씨나 이진우씨처럼 "기술이 없어서", 이성찬씨처럼 새 일거리를 선택했다가 실패했을 경우 그 후폭풍을 가족이 '고스란히' 떠안아야 하기에 일의 선택은 어려울 뿐 아니라 두렵기도 하다.

지금은 겁이 나요. 늙어가지고. 그리고 알겠지만은 나하고 맞는 거를 해야지. (면접자: 기회가 되면 또다른 일을 하고 싶은 생각은 있으신데……) 그렇죠. 근데 또 왜냐하면 여기서 까져버리면은, 여기서 또 무너져버리면 애도 문제지, 집사람도 문제지, 가정도 안되지 아무것도 안되는 거야.(이성찬, 29면)

이유는 조금씩 달라 보여도 '이직'이나 '업종전환'이 자신과 가족의 현재와 미래를 걸어야 하는 위험한 '도박'인 점은 대동소이하다. 새 일을 선택하는 것에 대해 대다수 사람들은 기대와 두려움을 갖고 있지만, 구술자들의 체념과 좌절은 '조금은 덜 힘든 노동을 하고 싶어도 그러지 못하는', 사회적 자원이 없는 사람들의 '현실의 덫'을 보여준다. 오늘의 일이 "최악의 경우를 생각해야 할 만큼 열악한 환경"이라 해도 살기 위해서는 '꼭 붙잡아야 할 삶의 동아줄'인 것이다.

아이고, 한 3,4개월을 고생을 많이 했어요. 내가 정을 못 붙였지 전혀. 1년 동안을 방황을 많이 했어요. 회사도 못 나가고. 아프니까. 일을 못해가지고, 그래서 다른 데 알아보려고 옛날 다니던 직장 동료들 찾아다녔는데, 그 당시하고 한참 몇년 흘러가니까 지금 세상이 많이 바뀌었더라 이거에요. 세상이. 아, 이게 힘들구나. 1년 하고 나서부터는 내가 할 곳은 당장 여기밖에 없다. 일할 곳은.(조중호, 17면)

언제든 개인사업을 하고 싶다는 조중호씨도 일이 힘들어 다른 일을 알아보려고 전 직장 동료들을 찾아다녔지만 "내가 일할 곳은 여기밖에 없다"는 것을 느끼고 제자리로 돌아왔다. 그러면서 "세상이 바뀌었다"고 했다. 앞의 구술자들에게 노동이 밥벌이를 위한 수단이면서도 '멍에'였던 데 반해 그에게 옛날 일은 꼭 그렇지는 않았던 모양이다. 그가 노동자, 실업자, 자영업자를 넘나들며 조금은 자유롭게 사는 동안 세상은 바뀌어, 지금 일 말고는 다른 일을 할 수가 없게 되어버렸다. 조중호씨가 과거 이력을 굴레로 받아들이지 않는 것처럼 어떤 구술자들에게 지금의 일은 '멍에'가 아닐 수도 있다. 공기업에 근무하는 김한성씨나 변리사 변형진씨는 잠시 이직을 생각한 적은 있었지만 일이 힘들어서 다른 선택을 해볼까 생각한 적은 없었다.

일을 하면서 꿈을 좇는다

일을 통해 보람을 느끼거나 꿈을 이루는 사람들은 비교적 행복한 사람이다. 중장년 구술자들의 일에 자신과 가족에 대한 '책임'이 담겨 있다면, '알바'로 불리는 청년층의 '일'에는 '미래 꿈의 디딤대'라는 의미가 깃들어 있다. 이주형씨는 배우를 꿈꾸면서 커피숍 종업원으로 일하고 있고, 고지은씨는 일본어 통역사나 전문경영인을 꿈꾸면서 오늘도 상품 진열대를 정리한다. 그녀는 구술자 중 최연소자이기도 하지만 하고 싶은 일들이 아주 많을 정도로 열정과 꿈이 넘친다. 이들이 힘들어도 현재의 일을 비교적 담담하게 받아들일 수 있는 까닭은 평생 '밥벌이'로 여기기보다 "그냥 돈을 벌기 위해서", 특별한 의미를 부여하지 않은 채 시작했기 때문이다. 그렇지만 몇번의 이직을 통해, 일해서 번 수입을 한순간에 써버리지 않을 만큼 돈의 사회적 가치를 체득했다. 그래서 일은 부모 앞에서도 "당당할 수 있는" 독립된 경제주체가 되기 위한 수단이자, 목표를 달성하기 위해 전력투구할 때를 대비하여 인적·물적 기반을 비축하는 과정이다.

그냥 돈을 벌기 위해서 시작한 건데 일어를 배워서 통역이나…… 그런 것을 하고 싶고. 안되면 ㅇㅇ공채(편의점 모기업) 한번 넣어볼 거예요. 하하. 이런 쪽에서도 사업을 한번 해보고 싶고…… 그런데 그다지 하고 싶지는 않아요. 이거보다는 조금 더 좋은 걸 하고 싶어요. 그냥 일반회사에 다니고 싶기도 하고, 자영업도 해보고 싶어요. 아이템을 개발해서 팔거나, 아이디어를 내서 음식이라도 팔거나 그런 것을 한번 해보고 싶어요.(고지은, 21면)

'돈을 버는 행위'와 '자신의 꿈'을 별개로 생각하는 이들과 달리 짧은 일체험을 통해 목표를 세우고 꿈의 실체로 그 일을 좇는 사람들도 있다. 계약이 끝날 때 학생들이 만들어준 '감사의 편지'를 몇년이 지나도록 잊지 못하고 있는 최미경씨, 교육자의 사명을 놓지 않으려는 김정은씨, 그리고 잠깐의 아르바이트에서나마 "가르치는 재미"를 느껴 "굉장히 굳게" 꿈을 키웠던 최민호씨가 그들이다. 아마도 교육이 후세대에 단순히 지식을 전달하는 게 아니라, 인성을 기르고 세상을 익히는 눈을 넓혀준다는 걸 공감했기 때문일 것이다.

00고등학교 그만둘 때 반 전체 애들이 한 30명밖에 안되기는 했는데 다 한마디씩 써준 거예요. 선생님 저 말 안 들어서 죄송하다고…… 호호호. 1년을 가르쳤으면 그런 말 안 썼을 텐데 갑자기 그만두니까 아쉬워서 쓰고, 막 100점 맞은 시험지를 보내겠다는 둥. 호호호. 이름 하나하나 다 기억에 남더라고요 저는. 애들 특징을 떠올리면서 한마디씩 써주고.(최미경, 27면).

검정고시 학원(졸업 후 잠시 일하던 곳)이었는데 가르치는 게 의외로 더 재밌더라고요. 제가 생각했던 이상으로 재미가 있어서 난 이 일을 해야겠다라는 생각을 굉장히 굳게 가지고 있었고, 그래서 이제 학원 선생님을 하면서 임용고시를 계속 준비하려고 했는데, 막상 생각해보니까 이게 학원에 매여 있는 시간이 너무 많은 거예요. 한 5월, 6월달쯤 학원을 그만뒀죠. 임용고시에 올인하기 위해서……(최민호, 14면).

비록 지금은 기간제교사로 교육의 변방(최미경)에 서 있고, 사교육 시장의 생활전선(김정은)에서 고군분투하면서, 임용고시의 험난한 경쟁(최민호)에서 실패의 고배를 마신 적도 있어 여전히 불안정하지만, 교육자로서 이들의 '꿈'은 무산되었다기보다 힘겹게나마 여전히 진행되고 있다고 봐야 할 것같다.

일을 통해 사회에 필요한 인간이 되다

김다혜씨에게 일은 생계수단이자 세상과 소통하는 통로, "정상인"의 대열에 합류하는 디딤돌이다. 사람들 '속에서', 사람들과 '더불어' 하지 못하는 '일'은 그녀에게는 의미가 없다. 사람들과 같은 공간에서 근무하는 것만이 '더불어' 사는 건 아님에도. 거절과 소외로 가득했던 성장기를 겪으면서 '장애'는 그녀에게 세상과의 '소통공간'으로서 '일'이 각별한 의미를 갖게 만들었다. 그녀의 이런 생각은 첫 직장에서 "재택근무를 거부"하면서 결국 사표를 던지는 '저항' 행위로 표출되기도 했다. 샐러리맨들이 지친 조직생활의 농담거리로 삼는 '재택근무'가 그녀에게는 사회에 필요한 존재로 승인받는가 아닌가를 가늠하는 잣대였기에 그러한 업무 재편을 거부할 수밖에 없었다.

처음 들어간 데는 이제 막 시작하는 조그만 회사였고, 사장님 동생분이 장애아동 그룹홈(Group Home)[1]을 하고 계셨어요. 저희 장애운동권에선 이게 시혜와 동정이 많다, 나와서 사람들하고 부딪히고 이런 데서 배우는 게 더 많다고 봐요. 그렇게 생각해서 재택근무 안하겠다라고 말씀을 드렸고. 그래서 나와서 일을 하는데 한 6개월 했나. 사업이 좀 힘들어지니까 저를 재택근무를 시키려고 하더라구요. 근데 그것도 당일날 알았어요. 사무실도 힘들고 다혜씨도 집이 머니까 왔다갔다하기가 힘들 거니까 재택근무가 어떠냐 하고 말을 해서, 저는 생각해보겠습니다라고 했는데, 생각해보겠다라는 것은 결정한 게 아니잖아요. 그리고 점심시간이 돼서 직원들 하고 밥을 먹는데 "너 내일부터 재택근무지?" 그러는 거예요. 사람들은 당연히 제가 재택근무를 하는 걸로 알고 있는 거죠. 그래서 기분이 되게 안 좋더라구요. 그래서 저녁에 사장님 저 내일부터 그만두겠습니다,라고 했더니, 사장님이 왜 그러냐? 이래저래 그래서 그만두겠다,라고 말하고 나왔어요. 근데 며칠전에 전화가 왔어요. 다시 같이 일해볼 생각 없냐고…….(김다혜, 7면)

제 개인적으로 노동자로서 뭔가를 해야 될 게 있다고 생각을 합니다. 그게 사소한 일이든 아니든, 직장생활에서의 기능이나 일상생활에서의 기능이나 인생 전체의 일관적인 어떤 기능으로 이어지겠지만, 회사나 동료들에게 실질적으로 도움이 되고 회사의 발전이나 모두의 발전에 조금이나마 기여를 할 수 있으면, 그것이 여태까지 기업들이 장애인들 고용에 대해서 꺼리는 부분에 대해서 증명이 된다면, 그런 측면에 기여를 해서 장애인들도 일 잘하는구나 하는 하나의 증명을 하고 싶어요. 가치 있는 일을 할 수가 있어서 스스로를 어떤 방구석에 있는 그런 잉여인간이나 그런 자괴감에 빠지지 않고 당당하게 만들어갈 수 있지 않나.(김영훈, 20면)

김영훈씨는 사회에 불필요한 "잉여인간"으로 취급받지 않기 위해 공공직업훈련 과정을 이수하고 장애인 취업특례를 십분 활용해 IT 분야에 몇년간 매진하여 지금은 원하던 프로그래머로 일하고 있다. 그는 사회가 베풀어주는 "시혜"보다 '일'을 통해 자신이 사회나 기업에 기여하는 '필요인간'이 되어야 한다는 의지가 확고하다. 사실 김영훈씨가 처음부터 이런 생각을 했던 것은 아니다. 그는 대학시절 장시간 통학열차를 타고 다니면서 "자신의 세계에 빠져" "독서"에 열중했던 "평범한 장애인 대학생"이었다. 학생운동을 하던 친한 친구들로 인해 주변을 돌아보게 되었고, "노동자로서 사회에 뭔가 기여"하겠다는 신념을 자신의 '일' 속에서 구현할 수 있게 된 것이다.

김다혜씨나 김영훈씨에게 '일'은 사회적으로 필요한 일꾼이 되기 위해 반드시 얻어야 하는 것이자, '일할 능력과 자격을 갖추었음'을 "증명"하는 수단이다. 그렇기에 사회적 필요존재란 특별한 사람이 아니라 "사람들과 부딪히면서" 일을 하고 생계를 책임지는 직업인을 의미한다.

일은 사회를 익히는 학습의 장이다

30~40년 전 절대적 빈곤상태였던 시절과 비교해보면 오늘날 우리는 풍족한 삶을 누리고 있다. 그에 비례하여 사회적 욕구도 다방면에서 분출되고 있다. 특히 여성의 역할에서 변화가 나타나고 있다. 과거에는 아내 혹은 어머니가 거동이 불편한 환자, 장애인, 노인, 아동의 간병과 양육을 전담했다. 그러나 최근에는 이들의 경제활동이 활발해지고, 가정 밖에서의 문화생활이 늘어나면서 '무급봉사'였던 돌봄써비스에 대한 사회적 수요가 생겨나고 있다. 특히 외환위기 이후 실업문제 해결과 써비

스부문 일자리 창출을 내세운 정부의 정책으로 병원과 일부 빈곤계층에만 국한되었던 간병, 양육, 가사 등의 '돌봄써비스'를 주위에서 손쉽게 찾아볼 수 있게 되었다.

일당제 간병인 박명숙씨는 고된 노동 속에서도 일의 '능동적' 주체로서, 써비스 수혜자(고객)와 언어적·비언어적 교감을 하며 상호 유익한 결실을 얻는다. 그녀는 누군가에게 도움을 받아야 하는 어려운 이들에게 "안정"과 "평안"을 주면서 자신의 삶을 긍정적으로 바라보며 남을 살필 줄 아는 '마음의 여유'를 얻고 있다. 실제로 박명숙씨는 일하면서 알게 된 몽골 출신 어린 여성 노동자들의 한국생활을 물심양면으로 돕고 있다. '동정'에서 출발했다고는 하지만 사회활동으로 봐도 될 만큼 적극적이다. 일에 몰두할수록 자기 자신과 일에서 소외되는 수많은 '노동'과 달리 박명숙씨의 일은 이처럼 타인에 대한 일체감이나 연대를 일깨우는 속성이 있다. 비록 많은 일들이 '시간과 요금에 준하여 제공하는 써비스'로 계산되지만, 다른 한편 사회를 건강하게 지탱해주는 믿음과 배려를 나눔으로써, 개인주의화되는 현실에서 인간적 관계라는 소중한 가치를 전파하는 잠재력을 지니고 있다.

할머니 위주로 대화를 해줘야 돼요. 그리고 나을 수 있다는 희망도 자꾸 주고 그래야 되는데. 내가 가면은 그래요. 이래가지고 내가 이래 일어날 수 있을까. 그걸 하루 종일 몇번을 물어요. 밥 먹으면서도, 이렇게 먹으면서 아 (한참 말이 없음), 희망이 없다면 이걸 왜 먹어야 되나. 이런 생각을 하고요. 내가 집에 갈 때 정말 미치겠어요. 집에 갈 때 나보고 뭐라는지 아세요? 집에서 자면 안되니? 안되니? 이래요. 나 거기서 미치겠어요. 그러고 나서 있다보면, 원래 6시에 가야 되거든요. 있다가보면 밤에 오는 거예요. 혼자 있는데 너무 안타까운 거예요. 겁도 나고, 문 같은 거 막 이렇게(문을 흔드는 행동) 자꾸 해요. 닫았나, 잠갔나, 막 그래요. 막 해치고 돈 뺏어 가고 그러지 않냐고. 아 그래도 도둑도 사람인데 할머니한테 왔다가는 오줌 마렵다 그러면은 오줌 뉘어주고 갈걸요? 내가 막 이러면 그래가 한바탕 웃어요.(박명숙, 5면)

"할머니 위주로 대화하는" 자세는 돌봄노동의 기본 가치 중 하나로, 상대방을 인격적으로 대하고 상대의 욕구에 동정이 아닌 자연스럽게 우러나오는 마음으로 반응하는 기술이라 할 수 있다. 박명숙씨는 이것을 실천하면서 자신보다 어려운 사람을 인격적으로 대하는 방법을 배우고 있다. 박명숙씨가 남아주기를 바라는 할머니의 심리는 외로움과 두려움에 기인한 것이기도 하지만, 돌봄써비스를 받으며, 자신이 귀한 존재임을 자각한 데서 생겨난 것이다. 자신의 감정을 가감없이 표현하는 수혜자(할머니)의 태도는 긴밀한 공감대가 형성되었을 때 비로소 드러나기 때문이다. 일이 수단이기만 하고, 앞뒤 가릴 것 없이 무조건 경쟁하는 상황에서의 의무에 불과하다면 인격적 대우를 바라기 어렵다. 그런 의미에서 박명숙씨의 돌봄노동은 다른 일과 달리 이타주의적 가치를 갖고 있다.

일을 통한 자아실현? 경쟁에서 살아남기!

구술자 중에 자기 일에 만족해하는 이들은 대체로 '창의성'이 요구되는 전문적인 일을 하는 사람들이다. 그러니까 업무가 단순하지 않고 자신의 능력을 끊임없이 개발해야 하는 일들을 하는 노동자들이다. 공기업에서 근무하는 김한성씨는 입사동기들보다 "빠르게 성장"하여 부장 승진을 목전에 두고 있다. 그는 조직내에서 자신이 계획한 목표를 달성하면서 성취감을 느끼며 일에 "만족한다"고 했지만 "페이(pay)와 프로모션

(promotion)"을 둘러싼 치열한 경쟁에 속박되어 있다. 예를 들어 "중대사건이 터졌을 때, 위에서 지시가 내려오기 전에 미리 관련 보고서를 준비하여 인사고과를 높이는" 전술은 기본이다. 그래서 '일'은 항상 조직생활의 중요한 일부이며 '자아실현'의 대상이자 도구로 이해된다. "좌절하고, 실망하고, 재충전하고, 다시 도전하는" 생활의 반복 속에서도 지치기는커녕 일 자체를 즐기는 경지에 이르렀다고까지 말한다. 김한성씨는 구술하는 내내 '경쟁' '성취' '승진'이라는 용어를 자주 사용했다. 일상적인 대화에서 자연스럽게 묻어나는 어휘들에서, 화이트칼라 정규직이 경제적 보상과 고용을 보장받는 대신 승진사다리에서 낙오하지 않기 위해 치열한 전투를 치르는 모습이 드러난다.

직장인이 조직생활하면서 그 바라보는 게 뭐 대부분 두가지라고 하지 않습니까? 페이(pay)하고 프로모션(promotion). 특히 이제 남자들 직장에서 포지션에 대해서 상당히 욕구가 강하니까 그런 사람 중에 하나지요 전. 제가 10년 이상을 과장생활을 했는데 한 8,9년은 열심히 일만 하는 겁니다. 그다음에 업무를 하면서 성취욕도 느끼는 거고. 그런 것들이 쌓여가지고 개인의 브랜드 네임화되는 건데, 그런 거에 사실은 길들여지고 희열을 느끼고 하는 것들이 10년 이상을 버티게 하는 겁니다. 근데 10년간 11년간 열심히 했는데 목표한 바가 안되면, 좌절하고 실망하고 다시 재충전하고 다시 도전하고 이런 과정들이 반복되는데, 일정 기간 동안은 늦든 빠르든 목표달성이 되면 새로운 포지션에서 새로운 목표를 세워 다시 재도약할 수 있는 기회가 되는데, 그렇지 못하면 예를 들어서 주변의 15년, 20년된 선배들 수두룩해요. 그런 분들은 직장생활에서의 목표 수정에 들어가는 거지요.(김한성, 2면)

'자아실현'이 김한성씨에게 "페이"나 "프로모션"으로 집약된다면, 변형진씨에게는 '수익률 향상'과 '리스크 감소'로 나타나며, 최민호씨에게는 '임용고시 합격'을 통한 '교사자격 취득'으로 확인된다. 일을 통해 '자아실현'을 한다는 구술자들의 소회를 음미해보면 '자아실현'은 경쟁에서 승리한 자들에게 주어지는 심리적 보상으로 해석할 수 있다. 장기근속한 선배들을 반면교사 삼아 지금의 자신처럼 노력하지 않으면 직장생활의 목표를 수정할 수밖에 없다는 김한성씨의 '살아남은 자의 전언'은 그래서 비장하기까지 하다.

'경쟁' 자체는 누구에게나 공평해 보이지만 작동 메커니즘은 각종 "연줄"과 경제적 자산이 불균등하게 배분된 현실에 기반한다. 그래서 일을 통한 자아실현은 구조적 모순과 적자생존 법칙이 무섭게 작동하고 있는 전쟁터에서 다양한 무기(사회적 자원들)를 가진 자들에게 매순간 살아 있다는 기쁨을 안겨주는 것이다. 나아가 우리사회는 생존의 희열을 얻기 위해서는 항상 준비된 인간형이 되라고 강요하기까지 한다. 이미 베테랑 변리사인 변형진씨도 1주일에 2회씩 원어민에게 회화를 배운다. 과거에는 변리사가 소수독점체제여서 실무 "관리"만 하면 되었다. 하지만 이제는 '경쟁'체제라 '실무'를 직접 맡아야 하니 업무리스크가 커진 반면 수입은 제자리여서 더 열심히 "뛰어야" 한다. 리스크가 많으면 수수료를 인상해야 하는데 출혈경쟁으로 이마저 불가능해졌다. 그러다보니 국제 고객에 눈을 돌리게 되었고 비즈니스 외국어를 익혀야 하는 상황이 된 것이다. 변형진씨는 김한성씨만큼 회사에 '올인'하는 편은 아니지만 주말 하루는 반드시 출근한다.

리스크에 대한 압박감. 그게 심하고. 그리고 너무 경쟁이 심해요 여기는. 어디나 다 마찬가지지만 뭐 사실 신자유주의라는 게 그거잖아요. 자유경쟁 나라 만들기. 그니까 뭐 예전에는 사실 이 업종이 독과점이 많았어요. 왜냐하면 인원이 1년에 몇명밖에 양산이 안됐었는데. 그러니까 항상 변리사라는 사람이 모자랐어요. 원래는 그 사람들이 그 일을 해야 하는 사람들인데 직원들을 뽑아서 대신 일을 하게 하고 관리나 하는 그런 시대였었는데, 근데 이제는 1년에 200명가량 양산되다보니까 직원이 급속하게 변리사로 대체되니까 경쟁이 엄청나게 심해진 거예요. 실제로 대기업 사건 맡은 사람들이 전형적인 협력업체 취급을 받는데, 대기업이 요구하는 게 너무 많고 대우도 별로 안 좋아요. 상당히 고압적인 상태에서 불평등한 관계를 맺다보니까, 어떻게 해서든 좀 국내사건은 안하고 외국과 하고 싶어 하죠. 외국사건 하는 데는 수입도 좋고 동경 같은 데 가면은 한국 변리사들이 길거리에 널려 있어요. 경쟁이 심해지다보니까 문제가 뭐냐면 수수료를 올리지를 못해요.(변형진, 16면)

일을 하면서 지속적으로 경쟁해야 하는 사회구조는 정신적·물질적으로 사람들을 소외시킨다. 인간관계 또한 마찬가지다.[2] 사람들은 일터에서 남들과 비교했을 때 자기는 늘 제자리라는 생각이 들면 자괴감에 빠진다. 오현우씨는 은행 리스크 관리 전문직으로서 업무 독립성이 높아 자유로운 듯해도 "정글 속에서 살아가는 느낌"이라 표현한다. 위험이 어디에 도사리고 있는지 파악하고 빠져나가야 하는데 어디로 길을 내야 하는지 막막하다는 얘기다.

사실 일로 인한 정신적 긴장은 우리사회의 생산방식에서 비롯되므로 일에 대한 애착이나 보람에 관계없이 항상 있게 마련이다. '돈 버는 일을 해야 살아갈 수 있는' 경제원리에 의해 움직이는 사회는 살아 있는 노동력들이 소진될 때까지, 즉 노동자들이 무한경쟁에서 살아남기 위해 자신의 에너지를 다 써버릴 때까지 '경쟁'을 강요하는 것이다.[3] 그 안에서 일하는 28인은 소진되면 도태되는 것을 알기에 매일 매시간 전력투구하며 이 과정을 지연시키려 하는 것이다.

우리사회를 사회·경제적으로 크게 변화시켰던 1997년의 외환위기는 이러한 시장경쟁의 논리가 극대화된 신자유주의 이념이 사회를 구동하는 지배담론으로 자리 잡게 했다. 삶이 더욱 팍팍해진 결과 '돈벌이'기도 하지만 다양하게 병존하는 '일'의 의미와 가치가 효율과 성장이라는 단순논리에 따라 '좋은 일과 나쁜 일' '떳떳한 일과 떳떳하지 못한 일'로 점점 더 선명하게 나뉘고 있다.

떳떳한 노동, 떳떳하지 못한 노동

일은 사람들의 사회적 위상을 드러내고 평가하는 지표가 되기도 한다. 사회가 개인주의화될수록 사람들이 '일'(자리)에 의해 사회적 지위를 평가하는 추세는 더 견고해지는 듯하다. 어느 사회에나 직업의 위계는 있지만 한국사회처럼 '일의 서열화'가 심각하다면 '일'은 불평등한 사회구조 자체를 상징한다. 그래서 저임금의 열악한 일을 하는 사람들은 "하찮은" 사람으로 취급당하기 십상이다. 그렇다고 소위 좋은 일을 하는 사람들이 반드시 존경받는 것도 아니지만 '부러움의 대상'인 것만은 틀림없다.

홍순임씨는 자신의 일로 인해 지금도 심한 갈등을 겪고 있다. 바로 '청소일'에 대한 "곱지 못한" 사회적 시선 때문이다. 젊은 시절 동네에서 "세련되고 지적인 여성으로 부러움의 대상이었던" 인물이기에 "미화원"이 된 자신의 처지가 주위에 알려지는 걸 원치 않는다. 이경숙씨도 "막판에나 들어와서" 하는 "밑바닥 일"을 젊은 나이에 받아들일 수 있었던 것은 일을 한 지 5년이 지나 노동조합활동을 하고 난 뒤였다.

애들이(대학생들이) 지 스스로 자각을 좀 하고 이렇게 자기네들이 암만 공부 많이 해서 좋은 직장을 다니고 돈을 많이 타고 이러니까 그 사람들에 대해 안다지만 얼마나 알겠어요. 그 애환을 아나고 모르지. 그러니까 지들은 별로 그렇게 깊은 생각 없이 하는 것이겠지만, 우리들 입장에서는 진짜 이렇게 밑바닥 일을 하고 이런 취급을 받으면서 이런 일을 하고 있는데, 이런 취급까지 받을 수 있다는 그 자체가 너무 진짜 생각할수록 내 자신이 어떤 때는 회의가 느껴지지요(눈물 젖은 목소리로). 내가 여기 일을 하러 온 자체가 잘못이지, 누구를 원망할 수 있겠는가. 그러니까 이런 직업도 남의 무시를 안 받고, 완전한 뭐…… 지금도 직업이 아닌 건 아니지만, 직업이라 할지라도 직업이란 생각들을 안하지. 우리 입장에서도 그렇지만 걔네들 입장에서도 당연히 돈 주고 하는 거고, 이런 데 와서 일하는 그 사람들이 그렇게 그냥 하찮게 생각하는 거지.(홍순임, 31면)

그때 서른아홉 살, 직접적으로 일을 하기 전에는 얘기만 듣고 그걸 못하랴 갔는데, 갈등이 참 많았어요. 우선 인제 제가 젊다는 거하고 오죽 할 게 없으면 막판에나 들어와서 청소해야 되는 거 아닌가 그런 생각도 들고. (…) 아, 청소는 원래 배운 것도 없고 그냥 뭐 우리가 특별한 지식이 있는 것도 아니고…….(이경숙, 2면)

청소, 건설일용, 간병 같은 일은 소위 3D(Dirty, Dangerous, Difficult) 업종의 전형이다. 이런 일들은 힘들고, 어렵고, 혐오스럽거나 위험하여 보통 사람들이 기피하는 일이어서 학식이 짧고, 기술도 없는 사람들이나 하는 일이라고들 생각한다. 두 여성도 그렇게 학습되어왔기에 '아래로 내려다보던' 일을 해야 한다는 게 "너무도 부끄러워" 친지들은 고사하고 자녀들에게도 처음에는 자신의 일에 대해 말할 수 없었다. 남편이 사망하면서 "잘나가던" 인생이 순식간에 바닥으로 곤두박질치면서, 남의 얘기로만 치부했던 그 '바닥' 일이 어느 순간 자신이 감내해야 할 일상이 되었으니 비참하게 느껴졌을 것이다.

일의 귀천(貴賤)을 따지는 사회는 '귀한 일'과 '천한 일'에 따라 사람을 달리 대한다. 다단계 하도급사슬로 얽힌 건설업계에서 일용직 인부들은 가장 값싼 노동력으로 팔린다. 그중에서도 "인력시장"에서 '보내진' 사람들은 "곁눈질" 대상이 될 정도로 "사람 취급을 받지 못한다". 김수택씨는 이를 두고 몇몇 노동자들의 그릇된 행동이 인력사무소에서 소개하는 사람들의 이미지를 실추시켰기 때문이라고 설명하지만, 소수의 '문제 행동' 때문에 그들이 죄다 '사람 취급'을 못 받는 것은 아닐 것이다. 이들의 일이 기능직 보조나 청소, 자재운반 등의 단순한 "잡일"이기 때문이 아닐까. '누구나 할 수 있는 일'을 하는 사람은 "잡일"만큼이나 '하찮은 사람'으로 취급받는 것이다.

인력사무실에서 현장에 나가라 하면 현장에 도착해가지고 사람 부른 사람 얼굴 대면해가지고 작업지시를 받아요. 작업지시를 받는데, 다른 협력업체에서, 옆에 일꾼들이 일을 하다보면, 그 사람들이 요렇게 옆으로 보고(곁눈질로 위아래로 훑는 시늉) 아저씨 인력사무실에서 왔어요? 예, 이러면, 인력이오? 사람을 내려다봐버리고, 인력사무실이라 하면 한마디로 사람 취급을 안하더라고. 그게 조금 아쉬워. 인력사무실에서 다는 아니지만은 개중에 몇몇이 이미지를 안 좋게 한 거 같아. 술을 먹고 현장에 출근한다든지, 아니면 옆에 동료들하고 앉아서 티격태격 입 싸움을 한다든지. 그런 경우가 가끔 있나봐요. 그러니까 인력사무실이라고 하면 그럴 것이라 하니까 인간 대접을 못 받는 거지.(김수택, 33면)

3D업종 일을 '평가절하'하는 사회풍조를 거슬러 올라가면 육체노동을 무시했던 지난세월을 만난다. 70년대의 '공순이' '공돌이'라는 생산직 노동자에 대한 비어를 쉽게 떠올려 볼 수 있다. 1987년 이후 노동운동이 성장하면서 '노동자'에 대한 인식이 차츰 개선되고 일의 가치를 바라보는 시선들이 달라지면서 그 편견은 완화되었다. 특히 외환위기 이후 10년 동안의 흥미로운 변화는 '생산직 노동자' 중에서도 '정규직'의 사회적 '지위'가 높아졌다는 점이다. 자동차공장에서 20년째 근무하고 있는 고광택씨는 '생산현장의 정규직 노동자'의 사회적 '위상'이 상승했다는 사실을 중학생 자녀의 말을 통해 들려준다.

생산직이다, 관리직이다, 이런 건 안 들어봤고, 저그('자기'의 방언) 친구들하고 아빠를 비교하는 거는 들어봤지요. 이제 학교를 다니다보면 중소기업 다니는 사람이 있는데 그쪽에 다니면 다니는 사람들이 '○○○는 뭐도 있고 뭐도 해주고, 뭐도 해주고 이런다' 이런 얘기 들잖아요. 그런 거 들을 때는 그 친구보다 나으니까 막 그래요. (우리) 아빠는 C자동차 다닌다고. 그러면 걔가 말을 안한대요. 우리 아빠는 C자동차 다닌다 이러면…… C자동차보다 나쁘니까 얘기를 안한대요. 우리 애가 기 안 죽으니까 그건 어느 정도 마음에 들지만……(고광택, 56면)

생산직이라 해도 "C자동차 다닌다"는 한마디에 아들 친구가 더이상 말을 하지 않을 정도로 대기업의 위세가 대단했던 것이다. 그렇지만 조중호씨에 따르면 "기름밥을 먹어도" 정규직은 자랑스러울 수 있지만 비정규직은 드러내놓고 말하기 꺼려져, 일터 밖에서도 떳떳할 수 없다. 고달픈 육체노동이라 하더라도 힘이 있고 없고에 따라, 즉 일이 어떤 사회적 권력관계에 놓이느냐에 따라 그 위상과 의미도 각기 달라지기에 이르렀다.

생산직이라도 정규직 노동자의 경우 위상이 높아졌다고는 해도 사무직 노동자와 비교한다면 육체노동은 여전히 경시된다. 아니 그보다는 사무직 노동에 대한 선호가 지나쳐 '집단최면'이나 '환상'과 다름없는 기형적인 기대심리가 가득한 듯하다. '공무원 신화' '고시열풍' 같은, 쏠림현상도 고용안정을 갈망하는 심리와 학력 인플레이션, 육체노동 천시풍조가 복합적으로 작용하는 '한국적' 특수성이 원인이다. 육체노동은 "기름밥 먹고, 몸을 써야 하는 힘든 노동"으로 못 배운 사람들이 도맡아서 하는 '떳떳하지 못한 노동'으로 간주되는 반면, 넥타이 매고 정갈한 복장으로 "고고한 학처럼" 폼 나게 일하며 월급도 많이 받는 사무직 노동은 '떳떳한 일자리'로 인식되고 있다.

경비원 황종수씨가 "4년제 대학"을 졸업하여 "주5일 근무하며" "영어를 잘해서 바이어들을 만나고 돈을 잘 버는" 막내아들을 자랑하는 것이나 변형진씨가 "직업적인 면에서 제 자식은 아빠를 자랑스러워한다"고 말할 수 있는 것은 사무전문직 노동에 대한 인식을 잘 드러낸다. 사회적으로 무시당하지 않기 위해서는 "대학 나와야" 하고, 배운 사람들이 하는 일은 '사무실에서 펜대 굴리는 일'이라는 도식이, 고학력 청년실업과 제조업 구인난이 교차하는 현실에서 더 고착화되는 이유가 여기에 있다. 압축적 경제성장을 일궈온 우리사회의 풍요로움 이면에서는 정신노동과 육체노동 그리고 정규직과 비정규직이 '떳떳한 노동'과 '떳떳하지 못한 노동'으로 양분되어 그늘이 점점 짙어지고 있다.

일의 사회적 가치와 경제적 가치

외환위기 이후 전면화된 시장경쟁 논리는 이윤창출에 크게 기여하지 못하는 일을 주변으로 밀어내고 있다. 아무리 사회적으로 필요하고 가치 있는 일이라 하더라도 '성장'과 '수익'이라는 '경제적 가치' 창출에 기여하지 못하면 쉽게 무시된다. 농부가 비옥한 농토에서 좋은 농산물을 수확하듯이, 사회를 유지하는 데 필요한 일들을 정당하게 대우할 때 구성원의 다양한 사회적 욕구들이 조화롭게 충족될 수 있다. 청소, 경비, 생산노동, 간병 등 우리 삶을 지탱하는 데 꼭 필요한 일들이 무시되고 소외받는 현실은 토질을 황폐화시키는 것이나 다름없다.

> 일하고 있지 않은 사람을 욕하는 세상이 와야 돼요. 내가 지금요. 많은 사람들한테 간병을 하고 가사도우미 하는 거를 말 못하는 거는 이건 내 잘못 아니에요. 우리나라 이 세태가 잘못된 거지. 나도 이렇게 떳떳하게 말하고 싶어요. 근데 언젠가는 나는 말할 거예요.(박명숙, 40면)

> 지금 뭐 노점 이런 거는 어차피 이것도 인제 불법이지만은 난 재밌다고 봐요. 마카오 같은 데는 시설을 다 해놨잖아요. 정부가. 세금을 다 받으란 말이야. 왜 세금을 안 받고 불법이네 하고 지랄이냐고. 나는 똑같이 영업을 한단 말이야. 그러면 정부에서도 세금을 받으라 이거야. 나는 자꾸 답답해요. 아 나는 세금 내고 싶어요. 그리고 정당하게 안전하게 가족을 꾸려가면서.(이성찬, 6면)

지난 10여년 동안 '돈 되는 일'과 '돈 안 되는 일'로 줄 세우는 풍조가 확고하게 자리 잡았다. 연대와 신뢰라는 사회적 가치가 성장, 이윤, 경쟁이라는 경제적 가치에 압도되면서 일의 가치는 갈수록 중요한 화두가 될 수밖에 없다. 2008년 현재, 이 책의 주인공들은 "산다는 게 정말 너무너무 고달프고 힘드니까 안정을 찾을 수가 없다"고 했다. 이들은 더 내려갈 곳이 없을 만큼 "바닥"에 떨어져 있거나, 가까스로 바닥에서 벗어나려 몸부림치는 노동자들이다. 그렇지만 현실의 '덫'을 벗어나기 어렵다는 인식 속에서도 체념과 자기 위안, 그리고 삶을 포기하지 않으려는 시시포스(Sisyphus)의 강렬한 의지로 현재를 살아내고 있다.

28인의 일하는 사람들은 "돈이 돈을 버는 사회" "돈 없으면 못 사는 사회"에서 떳떳한 생계수단과 떳떳하지 못한 생계수단이 도대체 무엇인지, 왜 자신들의 노동을 "정당하게 인정하지" 않으려 하는지, 이 잘못된 "세태"로 "가사도우미 하는 거를 말 못하는" 비극이 또 어디에서 연유하는지를 묻고 있다.

우리시대 희망찾기

3장

고용불안시대

노동자 없는 세계로 열린 길이 시야에 들어오고 있다.

— 제러미 리프킨, 『노동의 종말』

나를 외치다

지쳐버린 어깨, 거울 속에 비친 내가
어쩌면 이렇게 초라해 보일까
똑같은 시간 똑같은 공간에 왜 이렇게 변해버린 걸까

끝은 있는 걸까, 시작뿐인 내 인생에
걱정이 앞서는 건 또 왜일까
강해지자고 뒤돌아보지 말자고 앞만 보고 달려가자고

절대로 약해지면 안된다는 말 대신
뒤처지면 안된다는 말 대신

오~ 지금 이 순간 끝이 아니라
나의 길을 가고 있다고 외치면 돼
—가수 마야, 〈나를 외치다〉

〈나를 외치다〉, 마야(MAYA)라는 가수의 노래 제목이다. 노량진에서 4년 동안 공무원시험과 교원임용고시를 준비하고 있는 최민호씨(32세)는 지하철 안에서 흘러나오는 마야의 노래를 듣고 눈물을 흘렸다고 한다.

뭐 그냥 만날 신문에도 나오는 건데 뭐 노량진에 있으면 일단 외로움이 가장 크죠. 제 스스로가 앎에도 불구하고 실천이 안될 때의 그 답답함이 저를 굉장히 많이 옥죄었던 것 같고 자신감이 상실되잖아요. 자신감이 없어지고 우울

중이나 대인기피증까진 아니더라도, 사람 만나는 게 즐겁지도 않고 연락하기도 싫고 자연스럽게 끊어지죠. 전화연락 안하고 전화연락이 오더라도 뭐 별로 할 얘기가 없잖아요. 그 노래를 들으면서 아침에 전철을 타고 도서관에 가는데 지하철에서 눈물을 흘렸어요. 내가 왜 이러고 있나 그런 적도 있었고. 공부는 자기와의 싸움인데 싸움이 안되니까. 자꾸 회피하게 되고 거기서 지고. 그러니까 자신감 상실, 자신감 상실은 의욕상실로 또 나락으로 빠지고, 운동도 안하고 만날 앉아만 있으니까 살은 살대로 찌고, 인간관계 대인관계 많이 안 좋아지고. 그러니까 제 친구들은 모두 잘되고 대학교 때 친구들도 나름대로 자기 일 찾아가는 것 같은데, 내가 뭐가 아쉬워서 공무원시험 준비한다고 여기서 이러고 있나…….(최민호, 22면)

왜 최민호씨는 마야의 노래를 듣고 눈물을 흘렸을까? 〈나를 외치다〉라는 노래는 최민호씨 말처럼 "약간 희망이 섞였지만 수험생의 마음을 굉장히 후벼파는" 노래였다. 이 노랫말은 최민호씨처럼 "자신감이 없어지고, 사람 만나는 게 즐겁지 않고, 연락을 끊고 지내고 있는" 장기 취업준비생들의 비애를 어루만져준다. 노랫말처럼 최민호씨는 노량진 수험생에게 가장 힘든 점으로 '외로움'을 꼽았다. 또한 "올해까지 공무원시험이 안되면 이민까지 진지하게 생각해볼 작정이다"라고 말한다.

과연 마야의 노래처럼 '남들은 자기 할 일을 찾아서 가고, 저만치 앞으로 나가는 것' 같은데 최민호씨만 그 자리(노량진 고시촌)에 있는 걸까? 그런 자괴감에 빠진 이들이 비단 최민호씨뿐일까? 최민호씨는 대학을 졸업하고도 갈 곳이 없는 고학력 실업자들의 단면을 보여주고 있다. 요즘 대학가에서는 '대학 졸업장=실업증명서'라는 인식이 팽배해 있다. 이를 반영하듯 대학에서는 취업을 미루고 학업을 계속하는 'NG족'(No Graduation족, 졸업을 하지 않는 사람)이나 '대오족'(大五族, 대학 5학년)이라는 신조어가 유행하고 있다. 게다가 좀더 나은 직업을 얻거나 취업을 준비하기 위해 대학원에 진학하는 이들이 늘고 있는 추세다. 실제로 구술자 최형철씨는 대학원 진학을 앞두고 국내 대기업에 취업했고, B은행에 다니는 오현우씨는 더 나은 직장을 얻기 위해 대학원에 진학했다. 그나마 이들처럼 학업을 이어갈 수 있는 사람들은 운이 좋은 편이다.[1]

이처럼 청년실업문제는 최근 고학력 대졸 실업자가 증가하면서 사회적인 이슈가 되고 있다. 고등학교 졸업자의 대학 진학률이 82.1퍼센트에 이르는 현실에서 4년제 대학을 졸업하고 정규직으로 취업한 사람은 그 절반(48.7퍼센트)에 불과하다. 반면, 나머지 절반은 비정규직을 전전하는 '88만원 세대'[2]이거나, 구직활동을 포기한 '실망'실업자가 될 수밖에 없다. 2008년 1월 현재 청년실업률(7.1퍼센트)은 전체 실업률(3.3퍼센트)의 2배가 넘는 가운데, 20·30대 취업자는 날로 감소하고 있다.[3] 이처럼 청년실업률이 높은 이유 중 하나는 외환위기 이후 기업체들이 신규채용을 줄이거나 고용을 축소했기 때문이다. 실제로 김한성 과장이 재직중인 공기업은 외환위기 이후 구조조정의 일환으로 직원을 해고하기도 했지만 아예 안 뽑는 방법도 적극 활용했다.

이제 일자리문제는 전 연령층으로 확대되고 있다. 최민호씨처럼 고학력 청년실업도 심각한 문제지만, 저소득계층의 불안한 일자리도 중요한 문제다. 실제로 청년실업이 미래세대의 문제라면, 중장년과 노령층 일자리문제는 당장 본인과 가족의 생계를 책임져야 할 가장의 절박한 문제다. 그런데 편의점에서 일하고 있는 고지은씨 같은 생계형 알바나, "변변한 기술이 없어" 저임금·저숙련 노동자들이 도맡고 있는 간병·청소·식당 등의 중년·고령자 일자리문제는 사회적으로 별 관심을 끌지 못하고 있다. 사실 고령화시대에 접어들어 정년퇴직 이후에도 다른 일자리를 찾는 이들이 매우 많다고 하니, 우리나라가 노인을 위한 나라가 아닌 것은 분명하다. 어떤 이들은 "늙어서도 일하는 것이 무엇이 문제냐? 나이 먹어서도 할 일이 있으면 좋지 않느냐?"라고 반문할지도 모른다. 하지만 실상은 그렇지 않다. 건물청소일을 하고 있는 홍순임씨(60세)나 아파트경비원 황종수씨(62세) 모두 당장 자기가 벌지 않으면 가계를 꾸려나가기 어렵고 노후생계가 보장되지 않는다.

평균수명은 자꾸 늘어나는데 나이(정년)는 자꾸 줄면 그동안에 뭘 어떻게 하고 사냐. 그러면 자식들도 각자 살기 바쁘고, 부모 봉양하고 그럴 저기 안되잖아요? 그리고 자식들도 자기 살기도 힘든데. 그러니까 할 수 있을 때까지는, 능력이 되는 한 벌어야 되잖아. 그런 것 늘려야 되는데 줄이는 게 어디 있나. 그런데 자꾸 젊은 인력들이 들어오다보니까 이왕이면 젊은 사람을 쓰겠다는 것이겠지요.(홍순임, 24면)

우리 지금 볼 때는 건강이 허락되면 75세까지는 일을 해야 할 것 같아요. 노인들이 갈 데가 없어요. 우리나라는 신문(광고) 같은 걸 보면 55세까지만 모집하지, 우리 60이 넘은 사람들은 55세 지나버리면 어디 뭐 쓸 데가 없어요. (황종수, 17면)

아파트경비원 박영국씨 말처럼, "정년퇴임 후에 소일거리나 용돈벌이 차원에서 경비일을 하는 사람"도 있다. 하지만 대부분의 노인들은 정년을 연장해서라도 일해야 하거나 정년퇴임을 하고도 일을 해야만 하는 상황이다. 그만큼 노후생활에 대한 사회적 안전망이 미흡하다는 얘기다. 실제로 통계청 조사자료에 따르면 2007년 8월 기준으로 전체 경제활동인구 10명 가운데 1명은 60세 이상의 '일하는 노인'이다. 게다가 65세 이상의 고령취업자가 152만 2000명으로 1995년의 74만 1000명에서 12년 만에 2배 이상 증가했다. 다시 말하면 우리사회에서 육십평생을 먹고사느라 바쁘게 일하다가 그나마 쉴 나이가 된 그들이 노동시장에 재진입하고 있는 것이다.

그들만의 안정된 일자리?

100대 1의 경쟁률! 바로 2007년 대학생들이 선호하는 빅4(서울시 공무원 105대 1, 공기업 145대 1, 대기업 101대 1, 은행권 100대 1)의 취업경쟁률이다.[4] 이 정도면 20·30대 취업준비생 3명 중 1명은 공무원이나 공기업 시험 준비를 하고 있다고 봐야 한다. 실제로 어느 공기업의 경쟁률은 741대 1이었다. 그렇다면 현대판 과거시험으로 불릴 만한 100대 1의 경쟁률은 누가 뚫었을까? 왜 우리는 공무원이나 공기업을 선호하는 것일까? 구술자 중 김한성씨(공기업)나 오현우씨(은행원) 그리고 최형철씨(대기업)같이 좋은 직장에 취직한 사람들은 100대 1의 경쟁률을 돌파한 사람들이고, 노량진에서 공무원시험과 교원임용고시를 준비하고 있는 최민호씨는 100대 1의 경쟁률을 뚫어야 할 사람이다.

언론고시를 한 1년 준비하다가 사실은 시험까지는 응시 안하고 중도에 수정을 했어요. 경쟁력도 보고, 취직 가능성 이런 것도 보고, 일반기업하고 공기업들 중에 선택 가능했었는데, 그때부터 공기업을 선호했던 것 같아요. 그 당시에는 안정성이 직장의 가장 큰 덕목 아닌가. 기업의 규모도 좀 보고 공적 요소와 기업적 요소가 다 있는 데를 찾았지요. 찾으니까 몇군데 나왔는데 우연찮게 운 좋게 돼서 들어온 거예요.(김한성, 6면)

그런데 김한성씨나 최민호씨가 공기업을 택한 이유는 공통적으로 '철밥통'으로 통하는 직업의 안정성 때문이었다. 이런 이유 때문인지 전에는 주목받지 못했던 환경미화원이라는 직업은 지속되는 취업난으로 안정적인 생활을 원하는 대졸자들에게 구미가 당기는 일자리가 되었다. 실제로 요즘 젊은이들은 정년이 보장되고, 상대적으로 임금이나 복지제도가 좋다면 남의 시선 따위 의식하지 않는다. 그러다보니 환경미화원에 대졸자들이 몰려 자치단체마다 경쟁률이 두 자릿수를 넘어선 지 오래다. 하지만 환경미화원에 취업한 대졸자들은 2~3달도 못 버티고 그만두는 실정이다. 건설일용직인 김수택씨가 구직을 위해 알아보았다던 환경미화원에 대해 갖게 된 인식을 보자.

> 저번에 환경미화원 알죠? 새벽에 작업복 입고, 빗자루하고 쓰레받기 들고 하는 사람들, 그 사람들 연봉이 괜찮아요. 준공무원인데, 연봉이 3000만원 나오고 애들 학자금 나올 것 같으면 노동자 치고 특별대우예요. 물론 새벽에 일어나서 나간다는 거 있지만, 그런 자리는 내가 처음에 알아봤더니 힘들어요. 자리가 안 나요. 경쟁률이 어마어마하지, 대학 졸업한 애들까지 덤비고 하는데……(김수택, 35면)

재미있는 점은 최민호씨의 이중적인 태도다. 그는 "외환위기 이후 직업의 안정성이라는 이유만으로 공무원과 공기업 신화가 생겼다"고 했지만, 다른 한편으로 "대부분의 사람들이 떨어질 수밖에 없는 공무원시험에 누구나 다 될 것이라고 생각한다"며 공무원 환상을 비판했다. 그는 "실업률을 낮추기 위해 공무원 채용을 늘린 국가정책에도 문제가 있다"며 불만을 토로하면서도, 안정적인 일자리를 위해 그 또한 지난 4년간 노량진에서 취업준비로 시간을 보냈다.

전 그게 함정이라고 생각해요. 그러니까 (공무원시험이) 100대 1 넘는 시험인데 진짜 말 그대로 (강사) 선생님이 그런 얘기 하더라구요. "여러분들 시험을 너무 만만하게 보지 말라고 여기 보통 한 (교실에) 수강생이 뭐 200~300명 많게는 400~500명까지도 들어가는데, 100대 1이면 진짜 여기 한 300명 있는 사람 중에 3명 붙고 나머지 다 집에 가는 거잖아요." 제가 볼 때 환상이에요. 진짜 대부분의 사람이 떨어져야 되는 시험인데, 직장이 안정된다는 이유로 공무원 신화가 생긴 거죠. 대한민국 사회에 IMF 이후 공무원 신화, 교육공무원 신화, 공기업 신화 이런 것들이 생긴 거죠.(최민호, 20면)

공무원과 공기업 그리고 대기업, 은행권은 예나 지금이나 대졸 취업 준비생들이 가장 선호한다. 이렇다보니 대입 수험생과 부모들에게 대학 선택의 기준은 오로지 고용안정과 고소득이 보장된 학과이게 마련이다. 때문에 교육대학이나 의과대학같이 졸업 후 좋은 일자리를 보장하는 학과의 인기가 자연스럽게 높아졌다. 국내 대기업 자동차 사내하청업체에서 비정규직으로 근무하고 있는 조중호씨 역시 대학에 다니는 자식에게는 직업 안정성이 높은 공무원시험을 권유하고 있다. 변리사인 변형진씨는 "요즘 대학생들이 취직이 잘 안되다보니, 취업에 대한 막연한 희망을 넘어서 고시처럼 변리사 자격증 시험을 준비한다"고 한다. 사실 변형진씨 말처럼 최근 대학생들은 취업을 하더라도 고용이 불안정하기 때문에 상대적으로 안정된 직장을 찾게 마련이고, 해당 분야에서 요구하는 자격증을 따기 위해 전력투구하는 대학생들이 적지 않다.[5]

태반이 놀고, 하루벌이로 먹고사는 애들이 많잖아요. 지금 대학 졸업해도 아르바이트 하는 애들이 많다고 그러잖아요. 그러니까 나로서도 걔(아들)가 머

하지만 외환위기 이후 대기업 정규직 노동자들의 고용안정은 예전 같
지 않다. 사실 지난 10년간 외환위기는 노사관계와 노동시장의 지형을
뒤흔들어놓았다. 그 구조조정의 태풍은 국내 제조업의 상징인 현대자동
차부터 시작해서 무풍지대로 인식되던 공기업에까지 영향을 미쳤다. 실
제로 외환위기 전후 SK그룹(당시 선경)은 대기업 중 최초로 명예퇴직을 시
행했으며, 제일은행은 금융권 최초로 대규모 명예퇴직을 단행했다. 김한
성씨가 근무하고 있는 '신도 부러워한다는 공기업' 신화도 이때 무너지
기 시작했으며, 최형철씨가 일하는 대기업 또한 적자생존의 경쟁논리가
적용되어 '명퇴' '희망퇴직' '정리해고'가 다반사다.

사실 외환위기 이후 도래한 '노동의 종말' 시대에 명예퇴직과 정리해
고의 소용돌이 속에서 아직까지 살아남은 사람들이나, 그 이후 제 일자
리로 돌아온 사람들 모두 정규직 지위를 갖고 있음에도 고용불안에 시달
리고 있다. 예를 들면 고광택씨가 일하는 C자동차 회사는 외환위기 직후
정리해고 도입을 둘러싸고 노사가 첨예하게 대립했던 사업장이다. 이때
회사측의 명예퇴직 강요에 어쩔 수 없이 서명한 고광택씨 동료들은 이후
다시는 공장으로 돌아오지 못했다. 반면, 최형철씨의 회사는 과장급 이
상 간부들에게 보통 5년간의 실적을 통해서 구조조정 대상자를 선발하

여 정리해고 통보를 했지만, 대기업 관리직은 관례적으로 퇴직 후 협력업체에 일자리를 마련해주기 때문에 생산직 노동자들과는 사뭇 다른 처지다.

> 그때 투쟁했던 사람들, 희망퇴직을 안 쓰고 회사에서 나가라고 했던 사람들 중에서 싸웠던 사람들은 무급으로 전환됐잖아요. "일이 있을 때 다시 불러들인다." 그래가지고 그 사람들은 (지금) 다 들어왔거든요. 희망퇴직한 사람들은 들어올 자격이 없잖아요. 자기 스스로 쓰고 나갔으니까. 돈 내고도 들어오려고 많이 그랬지요. 지금 제일 불안한 상태에서 직장을 계속 다니고 있거든요? 제일 중요한 거는 이 직장이 평생직장이라는 그런 것 각인시켜주면서 그런 여건들, 분위기를 만들어주는 게 제일 급한 것 같아요.(고광택, 47면)

> 강제로 퇴직을 권유받으면, 그거에 대해서는 뭐 우리회사만의 문제는 아니야. 다른 회사에서도 다 명예퇴직이라는 제도가 있잖아. 간부급에 대해서는 적자생존이지. 이번에 임원이 안돼서 부장으로 나가는 사람 있잖아. 그러면 그 사람들은 보통 회사 배려 차원에서 협력업체에다 취직을 시키거든. 그런 경우도 있고 이번 같은 경우에는 어떻게 될지 모르겠어.(최형철, 11면)

한편 고소득 전문직 또는 사무관리직 노동자들도 예외는 아니었다. 오현우씨가 재직했던 은행권은 외환위기 이후 지난 10년간 5만여명이나 직장에서 쫓겨났고, 김한성씨가 다니는 공기업의 경우 구조조정이라는 미명하에 4만여명이 명예퇴직 형태로 일터를 떠났다. 이처럼 구조조정의 칼날에 베였던 이들은 1차 노동시장에 있더라도 상시적인 고용불안 속에서 나름의 대비책을 마련하고 있다. 그 하나는 조직에서 살아남아 기득권을 지키는 방법을 터득하는 것이고, 다른 하나는 노후를 대비해

안정적인 직장으로의 이직을 준비하는 것이다. 공기업 과장인 김한성씨는 전자를 선택한 반면 오현우씨는 후자를 선택했다.

> 정치가 그런 거지요. 인적 네트워크 관리하고, 자기개발하고 그런 건데, 그런 측면에서 기획부서라든지, 재무업무를 하면서 인맥이 생긴 거지요. 그러면서 구체적으로 내가 조금 더 목표에 다다랐구나, 아니면 그 목표를 상향조정해도 되겠구나.(김한성, 3면)

> (앞으로) 어떻게 될지 모르니까 개인적으로 준비할 수밖에 없다고 생각을 하고. 지금 첫번째로 자격증 공부라든가 그런 건 당연히 하고 있고, 영어공부도 이제 조금 계획을 하고 있고, 그 두가지는 이후로 직장생활 할 때까지는 계속해야 될 것 같고…… 이제는 마지막으로 옮길 직장을 염두에 두고는 있어요. 이제 나이가 들어가니까 계약의 형태가 최소한 정규직으로 해서 제가 50살 정도까지 직장생활 할 수 있는 곳으로 옮기지 않을까……. 제가 어디로 옮기는지 다 알고 있고, 어떤 사람이 어디에 있고 포스트를 가지고 있는지 각자 정보를 공유하게 되어 있더라구요. 그래서 제가 옮기게 되면 아마 직간접적으로 도움을 받을 수도 있죠. 왜냐하면 제가 옮기게 된다면 포지션에 대한 정보를 당연히 다른 사람들에게 받겠죠.(오현우, 19면)

이처럼 고학력층 노동자들은 직장을 다니면서도 그들만의 인적 네트워크를 통해 안정된 일자리를 유지하거나 소개받고 있다. 은행에서 리스크 업무를 담당하는 오현우 과장은 대학원 시절 알게 된 사람을 통해 새 일자리를 찾은 적이 있다. 게다가 한달에 한번씩 자기 업무와 관련된 모임에도 나가는데, 거기에서 업계동향이나 채용정보 등을 공유할 수 있다. 공기업 과장으로 있는 김한성씨 또한 조직 내 생존경쟁에서 살아남는 방법을 터득했다. 예를 들면 직장 동료나 상사와 함께 출근 전에 헬스클럽도 다니고, 인맥관리나 자기개발에 공을 들이고 있다. 하지만 오현우씨나 김한성씨 모두 불안하기는 마찬가지다. '밖'에서는 안정적으로 보이는 '신이 내린 직장'도, 그 안에서는 다들 불안해한다. 그렇기 때문에 그들 역시 자리에서 밀려나지 않기 위해 노심초사할 수밖에 없다.

막장인생의 덫과 밑바닥인생

건설현장에서 잡부로 일하고 있는 김수택씨는 자신의 일을 "특별한 기술 없이 아무나 할 수 있는, 뭐 아닌 말로 손발만 멀쩡하면 현장에서 눈으로 보고 할 수 있는 일"로 표현한다. 한편 남편과 헤어지고 생계를 위해 어쩔 수 없이 식당일을 시작한 장현희씨 또한 "기술도 없고, 사회경험도 없고, 대인관계도 안돼 식당일밖에 할 게 없었다"고 한다. 사정은 조금 다르지만 간병인 박명숙씨나 덤프트럭기사 이진우씨도 각자 현재의 일이 '특별한 기술이 없기에 선택한 직업'들이다.

사무직보다도 현장직들이 일하기가 편하거든요. 힘은 들죠. (그런데) 일자리 구하기도 쉽죠. 쉽게 말해서 하루 임금이 적어서 그렇지 현장 일은 자리가 많아요. 근데 사람들이 금액이 적다보니까 많이 기피하죠. 어떤 현장은 인력사무실을 통해서 나가면, 하루 받는 인건비의 10퍼센트를 사무실에 수수료로 줘야 되요. 어떤 현장은 하루에 6만원 책정하는 데도 있고, 7만원 책정하는 데도 있어요. 일당 잡부들은 특별한 기술 없이 아무나 할 수 있는 일, 뭐 아닌 말로 손발만 멀쩡하면 현장에서 눈으로 보고 할 수 있는 일들, (현장) 가서 비실비실 안하고(웃음).(김수택, 2면)

흔히 '돈을 좇는 철새'라는 말이 있다. 이는 옛 민초들이 "돈벌이 되면 여기저기로 옮겨다닌다"는 의미로 했던 말이지만, 주로 하루 벌어 하루 사는 '하루살이 인생'을 일컫는 말이다. 그간 건설일용직이나 식당일은 주로 특별한 기술 없는 저학력 노동자들의 일자리였다. 그런데 무려 185만명이나 종사하는 건설현장의 소위 노가다 일은 (요즘엔 건설일용직이라고 하지만) '막장 일자리'로 각인되어 있다. 최근에는 건설일용직 일자리가 이주 노동자들로 채워지고 있는데, 외환위기는 국내 3D업종의 구인난을 해소해주었던 이주 노동자들에게도 취업난을 초래했다. 산업연수생제도 도입 초기인 1994년 한국에 온 조재야씨도 외환위기 이후 일하던 곳에서 쫓겨났으며, 그후 어렵사리 구한 일자리들도 대부분 시간제 임시직이었다.

제가 지금 일하는 데는 야간에만 일하는데 하루에 5만원 받고 아르바이트 하는 거예요. (이전엔) 부평에서 2,3년 정도 다니다가 98년도에는 IMF가 생겼어요. 그때부터 단속, 강제 단속 그거 나와가지고 회사들이 외국인들을 못 쓰겠다고 그때 내보냈어요. 그땐 일도 별로 없고, 단속이 있으니까 회사에서 우리를 내보내고 그랬어요. 98년부터 99년까지 1년 정도 아르바이트만 하고, 미얀마 돈 못 보냈어요. 위험한 거 아니면 지저분한 거 아니면 힘든 거 이 3가지를 피할 수 없어요. 그중에 제일 나은 거는 힘든 일이 제일 나아요. 위험한 것보다는 나으니까. 제가 생각하기에 힘들더라도 위험한 일은 안하고 그랬어요.(조재야, 6면)

하지만 조재야씨 같은 이주 노동자들을 보는 한국인들의 시각은 사람마다 다르다. 영세봉제업을 하는 강재섭씨나 건설업을 하는 김수택씨의 경우 이주 노동자와의 경쟁으로 "내국인의 인건비(노임)가 오르지 않는 다"고 생각하는 반면, 간병인 박명숙씨나 농부 유경희씨의 경우 "그들은 한국인들이 하기 싫어하는 일을 도맡고 있으며, 나름 일도 꽤 잘한다"고 본다. 하지만 강재섭씨나 이창석씨처럼 아직도 상당수 한국인들은 이주 노동자들을 '(한국인의) 임금을 깎아먹는 존재나 게으름뱅이(조선족)'로 인식하는 등 사회적 편견이 폭넓게 깔려 있다.

전세계 노동자들이 다 들어오고, 우리 사는 집도 들여다보면 맨 중국 사람이 야. 여기도 중국, 저기도 중국. 눈만 돌리면 중국 사람들이야. 우리가 그 사람 들이 안 왔으면 우리 인건비가 좀 올라가고 물건이 올라가고 그러면 우리도 좀 나을 텐데. 니네 일 안할 거면 하지 마라 중국 사람 쓴다. 이런 식이 되어 버리니까.(강재섭, 18면)

임금을 맞춰줘야 되는데 중국 애들이 막 3분의 2 이하로 치고 들어와요. 특히 동포 애들. 물론 우리나라 사람들이 이제 조금 생활수준이 향상되고 그러다 보니까 힘든 걸 안하려고 그러잖아요. 그런 측면도 있지만은 중국동포들이 나와서 먼저 할 수 있는 게 막노동밖에 없거든요. 제가 보기에는 교포들 들어 오고 동남아 사람들 들어오다보니까 임금이 계속 또 저하되잖아요, 그러다보 니까 더 나아질 기미가 없어 보여요.(이창석, 6면)

정부 산하 노동연구기관의 조사에 따르면 영세업체 10곳 가운데 7곳 에서 이주 노동자를 고용하는 이유로 '인력난'을 꼽았다. 반면 '인건비 절약'이라는 의견은 1곳 정도에 불과했다. 앞에서 살펴보았듯이 우리 구 술자들 사이에서도 일터의 특수성과 이해관계에 따라 이주 노동자 문제 를 달리 해석하고 있다. 하지만 전체 사업체의 99퍼센트, 종사자수의 88

퍼센트를 차지하는 영세업체의 인력난 문제는 매우 심각하다. 일선현장에서는 이를 두고 '구구팔팔' 문제라고도 한다. 그래서 정부가 과거 산업연수생제도를 통해 외국 인력을 들여왔던 것이다. 그럼에도 한국경제의 한 축을 담당하고 있는 약 59만명(전체 인구의 1.2퍼센트)의 이주 노동자들은 우리나라에서 '개밥에 도토리' 취급을 당하고 있다.

한편 신용불량자로 살아가는 노동자들의 삶은 더 고단했다. 대리운전 기사인 조상구씨는 사업부도로 신용불량자가 되었고, 당장 할 수 있는 일은 신분이 노출되지 않는 대리운전뿐이었다. 사실 그는 국내 일류기업에 재직했던 터라 번듯한 회사는 아니더라도 중소기업 관리직 정도는 취직할 수 있을 것으로 생각했다. 하지만 관리직은 물론 생산라인 일자리까지 입사원서를 내보았으나, 신용불량자라는 딱지 때문에 아무 데도 취업할 곳이 없었다. 2008년 4월 현재 성인인구 3463만명 중 20퍼센트가 신용불량자로 블랙리스트에 올라 제대로 된 일자리를 구할 수가 없다. 또한 신용등급이 낮아 제도권 금융기관과 정상적인 신용거래를 할 수 없는 사람이 무려 720만명이며, 금융권 채무불이행자는 260만명이나 된다. 조상구씨의 모습은 빈곤한 노동계층의 자화상이라 할 수 있다.

지금 당장 제가 할 게 없으니까 입사시험원서도 내보지만 안되더라고. 다른 데 관리직도 그렇고 생산라인도 신용불량이라든지 이런 걸 깔고 있기 때문에 뽑아주질 않더라고. 그래서 노출이 안되는 건 대리운전. 그리고 뽑아주는 건 대리운전밖에 없더라고. 그리고 프리랜서로 할 수 있으니까. 그래서 대리운전을 지금 하고 있습니다.(조상구, 10면)

갈 곳 없는 노동자

　지난 10여년 동안 시장논리에 휘둘려온 노동자들은 생존권을 크게 위협받고 있다. 그동안 775만명(누적)의 실업자가 양산되었다. 외환위기 첫해인 1998년 한해 동안 무려 150만명의 실업자가 양산되었다.[6] 노동시장에서 좋은 일자리는 날로 줄어들고 저임금·저숙련의 나쁜 일자리만이 증가했다. 게다가 1610만 노동자 중 절반이 넘는 839만명이 비정규직이라고 하니 '노동의 종말'이라는 말이 나올 법도 하다. 이런 현실에서 비공식·주변부 노동자들은 하루 먹고살기에 급급한 막장인생의 덫에서 빠져나오지 못하고, 불확실한 내일을 걱정해야 하는 처지가 되었다.

　앞에서 살펴보았듯, 노동시장에도 진입하기 어려운 노량진 수험생 최민호씨나 장애인 김다혜씨와 김영훈씨, 좋은 일자리를 갖고 있지만 불안한 삶을 살고 있는 최형철씨나 오현우씨, 그리고 시장에서 외면당하거나 막장인생의 늪에 빠져버린 조상구, 조재야씨 모두 이 시대 노동자들의 초상이다.[7] 이렇듯 외환위기는 노동시장의 양극화와 일상생활의 비인간화를 불러왔다. 특히 신자유주의라는 유령은 지난 10년 동안 한국사회를 떠돌면서 민중들의 삶의 터전을 모두 파괴했다. 실제로 노동자들은 제 몸 하나 건사하기 힘들고, 가족들 챙기기는 더더욱 빡빡하고, 안정된 일자리를 얻어도 마음 놓고 살기 어렵게 되었다. 사회학자 고 김진균 선생 말처럼 "현재 사회는 극단적으로 이윤을 추구하는 것이 정당하다고 강변하는 자본주의사회"인 것 같다.[8]

우리시대 행복찾기

4장

우리는 '같은' 노동자인가?

누구든지 성별·종교 또는 사회적 신분에 의하여

정치적·경제적·사회적·문화적 생활의 모든 영역에 있어서

차별을 받지 아니한다.

—헌법 제2장 제11조 1항

헌법에 따르면 우리 모두는 그 어디에서도 차별받지 않아야 한다. 그런데 장애인 차별, 인종 차별, 국적 차별, 성 차별, 비정규직 차별 등이 난무하는 우리 현실을 보면 헌법은 한낱 종잇장에 불과한 듯하다. 결국 많은 사람들이 '모든' 국민이 보장받아야 할 권리와 의무에서 배제되어 있음에 틀림없다. '인권'과 '차별'의 문제가 국제적 이슈가 된 지 오래고, 덕분에 차별에 많이 민감해진 것은 사실이다. 그러나 '직업에 귀천이 없다'는 옛말이 무색할 정도로 '직업에 양극화'가 있고, '국적에 양극화'가 있고, '신체와 성별에 양극화'가 있다.

반쪽 노동자, 반쪽짜리 월급봉투

조중호씨는 대기업의 공장에서 일하는, 그러나 20개가 넘는 용역업체 중 한 군데에 소속된 하청노동자이다. 그는 같은 공장에서 정규직과 함께 일하지만, 종종 더 위험하고 힘든 일, 더 많은 특근, 더 적은 임금을 받는 비정규직 노동자이다.

> 일은 그래요. 차체, 차에서 딱 나오면 이 처음 공정이니까, 중요한 일은 우리가 할 수가 없지. 중요한 일은 정규직이 다 하니까. 간단한 거 아웃사이드 이런 일, 그런 일만 하는 거지요, 용역업체 직원들은.(조중호, 3면)

조중호씨는 우리 주위의 수많은 비정규직 노동자들 중 한 사람이다. 그는 같은 공장에서 정규직과 함께 일하기 때문에 정규직과의 차이를 피부로 실감한다. 이런 차별은 기간제교사로 살아가는 최미경씨도 매일 출근하는 일터에서 경험하는 일이다. 최미경씨는 자신과 같은 기간제교사를 "어차피 나갈 사람들"이라고 했다. 근로계약서에는 그녀의 일할 권리가 '정교사가 원하면 언제든 자리를 내줘야 하는' 의무로 뒤바뀌어 있다.

2007년 8월 현재 비정규직은 전체 임금 노동자의 54.2퍼센트를 차지하며 정규직의 60~70퍼센트 수준에 불과한 임금을 받지만,[1] 일은 더 힘들다. 비정규직은 업무배치나 노동강도에서 많은 차별을 받고 있다. "어차피 나갈 사람들"인 비정규직 노동자는 중요한 인적 자원이나 자산으로 여겨지지 않고, 언제든 내쫓고 다시 채울 수 있는 소모품으로 간주된다. 따라서 중요한 일은 정규직이 담당하고, 단순하면서 중요치 않은 일, 힘들고 위험한 일은 비정규직의 몫으로 돌리는 것을 당연시한다.

비정규직 노동자들이 인간적인 대우를 받지 못하는, 한낱 소모품에 불과하다는 인식은 조중호씨의 이야기에서도 잘 드러난다.

> 비정규직 노동자가 만약 안전사고가 나면은 그 전에는 라인이 스톱이 안되었어요. 비정규직은 그러니까 완전 인간 취급 못 받은 거지. 그나마 지금은 그래도 크게 안전사고 나면 라인을 세워요. 크게 나면. 근데 정규직 같은 경우에는 간단한 안전사고 나도 바로 그냥 라인이 서버리고. 예를 들어 천장에서 볼트 하나 떨어졌다, 사람은 안 다쳤어요. 라인이 서요. 사람이 안 다쳐도. (⋯) 비정규직 지금은 많이 좋아져가지고, 노조가 생기고 나서요. 옛날에는 진짜 짐승 취급 받았어요. 비정규직이 짐승 취급을 받았다니까요. 노조 생기기 전에는.(조중호, 47면)

정규직에 대해서는 작은 안전사고만 발생해도 '그냥 선다'는 생산라인이 비정규직에게는 '크게 다쳐야' 겨우 정지한다니 기가 막힐 노릇이다. 이런 차이는 조중호씨에게 자신의 일터에서 '인간 대접'을 가늠하는 지표가 된다.

비정규직의 넘기 힘든 또다른 경계는 '너무나 적은 임금'이다. 어떤 비정규직 노동자는 정규직의 절반에 불과한 임금을 받기도 한다. 파견근무자나 하청업체에서 일하는 비정규직 노동자는 법정최저임금도 못 받는 경우가 허다하다.

8년째 아파트경비를 하고 있는 박영국씨는 외환위기 이전에는 직접고용된 정규직 경비사원 신분이었으나 정년퇴직 후 용역업체로 다시 입사하여 현재는 비정규직이다. 그는 퇴직하기 몇년 전부터 아파트경비의 인력활용 방식이 간접고용으로 바뀌어 정규직이 용역직으로 전환되는 것을 목격했다. 그 역시 정년퇴직 전이나 지금이나 같은 일을 하고 있지만 정규직에서 용역직으로 신분이 바뀐 것이다. 이런 변화를 실감케 하는 것은 소속회사만이 아니라 얇아진 월급봉투였다.

> 그 전부터 있었는데, 용역으로 가면 75만원인가 80만원밖에 안 주더라고요. 그게 110만원씩 받다가 그렇게 감봉이 되는데 웬만한 사람은 안 있으려고 그랬지요.(박영국, 4면)

생활이 넉넉지 않아 많은 나이에도 아파트경비와 건물청소 등의 일을 하는 고령의 비정규직 노동자들은 혼자 벌어서는 생활이 안될 정도로 형편없는 저임금을 받기 일쑤다. 노조가 생기기 전인 2년 전만 해도 이경숙(건물청소원)씨의 임금은 한 달에 50여만원이었다. 그나마 노조가 생긴 뒤로는 임금이 약간 올랐지만 그것도 너무 적기는 마찬가지이다. 홍순임씨 역시 건물청소일을 하면서 현재 70만원 안팎의 월급을 받고 있다. 인건비를 낮춰 최대한의 이윤을 거두기 위해 사용자는 퇴직금마저 12개월로 분할하여 임금에 포함시키는 등 갖은 편법을 쓴다. 법적으로 각종 수당을 포함하여 최저임금을 산정하기 때문이다. 임금이 턱없이 낮다보니 대부분의 비정규직 노동자들은 조금이라도 더 벌기 위해 정규직보다 야근이나 휴일 특근에 더 많이 참여한다.

예를 들어 바쁠 때 특근을 하잖아요. 정규직은 많이 안 나와요. 여가생활을 하지, 여가. 비정규직은 원래 급여가 적으니까 특근을 한다고 그러면 다 나와. 왜 또 다 나오냐면 말이죠. 정상적으로 나오면 차 한대당 1분 19초에 빠져나오는 거예요. 근데 특근을 하면 4분, 4분 50초에 한대가 나와요. 왜냐면 정규직이 많이 안 나오니까.(조중호, 45면)

그야말로 '정규직에게는 여가생활, 비정규직에게는 특근생활'이라는 차별화된 주말과 휴일 풍속도를 보여준다. 한편 최미경씨는 현재 받는 임금이 학력과 사범대 출신이냐 아니냐에 따른 차이는 있을지언정 같은 호봉의 정교사와는 별 차이가 없다. 대신 정교사는 호봉에 따라 임금이 지속적으로 상승하는 반면 비정규교사는 "십몇년까지만 올라가고 아무리 근속해도 안 올라"간다. 그런데 최미경씨를 더 속상하게 하는 것은 비정규교사는 '돈 내고도' 받을 수 없는 각종 교육과 방학 때의 연수, 그리고 자기개발을 위한 '복지비' 지원이다.

되게 속상한 게 연수 같은 게 되게 많아요. 방학 때 선생님들은. 배울 수 있는 기회잖아요. 저희는 그런 게 아예. 돈 내고도 배울 수가 없어요. (면접자: 기회도 안 줘요?) 네. 그런 것들도. 그러니까 이제 기간제가 계속한다는 보장이 없기 때문에 그런 게 소용없을 수도 있겠지만. 그리고 인제 뭐 복지비라는 게 있어요. 책 같은 거며 문화비 이런 거 보조해준다고 그러더라고요. 정교사들은. 카드 쓴 거 얼마 돈이 나온대요. 단돈 5만원이라도 책 같은 거 살 수 있게 좀 안되나(웃음).(최미경, 33면)

최미경씨는 비록 비정규직이지만 교사생활에 자부심을 갖고 있다. 따라서 아이들을 위해 지속적으로 학습하고 싶어 하지만, 교사들을 위한 어떠한 교육프로그램에도 참가할 수 없다. 교육훈련에서 배제하는 것은 엄연한 고용 차별이지만, 이런 일은 관행이 되어버렸다.

비정규직 차별은 동료들 사이에서도 일어난다. 최미경씨는 정규직교사들의 모임인 상조회에 가입할 수 없다. 고광택씨는 비정규직이 생산라인에 대거 투입될 당시, 정규직이 비정규직에게 힘든 일을 떠넘김으로써 비정규직을 차별했다고 기억하고 있다. 임금과 근무조건 등에서 차별받는 비정규직으로서는 정규직 동료들에게 느끼는 차별이 회사나 제도의 차별만큼이나 가슴 아프다. 같은 공장의 한 생산라인에서 함께 일하지만, 비정규직은 정규직과 '같은' 노동자가 될 수 없는 것이다.

건물 청소원 홍순임씨는 1년 단위로 재계약하기 때문에 1년이라는 시간이 너무나 빠르게 지나간다. "하루하루 생각하면 긴 것 같지만" 또다시 재계약할 시기가 다가오면, 혹시나 재계약이 안될 것 같은 불안을 느끼기 때문이다. 일자리 불안은 노동조건에 다양하게 영향을 미친다. 정규직보다 힘든 일을 시켜도 되고, 적은 임금을 줘도 되고, 게다가 언제든지 갈아치울 수 있는 비정규직에 대한 차별이 존재하는 한 그 불안은 지속적으로 확산될 것이다.

KTX, 기륭전자, 코스콤 비정규직 노동자들이 노동권을 보장받기 위해, 언제 끝날지도 모를 투쟁을 계속하고 있다. 2007년 이랜드 홈에버의 여성 비정규직 노동자들이 자신들의 일터를 점거했다. 이제는 비정규직 남용법이 되어버린 비정규직보호법 통과를 전후해 수많은 사업장에서 직접고용되어 있던 비정규직 노동자들마저 용역업체로 '싼값'에 넘어가는 현상이 대거 발생했다.

고용주들은 비정규직을 앞에서 자르고 뒤에서 뽑는다. 벌금 몇푼 내면 그뿐인 노동부의 불법파견 판정도 두렵지 않다. 이런 이유로 홍순임씨는 "비정규직보호법 그거 생겼지만 아무 소용없다"고 이야기하는 것이다. 결국 정규직은 줄어들고 비정규직이 늘어만 간다. 이런 상황에서 비정규직은 평생 불안정고용 노동자 신분에서 벗어날 길이 막막하다. 이는 바로 일자리의 양극화가 구조화되어 있음을 의미한다.

유리 집에 사는 여자들

여성의 경제활동 참가율이 50퍼센트를 넘어서고, 일부 여성들이 기업과 공직의 고위직에 진출하자 각종 언론에서는 '양성평등시대'가 도래했다고 보도하고 있다. 그러나 수많은 여성들이 남성들에 비해 낮은 임금을 받고 열악한 일자리에서 비정규직으로 일하고 있다. 우리가 만났던 10명의 여성들 역시 저임금의 불안정한 일자리, 집 안팎의 이중노동을 경험하고 있었다.

청소는 원래 배운 것도 없고 그냥 뭐 우리가 특별한 지식도 있는 것도 아니고 그러니까 월급도 이렇게 주는 건가보다. 그리고는 부당한 건지 안 부당한 건지도 모르고 무작정 일만 했어요.(이경숙, 3면)

'할 줄 아는 게 없다'던 여성 구술자들은 취업하면서 슈퍼우먼이 된다. 그녀들은 빨래도 잘하고, 청소도 잘하고, 아기도 잘 보고, 간병도 잘한다. 이처럼 할 줄 아는 게 많음에도 그녀들이 한결같이 '할 줄 아는 게 없다'고 말하는 이유는 무엇일까? 많은 여성학자들은 우리사회가 생산 중심적이며 남성 중심적이라고 말한다. 이는 여성의 생물학적 특성, 특히 임신과 출산을 '인간'과 '노동'의 개념에서 배제시킨 결과이다. 즉 생산 중심적일 수 없는 여성의 몸은 '인간'의 기본형이 될 수 없고, 출산을 통해 '자연스럽게' 양육을 담당해야 하는 여성들은 '노동'의 가치와는 동떨어진 존재가 되는 것이다. 이런 사회에서는 여성이 담당해왔던 가정 내 노동을 노동이 아닌 것으로, 따라서 여성은 '할 줄 아는 게 아무것도 없는' 존재로 인식하게 한다. 그러므로 그녀들은 힘들게 일하면서도 '그런가보다' 하며 저임금을 받아들인다.

학습지교사인 김정은씨는 자신의 직업이 '여성들에게 적합한 직종이기 때문에 그 안에는 성차별이 없어' 일하기 수월하다고 생각한다. 하지만 '왜 학습지교사는 대부분 여성인가?' '왜 남자간호사는 거의 없는가?' '남자 대학생들은 왜 초등학교 선생님이 되기를 꺼리는가?'를 물어보자. 이는 결국 현존하는 성별분업구조에 관한 질문이 된다.

사회통념상 '여성 직종'으로 불리는 교사, 간호사, 청소와 식당 일, 간병 등은 소위 '여성적 자질'이라 불리는 섬세함과 친밀함을 요구한다. 학습지교사인 김정은씨는 자신의 일을 '웃어줘야 하는 일'로, 간병노동자인 박명숙씨는 '뒤꼭지가 땡기는 일'로 표현한다. 이들은 모두 자신의 감정을 조절하고 소모하는 감정노동이 자신의 일에서 중요한 부분을 차지하고 있음을 밝히고 있다. 그러나 남성 노동자들에게는 요구되지 않는 '여성적인' 노동은 늘 너무 적게 보상되거나 아예 보상되지 않는다.

물론 잘나가는 여성들도 많다. 억대 수입을 올리는 '주부'사원이 있고―그런데 '남편'사원이라는 말은 없다―유명 기업의 여성 CEO도 등장했으며 여성장관도 속속 생겨나고 있다. 그러나 잘나가는 여성들은 극소수인 반면, 대다수 여성들이 나쁜 일자리에서 헤어나지 못하고 있다. 여성 내 양극화가 심화되고 있을 뿐이다.

최미경씨는 여성 직종이라 여겨지는 교사직에 몸담고 있지만, 기간제 교사를 벗어나 정교사가 되기는 어렵다.

(면접자: 사립학교 같은 경우에는 직접 채용을 하지 않나요?) 사립은 이제 얘기 들어보면 일단 남자를 많이 선호하고요, 학벌도 좀 좋아야 돼요. 학벌이. 그리고 돈도 좀 필요한 것 같고. 얘기 들어보면. 그러니까 학벌 없이 들어가려면 인문계 말고 이런 데, 상고나 여상이나 이런 데. 사립 같은 데는 돈이나 인맥 같은 게 있어야 되고. 그런가 보더라구요.(최미경, 15면)

따라서 여성 임금 노동자가 늘어난다고 해서 여성의 지위가 높아지고 있다고 볼 수만은 없다. 편의점에서 아르바이트를 하는 고지은씨는 점장 중에 여성이 많다는 얘기를 한다. 그러나 이는 그리 반가운 소식이 아니다. 그 이상으로 올라가지 못하고 점장에 여성들이 몰려 있다는 얘기이기 때문이다. 그야말로 유리천장(glass ceiling)[2]에 가로막힌 것이다. 여성 과장들이 조금씩 생겨나고는 있지만 그녀들이 중요업무를 맡을 가능성은 적다는 김한성씨의 말이 이를 뒷받침한다. 일반적으로 '여성들은 살림을 해야 하기 때문에 행동의 제약을 받아' 과장이 해야 할 중요업무에 적합하지 않다고 본다는 것이다.

남성을 우대하는 노동시장의 현실에서, 좋은 일자리를 얻을 기회가 제한되고, 높은 자리로의 진급은 꿈도 꿀 수 없는 여성들은 유리문, 유리벽, 유리천장으로 둘러싸인 유리 집에 살고 있다. 여성차별은 개인적인 무능 때문으로 여겨지기 십상이다. 그러나 남성 중심의 노동환경에서 여성들은 구조적으로 배제되어 있으므로 단순히 개인능력의 부족 때문에 차별이 생긴다고 볼 수는 없다. 따라서 여성차별의 현실을 바꾸기 위해서는 남성 중심적 사회문화와 제도 그리고 성별분업 이데올로기를 해체

해야 하는 것이다.

각종 정보가 넘쳐나는 오늘날, 누가 양질의 정보를 얻는가의 문제는
일자리와도 밀접한 관련이 있다. 따라서 각종 '네트워크'는 더 나은 일자
리 정보를 입수할 수 있는 통로가 되며, 실제로 많은 사람들이 자신의 인
적 네트워크를 통해 일자리를 소개받는다. 그러나 이미 사회문화적 자원
의 대부분을 소유하고 있는 남성들을 중심으로 네트워크가 형성되어 있
기 때문에 최미경씨는 연구원으로 취직하려 했을 때, '여대' 출신 네트워
크의 미흡함을 절감했다. 이러한 인적 네트워크뿐 아니라, 각종 사회제
도 역시 남성을 중심으로 형성되어 있어서 유경희씨는 정부의 농가지원
에서조차 밀려나 있다.

여자들 농사짓는 사람도 많으니까 여자들한테도 혜택이 좀 왔으면 좋겠어요.
보조 같은 것도 여자들도 기계 운전할 수 있거든요. 여자들도 농기계 그거
사고 싶은 사람들 많아. 그래도 돈이 없으니까 못 사는데 보조라도. 여자들
한테 나오면은 보탬이 좀 많이 되죠. (면접자: 거의 다 남성이 혜택을 받나
요?) 남자들한테 거의 다 가요, 혜택이. 여자들은 거의 오는 사람. 거의 이 고
랑에 한 집도 못 봤어. 그게 정말 좀 혜택을 골고루 받을 수 있으면 좋겠어요.
(유경희, 43면)

이렇게 힘든 상황에서 일을 하지만, 유경희씨 말처럼 그녀들의 일은
집과 일터 구분 없이 끊이지 않고 24시간, 365일 이어진다. 가사노동은

남성과는 무관한 듯하다. 많은 연구논문들에서, 여성의 경제활동 참가율이 빠르게 증가하고 있는 것과 달리, 남성의 가사노동 시간은 너무나 더디게 늘어나는 것을 확인할 수 있다. 호크실드(Hochschild)라는 미국의 저명한 여성학자는 이를 '지체된 혁명'(stalled revolution)이라 불렀다.

애기아빠 있을 때 고추를 2000평을 심었어요. 19봉지를 했어요. 씨앗을. 여름 되면은 하나 업고 하나 다라이에 놓고 날마다 땄어요. 요 아래 아줌마는 애들을 갖다가 허리에 기저귀 끈으로 묶어가지고, 나무에 묶어놓고 일했대. 어디 나가지 못하게(웃음). 요 아랫집 새댁 있죠, 애를 다 방에다 가두어놓고 키웠어. (면접자: 애 봐줄 사람이 없으니까) 없으니까는 젖만 먹이러 오고, 그리고 아침부터 저녁까지 하루에 두번만 보는 거지, 아침 먹이고, 점심 먹이고, 저녁에 일 갔다 올 때까지.(유경희, 31면)

성평등을 위한 여성들의 노력은 우리사회가 점차 평등사회로 나아가는 발판을 마련해왔고, 양성평등을 당연한 가치로 확산시키는 등 많은 성과를 거두었다. 그러나 여전히 여성들의 일터는─가정 안팎을 포함한─눈에 보이는 숱한 장벽들과 보이지 않는 유리들로 둘러싸여 있다.

왜 여자만 간병해야 돼요? 남자가 진짜 간병해야 돼요. 왜, 아니 내가 그랬어요. 그 정년퇴직 60살, 58살, 이제 정년퇴직도 바뀌어야 되고, 법도 바뀌어야 되고 인식도 바뀌어야 되고. 정부에서 나서야 돼요. 왜 여자만 간병하냐고요. 왜 여자만 하냐고요. 남자 간병은 남자가 해야지. 솔직히 말해서. 응? 왜 꼭 여자만 해야 되느냐고. 남자는 빤빤히 놀면서 남자들은 지금 놀면서 신세타령만 해요. 내가 이 나이에, 내가 이 나이에 뭐하냐. 이 지랄 하면서 놀아요. (면접자: 여자들은 집에 있으면 집안일 하는데) 남자들은요, 남자가 어떻게

그걸 해, 이래요.(박명숙, 49면)

박명숙씨는 답답하다. 여성으로서, 간병 노동자로서, 적은 임금으로 힘들게 살아가는 비정규직 노동자로서 살아가는 그녀는 '여자가 간병해야지 남자가 어떻게 그걸 하냐'고 말하는 세상이 답답하다.

꼭꼭 숨어라! 머리카락 보인다!

전체 인구의 10퍼센트가 장애인이라는데, 우리 일터를 둘러보면 도무지 장애인을 찾아볼 수가 없다. 그렇다면 우리나라는 장애인이 적은 '건강한' 나라이기 때문인가? 절대 그렇지 않다! 주변에서 장애인을 쉽게 만나기 어려운 이유는 우리나라가 장애인을 꼭꼭 숨겨두는 너무나 '병든' 나라이기 때문이다.

보통 비장애인인 분들은 스펙[3]이 맞으면 회사에서 요구하는 기술이나 스킬을 알고 있고, 전문가고 그러면 인터뷰 한번 만에 통과되고 그러는데, 중증장애인이 직장인으로 살아간다는 건, 그런 부담을 가져야 되고, 그거를 감수해야 하고 채용을 해야 하기 때문에. 그래서 상당히 까다로운 과정을 거쳐서 입사를 합니다. 지금 회사도 그렇고, 저번 회사도 그렇고. 제가 총 5번째 직장을 다니고 있는데요. 아무튼 과제도 내줬어요. 그쪽 사장님이 이거 해오라고. 해가서 내 모든 이력서의 모든 능력을 보여줘야 해요. 근데 인제 납득을 하면 채용을 하는 거고. 그 외에 어떤 복지적인 문제라든지. 면접에서 떨어진 적이 있어요.(김영훈, 12면)

김영훈씨는 한 회사에 입사할 때 무려 6번의 면접을 보기도 했다. 어떤 비장애인도 한 회사에 취직할 때 이력서에 적은 능력을 모두 '증명'해 보이기 위해 6차례의 면접을 보지는 않는다. 이는 명백한 차별이지만, 장애인으로 살아온 김영훈씨에게는 '나도 능력이 있다'는 것을 보여주는 일상적인 경험이기도 하다. 또다른 장애인 노동자인 김다혜씨는 한 번의 취업을 위해 무려 31번의 면접을 보았다. 그런데 정작 면접을 보러 가면 면접관들은 "생각보다" 중중장애인인 김다혜씨를 보고 놀란다.

(면접을) 가보면 다들 말씀하시는 게 '생각보다 장애가 있으시네요' 그러세요. 서류에는 '내 장애가 이렇다'라고 쓰는 사람이 없잖아요. 보면 다 아니까. 근데 서류만 보고 판단하시는 거죠. '생각보다 장애가 중증이네요? (취업이) 되면 일을, 집이 먼데 다닐 수 있겠어요?'(이러세요).(김다혜, 7면)

장애인에 대한 편견에서 오는 섣부른 배려는 차별이 된다. 그것은 상대를 진정으로 배려하는 이해와 사랑에서 비롯된다기보다는, 정상과 비정상을 구분하려는 차별의 의도가 스며들어 있기 때문이다. 취업하려는 이에게 "집이 먼데 다닐 수 있겠느냐"는 질문은 어려운 신체조건에도 불구하고 우리 회사에 헌신하겠느냐는 강고한 의지의 확인일 수 있겠으나—하지만 어떤 면접관이 비장애 구직자에게 면접 자리에서 장거리 출퇴근을 걱정해준단 말인가!—장애인에게는 그저 차별적 언사에 지나지 않는다.

무엇보다 김영훈씨와 김다혜씨를 힘들게 하는 것은 그들을 그저 '장애인'으로만 인식하는 주변의 시선이었다.

대학이나 학생이라는 테두리 안에서 저는 지켜지고 있었는데 막상 이 사회에 나오게 되니까 장애인에 불과했습니다. 그래서 영업의 경험이었는데 그때는 참 괴로운 기억이었는데. 건물에 출입을 해야 되는데, 경비 아저씨가 저를 못 들어가게 하더라구요. 그때 양복을 쫙 빼입고, 나름대로는 준비해서 갔는데, 저를 앵벌이로 알더라고요.(김영훈, 6면)

이처럼 노동시장에 진입하기조차 어려운 장애인들은 취업에 성공했다 하더라도, 작업환경이나 임금 등의 물질적 여건뿐 아니라, 사용자와 직장 동료 그리고 고객 등 일하면서 만나는 많은 사람들의 시선에서 자유로울 수 없다.

장애란 신체와 정신의 손상을 입어 일반적인 기능을 수행하는 데 어려움을 겪는, 기능상실 상태를 의미한다. 그러나 손상이란 손상 이전의 완벽한 무엇이 있다는 것을 전제하기 때문에, 곧 사적인 생활을 포함한 모든 사회생활에 부적합하다는 '비정상'의 의미를 동반하는 차별적 언어이다. 태어날 때부터 비장애인과 다른 모습으로 태어난 사람은 다른 이들과 모습이 다를 뿐, 누구도 그에게 손상을 입었다고 말할 수 없다. 따라서 누군가를 장애인, 비장애인으로 구분하는 것조차 사회적 맥락에 따라 달라질 수 있으며, 장애 역시 매우 상대적인 개념이다.

그러나 노동현장에서 장애인[4]은 업무수행능력이 떨어지는 비효율적이며 비생산적 존재로 인식되기 일쑤며, 일터 밖 사회생활에서도 '비정상'에 속해 인간적인 대우와는 거리가 먼 삶을 산다. 소수자에 대한 적극적 조치(affirmative action)의 일환으로 장애인의무고용법이 제정되었지만 정부기관조차 의무고용률 2퍼센트를 넘기는 곳은 거의 없으며, 대개 벌금을 내는 편이 낫다고 생각한다. 이처럼 많은 장애인들에게 차별금지법은 실질적인 도움이 되지 못하므로, 차별당한다 하더라도 자포자기하는 심정으로 문제제기를 하지 않는 경우가 더 많다.[5]

김영훈씨는 '비장애인과 같은' 삶을 살고 싶다고 한다. 분명 우리사회에서 비장애인과 장애인의 삶은 다르다. 아무런 어려움 없이 일터로 향하는 비장애인이라면 알 수 없는 차별들이 장애인들을 괴롭히고 있다. 장애를 이유로 일자리를 구할 엄두조차 못 내는 장애인들에게 '일할 권리와 환경을 보장'하는 것은 장애인 차별 문제를 해결하기 위해 우선 실천해야 할 과제이다.

눈에 보이지 않는 사람들은 장애인뿐만이 아니다. 구술자 중 식당일, 농사일, 건설일, 그리고 소규모 제조업에 종사하는 사람들은 주위에 '너무 많다'고 느끼지만, 우리가 거리에서는 쉽게 볼 수 없는 이들, 그들의 이름은 '불법체류자'이다[6].

조재야씨는 무려 14년째 한국에서 이주 노동자로 살고 있는 미등록 이주 노동자이다. 그는 기술을 배우며 일할 수 있다는 '산업연수생제도'를 통해 한국에 입국했으나, 기술을 배우기는커녕 열악한 조건에서 일하며 생활비조차 안되는 임금을 받아야 했다. 그가 입국했던 1994년은 국내에서 산업연수생제도가 처음 도입된 해인데, 같은 해 전체 산업연수생의 73퍼센트가 지정 산업체를 이탈해 '불법체류자' 신분이 되었다. 당시 산업연수생의 임금은 내국인 노동자의 3분의 1에도 못 미칠 정도로 낮았으며, 애초 약속한 기술을 가르쳐준다는 약속은 지켜지지 않았다. 그뿐만 아니라 산업연수생을 받아들일 경우 소요되는 비용 때문에 사용자들이 오히려 '불법체류자'를 선호하는──게다가 당시에도 산업연수생보다 '불법체류자'의 임금이 약간 높았다──현상이 일어났다. 이는 이주 노동자들을 '불법' 신분으로 전락시키는 데 정부와 기업의 졸속 외국인력정책이 한몫했음을 잘 보여주는 대목이다.

산업연수생으로 일해야 된다고 해가지고 처음에는 연수생이라는 게 기술 배우고, 일 배우고, 일하고 돈 좀 벌고 그렇게 생각했어요. 그래서 처음 오니까 일만 하는 거예요. 여기 오니까 근데 받는 돈이 94년도면 한 기본급이 150달러밖에 안돼요. 거기다가 계속 잔업하면 200불밖에 안 넘어가요. 제가 거기서 5개월 동안 일했어요. 1년까지 계획이 있었는데 못 다녀가지고 제가 거기서 도망갔죠. (면접자: 왜 도망가셨어요?) 생각해보세요. 3개월 동안 150불씩 가져갔어요. 한국에 오는 비행기 비용, 무슨 비, 무슨 비 내야 된다고. 150불을 3달 동안 떼 갔어요. 한달에 한 5만원, 6만원밖에 안 남아요. 월급에서. 와가지고 돈도 못 부치고, 무슨 일이냐고.(조재야, 1면)

150불은 당시 매매기준 환율로 따지면 11만 8000원이다. 야근에 특근을 다해도 조재야씨의 당시 월급은 16만원을 넘지 못했다. 같은 해 국내 제조업 상용노동자의 월평균 임금은 102만원이었다. 차이가 나는 것은 임금뿐이 아니었다.

한국 사람과 비교를 해요. 한국 사람이 (일을) 못하더라도 비교를 하고. 돈도 조금밖에 안 주고. 그리고 한국 사람들은 100퍼센트로 보너스 나오잖아요. 100퍼센트로 그렇게 한번에 나오잖아요. 저희는 100퍼센트로 아니고 10퍼센트도 못 나와요. 거의 안 주는 거죠. 나와도 그냥 차비로 10만원, 5만원. 그게 뭐예요.(조재야, 11면)

그나마 조금씩 일을 배우고 임금이 올라 현재는 한달에 약 120만원을 버는데, 이는 미얀마에서 일반 노동자가 1년을 일해야 벌 수 있는 돈이라고 한다. 따라서 당분간은 한국에서 일을 계속할 예정이지만 그에게 한국은 '하나도 좋은 것이 없는' 나라이다. 조재야씨의 동생 역시 이주노동자인데 그는 싱가포르에서 법 관련 일을 하고 있다. 그는 장기간 일하면 내국인 못지않은 대우를 보장하는 싱가포르 이야기를 하면서 한국이 얼마나 "수준 낮은" 나라인지를 일깨워주었다.

우리사회에서 '불법체류자'는 매우 복합적인 차별을 경험한다. 흔히 못사는 나라, 가난한 나라의 외국인 노동자라는 인식이 우리 태도에 은연중 배어 있다. 외국인 노동자 출신국의 경제력이 곧 개인의 능력으로 등치되며, 그가 어느 나라에서 왔는가에 따라 대우가 달라지는 것이다.

더욱이 고용주에게 무소불위의 권력을 주는 것은 바로 '불법체류자'라는 신분상의 약점이다. 이 때문에 고용주에게는 말 안 들으면 '고발'할 수 있는 권력이 생긴다. 경찰에 적발되면 강제 출국을 당하므로, 어떻게든 한국에 남아 돈을 벌어야 하는 미등록 이주 노동자들은 고용주의 손쉬운 수탈대상으로 전락한다. 그들은 '불법체류'라는 신분 때문에 제도적 권리를 박탈당하는 무권리 상태에 놓인다. 게다가 말까지 통하지 않는 외국인 노동자, 비숙련 노동자라는 점이 복합적으로 작용하여 열등한 존재가 되어버리는 것이다. 그래서 '불법체류' 이주 노동자들은 숱한 언어적·신체적 폭력에 노출되어 있다.

단어는 못 알아들어도, 욕은 알아들어요. 기분이 나쁘잖아요. 욕은 하도 들으면 열받잖아요. 연수생들은 한국말 모르잖아요. 한마디를 두번 해야 되면 짜증내는 거예요. 그럼 욕하는 거예요. 태국인 사람이 일요일에 쉬고 월요일에 나와야 되는데 일요일에 친구들하고 술 먹고 못 나온 거예요. 가서 뭐라고 하는 거죠. 근데 계속 못 알아들어요. 그래서 때렸어요. 얼굴을 때렸어요. 그때 태국인이 이번이 두번째래요. 한번은 뺨을 맞았대요. 이번에는 못 참겠다고 노동부에 신고를 했어요. 그 사람은 연수생이에요. 근데 우리는 (불법체류라서) 무섭기도 하고, 노동부에 가서 얘기하면은 사장 기분 나쁘면 신고할 수 있으니까 우리는 (신고) 못하니까.(조재야, 13면)

106

일할 때를 빼고는 자유로이 돌아다닐 수도 없다. 휴대전화를 만들 때나 인터넷을 신청할 때는 산업연수생 동료의 명의를 빌려야만 한다. 쉬는 날은 하루 종일 집 안에 있어야 하는 날이다. 그나마 쉬는 날도 거의 없다. 그러나 월급은 적다. 외국인 이주 노동자는 그렇게 살아가고 있다.

대한민국 몇 퍼센트

우리 구술자들은 일터뿐 아니라 다른 곳에서도 '편견'으로 인한 차별을 경험해왔다. 장애인이라는 이유로 어린 시절 동네를 산책할 때면 아이들이 줄지어 따라다니는 통에 구경 대상이 되곤 했으며, 대학에 입학하기 위해 시험도 보기 전에 면접을 치러야 했다. 장애인 여성은 '여성'도 '노동자'도 아닌 '장애인일 뿐'이었으며, '남편 없는' 여자라는 이유로 입사원서를 당당히 넣을 수조차 없었다. 사회적 편견은 일터에서의 차별을 낳고, 이는 사회생활의 차별로 확대되고 있다.

날로 엄격해지는 정규직의 조건, 이른바 좋은 스펙의 기준이 하늘 높은 줄 모르고 높아만 가는 현실, 인간이 일하는 기계나 소모품으로 여겨지는 현실은 비정규직을 평생 그 자리에 못 박는다. 여성들은 그녀들이 '단지 여자라는 이유'로 제한된 직종, 저임금, 안정되지 않은 일자리일지라도 감지덕지해야 한다는 것을 알고 있다. 노동시장 진입 전부터 사회적 편견과 물리적 제약 때문에 정규학업조차 마칠 수 없는 장애인, 코리안 드림을 꿈꾸며 입국하지만 인간적 모욕과 열악한 환경에서 일해야 하는 '불법체류자', 우리가 만난 구술자들이 경험하는 차별은 특별할 것도 없는 너무나 일상적인 사건들이다. 그러나 차별은 '일상적'이기에 더 무섭다. 차별이 일상화되고 있다는 얘기는 그만큼 사회가 무감각하게 병들어가고 있다는 뜻이기 때문이다.

중요한 건 사람들의 시선, 인식, 그런 것들. 장애인을 똑같은 노동자로 봐줄 수 있는 사회를 만들어야죠. 그리고 모자라거나 뒤처지는 게, 결과물에서 모자라거나 뒤처지는 게 지금 그렇다고 해도, 환경과 조건이 같아지면 차이를 줄일 수 있거든요. 그걸로 그런 인식들 되게 중요한 것 같아요. 결코 이 사람이 실력이 없어서 모자라거나 뒤처지는 게 아니라는 그런 생각들이 되게 필요해요.(김다혜, 15면)

우리는 1.2퍼센트의 외국인 이주 노동자이거나, 10퍼센트의 장애인, 50퍼센트의 여성 또는 비정규직이다. 그 누구도 홀로 온전히 100퍼센트일 수 없다. 따라서 우리는 모두 대한민국의 몇 퍼센트일 뿐이다. 완전한 사람도, 따라서 완벽한 사람도 없다. 그럼에도 우리사회는 '완벽한 노동자'만 존재하는 것처럼, 그래야 하는 것처럼 보인다. 비장애인, 남성 노동자, 그리고 정규직 중심으로 돌아가는 세상에서 이들 '완벽한 노동자'보다 더 많은 사람들이 '보이지 않는 손'에 의해 유리로 된 울타리에 갇혀 있는 듯하다.

분명 사회는 점차 더 나아지는 것처럼 보인다. 수많은 편리한 기계들과 제도들이 등장하고, 인간의 놀라운 능력은 그 한계를 실험하고 있다. 사람들의 인식도 날마다 발전해서 평등과 인권을 말하지 않는 이들이 없다. 그러면서도 세상은 점점 더 경쟁으로 치닫고 보통사람들은 현기증나는 경쟁의 속도를 따라갈 수가 없다. 저 앞에 서 있는 누군가 뒤처지는 수많은 사람들을 더 많이 만들어내고, 그 격차를 따라잡을 생각조차 할 수 없는 사람들은 더더욱 길어진 행렬 끝자락에서 허우적대고 있다.

우리시대 희망찾기

5장

최소한의 기준을 넘어서는
인권을 누릴 수는 없는가?

인권으로 모든 문제 해결의 실마리를 찾고 '정치'를 작동하라.

—조효제, 『인권의 풍경』

예전과 달리 인권이라는 말이 자주 사용된다. 이는 그만큼 인권이 향상되었다는 의미로 받아들일 수 있을지 모르겠다. 일반적으로 인권은 '인간으로서의 모든 권리'라고 봐도 무방하다. 다시 말하면 '그 사회의 구성원이라면 누구나 보장받아야 할 최소한의 권리'인 것이다. 이런 이유로 세계인권선언문에도 '모든 사람은 사회의 일원으로서 사회보장을 받을 권리'(제22조)가 있다고 규정되어 있는 것이다. 영국 정치학자인 마이클 프리먼(Michael Freeman)은 『인권: 이론과 실천』(2002)에서 '모든 사람이 성취해야 할 공통의 기준'(최소기준)으로 인권을 정의한다. 인권은 자유권, 사회권 등의 포괄적인 의미로 사용되지만, 흔히 그 사회의 구성원이 건강하게 살 권리, 존중받을 권리 등 넓은 의미로 사용될 수 있다.

그렇다면 우리 일터는 최소한의 기준은 갖추고 있는가? 아울러 우리는 최소한의 기준을 넘어서는 인권을 실현할 수는 있는가? 물론 일하는 사람들을 보호하기 위한 근로기준법, 노동조합법 등의 장치들이 있다. 하지만 사용자들은 불법, 탈법, 편법을 저지르며 이를 제대로 지키지 않고 있다. 일부 영세사업장이나 비정규직 노동자들에게는 법 자체가 적용되지 않는 사각지대도 있다. 그렇기 때문에 '이제는 인권의 시대가 도래했다'는 주장을 더 면밀히 검토해야 한다. 다음의 두가지 풍경을 보자.

풍경 하나 아파도 내색 못하는 사람들

마이클 무어 감독의 다큐멘터리 〈식코〉를 보면 미국인들은 민간 의료보험에 가입했다 하더라도, 제때 치료를 받을 수 없다. 하지만 우리는 아플 때 국내 어느 병원을 가도 치료를 받을 수 있다. 전 국민을 대상으로 한 국민건강보험이 있기 때문이다. 건강보험은 대한민국 국민이라면 아무리 아파도 가입할 수 있고, 치료시에 차별받지 않는다. 또한 산업재해 보상보험을 통해 노동자들은 일하다 다치거나 병이 나는 경우 보험 혜택을 받을 수 있다. 이것이 우리의 상식이다. 그런데 과연 정말 그런가?

일하다 손가락이 골절돼 유급병가를 쓰려고 했는데 학교 행정실에서 대체인력비가 20만원밖에 없다고 눈치를 주더라고요. 일손이 워낙 부족하니까 동료들한테도 미안하고⋯⋯. 산재처리하면 돈 받으면서 쉴 수 있는데 어쩔 수 없이 일하면서 제가 병원비 다 내고 치료했죠.
—○○학교 실험보조 비정규직 노동자 인터뷰(매일노동뉴스 2008년 4월 22일자)

이 사례에서 알 수 있듯이, 우리나라 국민 모두가 산재보험 혜택을 받고 있는 것은 아니다. 특히 비정규직 노동자들은 직장에서 일하다 다쳐도 눈치가 보여 병가조차 제대로 쓰지 못하고, 자비로 처리하는 경우가 허다하다. 산재보험 적용 대상에서 사실상 배제되어 있는 것이다. 이렇듯 노동인권문제는 건강이라는 측면에서도 매우 심각한 상황이다. 비정규직 노동자뿐만 아니라 영세자영업자들도 사회적 기본권에서 배제되어 있다.

김정은씨 같은 학습지교사들은 학생 지도를 위해 이집 저집 이동하다 제때 밥을 먹지 못해 소화불량에 걸리기 일쑤고, 손발 골절상은 물론 교통사고를 당하는 경우도 많다. 이런 자신의 모습을 두고 그녀는 "학습지교사는 걸어다니는 종합병원"이라고 한다. 그럼에도 학습지 회사 직원이 아닌 개인사업자로 등록되어 있기 때문에 아파도 생계를 위해 참고 일한다. 물론 일하다 다쳐도 산재처리를 못하고 병원비를 스스로 부담한다.

게다가 그녀는 '싱글 맘'인지라 연금혜택도 받지 못하는 처지다. 김정은씨는 "직장생활을 하고 있지만 직원도 아니고, 보너스도 퇴직금도 아무런 혜택도 없이 세금만 꼬박꼬박 내야 한다"며, 특수고용직 신분의 서러움을 털어놓는다.

> 1년씩 개인사업자로 등록이 되어 있죠. 저희들은 아무런 혜택이 없어요. 저희는 직원도 아니고, 보너스도 없고. 아무런 혜택이 없고 대신에 모든 수입이 다 오픈이 되어 있기 때문에 내야 될 세금 꼬박꼬박 다 내야 하고, 세금공제 못 받거든요. 저희가 사고가 많아요. 자동차 사고가 많이 나요. 주로 걸어다니며 일을 많이 하니까. 그래서 일례로 들어보면 택시나 이런 거 하시는 분들이 사고 나서 보면 다 학습지선생님들이래요. 사고가 많고 큰 병, 작은 병 너무 많고. 구조적인 보완이 필요하긴 한데, 요번에 내놓은 것도 별건 없어요. 예를 들면 새끼손가락하고 발가락이 멀쩡하지가 않은 게 수업을 하다가 넘어진다든가, 가방 끈에 꺾여가지고 골절상 입는 건데, 왔다갔다 서류 떼는 거 귀찮아서 알아서 처리하는 거 많아요. 사각지대라고 보일 수밖에 없어요. 회사에서 이러이러해서 다음번에 계약 안하면 되기 때문에 저희가 좀 많이 불리하죠. 우리가 법적으로 개인사업자로 등록되어 있기 때문에 도움을 받을 만한 제도가 마련되지 않고는 어떤 제스처를 해도 안돼요. 퇴직금 없죠. 보너스도 없고 저희는 아무것도 없어요.(김정은, 19면)

영세봉제업을 하는 강재섭씨는 본인이 사업체를 운영하는 사장이기 때문에 고용불안은 없다. 하지만 그 역시 일 자체를 책임져야 하니 출퇴근시간이 따로 없을 뿐 아니라, 밤낮을 가리지 않고 일할 때가 많다. 강재섭씨의 경우 "놀고 있으면 수입이 없고 일한 만큼 수익인지라, 아파 누워 있으면 수익이 없다"는 불안한 상황에서 벗어나지 못하고 있다. 그렇다보니 생계를 위해서는 아파도 일을 나가야 하고, 어디 다쳤더라도 본인이 자비로 처리해야 한다. 이런 상황은 학습지교사 김정은씨도 마찬가지다.

> 우리 같은 경우는 아무것도 없어. 우리는 오로지 내가 나가서 일하면 일한 만큼만의 수익이…… 뭐 아파도 눕는다거나 어디가 다쳤다거나 산재보험 이런 것도 없는데, 우리 같은 사람은 일용직이라고 하나요? (면접자: 그래도 사장이잖아요?) 사장은 아니고, 사장이랍시고 솔직히 내가 뭐 내 인건비 먹는 거여? 그래도 내가 가내공업을 하고 있지만 내가 만약 놀고 있으면 수입이 없어요. 그게 뭐 사장이야!(웃음) 그렇잖아요. 내가 직접 가서 일감을 갖고왔다가 내가 일을 해서 갖다주고 돈 받아오고, 이런 건데 사장이라고 볼 순 없지. 내가 아파 누워 있으면 수익도 없고, 일도 못하고……(강재섭, 22면)

다른 한편 조재야씨처럼 이주 노동자들은 불법체류자 신분이기에 아파도 병원에도 갈 수 없다. 이들은 몸이 아파 병원에 가더라도 법무부 출입국관리사무소 직원들에게 들킬 경우 강제로 쫓겨난다. 실제로 이주 노동자들은 단속을 피해 도망가다가 발생한 사고로 다치는 경우가 많다.[1] 이런 이유로 이들은 의료비와 단속의 이중고가 해결되는 의료보험 혜택을 원한다.[2] 사실 조재야씨처럼 이주 노동자들이 일하는 곳은 주로 영세업체나 공해유발업체 등 3D업종으로, 작업장의 안전문제가 심각한 곳이 많고, 이런 곳일수록 유해물질 같은 갖가지 위협에 더 많이 노출될 수밖에 없다. 특히 열악한 영세업체에 취업할 수밖에 없어서 기초적인 안전교육이나 한국어교육도 받지 못한 채 산업현장에 투입되기 때문에 재해가 잦을 수밖에 없다.

제가 생각하는 거는 만약에 아프거나 뭐 다치거나 그거 너무 위험해요. 만약에 쉽게 보험을 들 수 있으면, 돈 조금 들이고 치료받을 수 있는데, 일반 치료를 한번 받으려면 1만 3000원에서 1만 5000원이에요. 너무 위험해요. 만약에 우리 불법체류자들이 보험에 들 수 있으면 정말 좋겠어요.(조재야, 9면)

풍경 둘 인간답게 살기 위한

4년 가까이 D자동차 회사 의장라인 조립기사로 일하고 있는 조중호 씨는 용역업체 소속인데, 한달 꼬박 일해서 받는 급여는 160만원 수준으로 정규직 신입사원의 3분의 2 정도밖에 안된다. 게다가 업무는 정규직과 같은데 상여금이나 휴가비, 명절 귀향비 등도 정규직보다 적게 받는다. 그런데 잔업까지 해서 겨우 먹고사는 사내하청 노동자인 그에게, 용역업체 사장들은 정당한 대가조차 지급하지 않는다. 시간급을 낮춘 후 각종 수당이나 퇴직금 등을 월급에 포함시키는 포괄역산제라는 방식을 써먹는 것이다. 조중호씨는 이를 두로 "옛날 용역업체 사장들이 돈 많이 해먹은 거지, 노동자 피를 빨아먹은 거지"라고 하면서도, 그와 같은 사실을 '원청에서 다 눈감아주었기 때문에 가능한 것'이라고 말한다.

그 전에는 없었어요. 그 전에는 어떻게 해먹었냐면 이 자식들이요, 용역업체 사장들이 시간급을 다 깎아요. 최저임금으로 맞춰놔. 최저임금으로 맞춰놓고 무슨 복지수당 1만원, 2만원 이렇게 떼어준다고. 근데 실질적으로 원청에서 임금으로 더 많이 받고 시간급을 더 많이 받고, 시간급이 이래 딱 낮지. 왜냐면 시간급이 그게 이제 거의 본봉인데 잔업 같은 거 하면 시간급에서 본봉에서 계산해가지고 잔업수당이 나오잖아요. 근데 각종 제 수당이다, 복지수당이다, 이상한 수당 붙여가지고 만들어놓고 본봉을 깎아버리고 그러면 수당 부분에 대해서는 잔업수당이 안 붙잖아요. 그걸 다 뜯어고친 거야. 그런 불합리한 걸 다 뜯어고친 거예요. 그러니까 옛날에는 용역업체 사장들이 돈 많이 해먹은 거지. 노동자 피를 빨아먹은 거지. 그걸 원청에서 다 눈감아준 거예요. 그래서 많이 짤려나갔어요. 2년 동안에 작년에 하청업체 사장 많이 날아갔어요.(조중호, 10면)

한편 아파트경비원 황종수씨를 고용한 회사는 2007년 1월부터 최저임금이 인상되었으므로, 그의 급여를 해당 법률에 맞게 지급해야 했으나 고용주는 이를 무시해버렸다. 게다가 황종수씨가 일하는 동료들 대부분이 나이가 많은 관계로 근로기준법 등을 잘 몰랐던 탓에, 고용주는 최저임금뿐만 아니라 법으로 보장된 휴게시간조차 제대로 주지 않았고, 일한 만큼 주어야 하는 수당조차 지급하지도 않았다. 물론 아파트경비일은 다른 업종과 달리 2007년부터 최저임금이 적용되었으므로, 그 전에는 다른 저임금 노동자들에 비해서도 낮은 임금을 받을 수밖에 없었다.

올해 2007년도 1월부터 저임금 그러니까 그게 채택이 (면접자: 최저임금) 되었잖아요. 거기서 그 사람들이 그 전에부터 내려오는 전례를 우리 경비들한테 속이더라고요. 완전히 속여가지고 예를 들어서 경비 하다보니까 나이 많고 오갈 데가 없는 사람들이 주로 많이 하고 있는데, 단순히 말해서 노익장들이지요. 그러니까 겉으로는 자기네가 많이 우리를 봐주는 척해도 실상은 그런 게 아니에요. 내가 그걸 따졌지요. 왜 우리가 24시간 근무냐 하면 쉬는 시간도 있고, 또 우리가 솔직히 말해 나이도 많은 사람들이 근무한다는 건 사실 너무 무리가 많거든요. 그걸 따지니까 실장이란 사람이 그런 걸 실토를 하더라고요. 자기가 원래는 4시간은 쉬는 휴식시간을 해줬는데 (면접자: 해줘야

하는데) 그건 자기가 안했다. 4시간이라는 돈을 숫자를 쳐봐도 꽤 많은 돈이 거든요.(황종수, 1면)

그런데 황종수씨와 달리 건물청소일을 하고 있는 홍순임씨의 경우 노조활동을 통해 최저임금 인상 덕을 본 경우다. 홍순임씨는 새벽 첫차를 타고 출근한다. 그런 그녀가 하루 8시간 일해도 손에 쥐는 돈은 겨우 70만원 안팎에 불과하다. 이런 현실에서 회사와 임금문제로 싸워봐야 사실 1~2만원 올리기도 힘든데, 노조 사람들과 함께 관세청 앞 최저임금위원회에 가서 물대포 맞아가며 투쟁한 덕에 동결될 것 같던 임금이 그나마 8.3퍼센트 올랐다. 홍순임씨처럼 비정규직 노동자들의 경우 "임금이 너무 낮은 관계로 최저임금부터 많이 올라야 한다"고 생각하는 이들도 있다.

다만 5만원이라도 줘야 하는데 그것도 힘들더라고. 우리가 연대해서 이 회사하고 싸워서 돈 만원 올리기 힘들더라고요. 근데 이제 최저임금제 그거 해갖고 그때 몇만원이라도 오르는 거 그게 다야. 이번에도 관세청 앞 학동에 가서, 연대하니까 (경찰이) 막 뭐 물대포를 갖다 이 소방호수로 막 뿜더라고. 그것도 하나가 아니야! 높이 올라가서 밑에 있는 데다 쏘는 거야 막. 이만한 호스에 그 물살이 얼마나 쎄요. 그게 하나로 안되니까 양쪽 세군데서 막 쏴. 아! 그래 내가 노조 하는 사람들도 너무 힘든 거야. 돈 그거 몇푼 올리기 위해서. 이번에 동결된다고 그랬다가 8.3퍼센트인가 그것도 거의 밤 새우다시피 해가지고 겨우 오른 거잖아요. 그나마 최저임금 해서 올라야만 그게 다인 거지. 우리 손에 들어오는 돈이 70만원, 68만원이에요. 근데 우리가 하는 거에 비해서는 너무 작지요. 그리고 또 생활을 해야 하는데, 대부분이 자기 생활 때문에 오지, 여윳돈으로 살자고 오는 사람은 드물잖아요. 그래도 100만원은 넘어야 우리 하루 와서 일하는 대가가 최소한도 그 정도는 돼야 하지 않을까.

우리가 요거밖에 안되나. 진짜 너무 임금이 낮으니까, 그 최저임금에서부터 많이 올라가야 되는 거 아닌가? 그리고 또 내가 듣기로는 지금 비정규직에 있는 사람들은 자기 임금이 학력의 고하를 막론하고 최저임금이라고 들었거든요. 우리도 아무리 최말단에서 이렇게 힘든 노동을 하는데 이게 뭐 아무 가치가 없는 것 같잖아요. 그래도 물가상승에 비해서 100만원은 넘어야 되는데, 왜 그렇게 모든 걸 다 아는 사람들이 그런 거는 생각도 안할까? (홍순임, 20면)

사실 최저임금제는 사회적 불평등을 해소하는 중요한 제도 중 하나다. 물론 그 최저임금 자체가 형편없이 낮다. 노동계 추계에 따르면 우리나라 비정규직 중 저임금계층이 절반(45.1퍼센트, 389만명)에 가깝고, 법정최저임금 미달자가 2001년 59만명(4.4퍼센트)에서 2008년 3월 193만명(12.1퍼센트)으로 지난 7년 사이에 3배가량 증가했다.[3] 결국 노동계 주장대로라면 정부의 최저임금제는 저임금계층의 임금격차 해소, 소득분배 구조 개선이라는 본연의 목적에 부응하지 못하고 있다. 그뿐만 아니라 근로감독조차 제대로 안되고 있다. 고령자나 청소년들의 경우 법정최저임금이나 근로기준법 같은 제도를 자세히 알지 못해 일부 사용자들이 부당노동행위를 자행해도 적절히 대응하지 못했던 것도 사실이다. 이를 악용하여 최저임금조차 지급하지 않는 곳들도 많다. 그런데 최저임금 문제는 산업화 초기인 100년 전부터 언급된 것임에도 한국에서는 매년 최저임금 인상률을 놓고 노사간 줄다리기를 반복하고 있다.[4]

한편 장애인 김영훈씨 말에 따르면 "장애인들은 어차피 취직은 안되고, 생활을 해야 되는데 돈은 없고, 경제적으로 쪼들리는 이들이 NGO단체에 본인 이름을 빌려주고, '고용장려금이 나오면 나눠가지는' 거래가 형성된다". 하지만 그는 이 문제가 "발각될 경우 장애인 본인에게는 수급권이 박탈될 위험이 있지만 4인 가족이 최저임금으로는 생활할 수 없는 현실에서, 유혹을 받을 수밖에 없는" 장애인들의 비애를 토로한다. 다른 한편 "우리나라 기업들 중 겉보기에는 좋을 일을 하는 것 같은데 이런 장애인들의 현실을 이용해서 자기 잇속을 챙기는 '복지재벌'이 있으며, 장애인권 사각지대가 많다"고도 한다.

> 뭐 대부분의 장애인들이 복지단체, NGO단체나 이런 데 많이 근무하시는데, 솔직히 이 단체들이 상당히 열악하거나 NGO단체 수장들의 사심이 개입하면 솔직히 중증장애인들이 봉이 될 수밖에 없거든요. 솔직히 봉이 된다는 걸 모르시는 분들은 스스로가 행복한데, 취직이 잘 안되는 장애인들과 서로의 필요에 맞아서 하는 케이스인데요. (장애인들은) 어차피 취직이 안되니까 생활은 해야 되는데 돈은 없고, 장애인들은 경제적으로도 다 쪼들리죠. 내 이름 갖다 써라. 자기는 고용장려금 나오면 그럼 나누자. 그럼 소득이 되는 거죠. 근데 대부분은 장애인에게 피해가 갈 수밖에 없구요. 수급권도 박탈될 위기가 있구요. 어떻게 4인 가족이 최저임금으로 생활을 영위할 수 있겠습니까. 진짜 눈물나죠. 이런 거에 유혹을 받게 되고, 또 그걸 자기 이익으로 탐하려는 사람들이 있기 때문에 이용을 당한다는 거죠. 쉽게 말해 장애인 몇명 모으면 머릿수대로 돈이 떨어진다. 그걸 자기의 이익의 수단으로 삼는, 사회적으로는 장애인을 위해 뭘 하는구나, 천사의 탈을 쓰고, 뒤로는 장애인 모아다가 일 시키고, 그거를 또 장애인이 만들었다며 일반 사람들한테 강매하고, 얻는 이득은 지가 착복하고. 대부분 시설에 있는 장애인들은 학습장애나 지적 장애가 있는 분들이시거든요. 이런 분들의 노동권, 생존권이 그 시설 안에서 폭력이나 이런 것들로 유린되고 그야말로 인권 사각지대죠. 겉으로는 좋은 일을 하는 것 같은데, 속을 까보면 참 난감합니다. 이런 복지재벌! 이런 사람들은 나라 돈은 나라 돈대로 먹고, 강매는 강매대로 하고. 우리나라에 이런 기업들이 상당히 많습니다.(김영훈, 14면)

장애인 의무고용은 장애인 취업에 큰 역할을 해왔다. 그런데 1991년 장애인 의무고용제가 도입된 지 25년이 경과한 지금, 민간기업뿐 아니라 정부부문과 공공기관의 장애인 고용 비율도 2퍼센트에 미치지 못하는 실정이다. 민간기업은 단 한차례도 2퍼센트 의무고용을 지킨 적이 없다. 게다가 김영훈씨 말처럼 일부 업체에서는 고용장려금을 타기 위해 마치 장애인을 고용한 것처럼 속여 장려금을 가로채는 일이 매년 증가하고 있다.[5] 이처럼 장애인 보호장치의 허점을 이용하는 사용자들의 불법, 탈법적인 관행은 아직도 만연해 있다.

도대체 무엇이 존재하나?

노동자들의 기본권을 보호하기 위해 마련된 근로기준법은 노동현장에서 인간의 존엄성을 지키기 위한 최소한의 장치이다. 나라가 발전할수록 법제도는 국민을 보호하기 위해 더 강화되어야 하지만, 우리사회는 그 법을 악용하는 경우가 많다. 예를 들면 사용자들은 비정규직 노동자들의 임금을 착취하거나 체불하는 것은 다반사이고, 근로계약서조차 제대로 쓰지 않고 있다. 아울러 법제도의 허술함을 틈타 노동자들의 고용과 노동 조건을 배려하지 않는 관행도 만연한 상태다. 심지어 일부 복지단체나 기업의 경우 장애인 의무고용제를 통한 고용장려금을 악용하는 사례조차 있다.

게다가 외환위기 이후 사회적 불평등이 심화되고 있는 상황에서 현재의 법과 제도는 다양한 계층의 사람들과 소외된 사람들을 포괄하지 못하고 있다. 만약 이런 상황이 더 악화된다면 언젠가 우리나라 노동자들도 영화 〈식코〉의 한 장면처럼 '어느 손가락을 수술할 것이냐?'라는 질문을 받게 될지도 모르고, 급기야 비용문제로 고민하다가 한 손가락을 포기할지도 모른다. 실제로 비정규직 노동자 대부분은 건강보험제도 등 사회적 안전망에서 배제된 채 노동인권의 사각지대에 놓여 있다. 현재 비정규직 노동자들의 사회보험 가입률은 30퍼센트 수준에 불과하며, 학습지교사 같은 특수고용직의 경우 건강보험 가입률은 10퍼센트도 채 되지 않는다.[6] 그나마 병원비 중 의료보험 혜택을 받을 수 없는 비급여 진료 항목이 많기 때문에 병원을 찾은 환자들의 부담(건강보험 부담 64.6퍼센트)은 아직도 많은 편이다. 한편 2007년 노동부 조사에 의하면 산업현장에서 노동재해로 숨진 비정규직 노동자(21명)가 정규직 노동자(11명)에 비해 2배나 많다. 비정규직 노동자의 중대 재해 위험도가 정규직의 2배에 이르는 셈이다.[7]

이같은 문제를 해결하기 위해서는 현재의 법제도를 최소기준에 맞추어서는 안되고, 그것을 넘어 인권의 문제로 접근해야 한다. 예를 들면 비정규직의 차별 해소를 위해 만들어졌으나 구멍이 숭숭 뚫린 비정규직법의 경우 현실에 맞는 제도 보완(비정규직 사용사유 제한, 사용기간 제한, 외주화와 간접고용 기준 명문화 등)이 시급하다. 최저임금제의 경우 나름의 효과를 보이고 있지만 실효성을 높이기 위해서는 현재의 최저임금위원회 공익위원 교차배제 방식(strike-out)*의 틀을 바꾸어 시민사회단체가 참여할 수 있게 해야 한다. 물론 근로계약서 미작성이나 최저임금제 위반뿐 아니라, 장애인 고용의무제와 고용장려금제도, 이주 노동자 산업재해 보험 적용과 체불임금보증보험 가입 등은 현재의 법제도로도

---

* 현재 최저임금위원회의 공익위원 선정방식은 노사 양측이 추천된 공익위원을 동수로 배제할 수 있다. 이는 공익위원의 중립성 시비 때문에 도입된 방식이나, 노사 양측이 상대방 추천 공익위원을 한명 한명씩 배제하다보니 전문성과 대표성 부족이 제기되고 있다.

충분히 해결할 수 있는 사안이다. 다만 문제해결의 주체인 정부의 의지가 그 무엇보다 중요하다. 그러므로 정부는 사용자의 법 준수 여부에 대한 근로감독을 강화해야 할 것이고, 중장기적으로는 현재의 법제도로 포괄하지 못하는 사각지대(4인 이하 사업장 근로기준법 적용 확대, 특수고용직의 사회보험 적용 등)를 없애려고 노력해야 한다.

우리시대 희망찾기

6장

유연한 시장, 섬이 되는 사람들

자본주의 시대에 이기심이 팽배한 사회가 만들어지고,
서로 상대방이 필요하다는 것 이외에는 아무것도 공유하지 않는
당사자들 사이의 고용계획이 일반화됨에 따라,
관리는 더욱 완전하고 정교한 도구가 되었다.
—해리 브레이버만, 『노동과 독점자본』

파리목숨과 애사심

외환위기 이후 기업들은 생산비용 절감과 노동통제 강화를 위해 조직 내부에서 수행되는 많은 업무들을 아웃소싱하면서 정규직 인력을 감축해왔다. 무척 세련되게 들리지만 사실 아웃소싱은 다름 아니라 '하청을 준다'는 뜻이다. '하청'인력은 자동차, 조선, 철강 등의 주요 제조업체들을 중심으로 일찍이 1960~70년대부터 있었지만, 외환위기 이후 그 규모가 크게 늘어났다. 청소 직종[1]은 대표적인 아웃소싱 업종이고 이에 따라 청소인력을 제공하는 파견·용역업체들이 급증했다. 노동시장의 '유연화'로 인한 변화를 이경숙씨는 이렇게 전한다.

사택들이 있으면, 높으신 양반들이 거기서 출퇴근을 하거든요. 이 사람들이 이사를 갈 때마다 쓰던 사택을 우리가 나가서 청소를 해주고 또 그 전에는 더했대요. 일주일에 한번씩 가서 집 안 청소를 해줬다고 그러더라고요. 그런 일은 하는 거 아니잖아요. 회사에 가서 청소하면 되지, 왜 그런 데까지 가서 하느냐.

(이경숙, 3면)

이경숙씨는 자신이 소속된 청소업체 소장이 "할 일"과 "하지 않아도 될 일"을 구분하지 않고 원청업체 총무과에서 "무조건 (일을) 받아 온다"면서, 원·하청 업체간의 불평등한 계약관계로 하청 노동자들이 부당노동을 강요당한 경험을 들려준다. 원래 하청받은 일은 회사 청소인데, 원청회사 간부들이 이사할 때마다, 심지어 일주일에 한번씩 사택 청소를 했었다는 것이다. 봉건시대의 '경제외적 강제'를 떠올리게 하는 부당한 일이 벌어지는 원인을 하청업체 노동자인 조중호씨는 이렇게 설명한다.

업체 사장들이 더 겁을 내는 거지. 잘못하면 잘리니까. 계약기간 끝나면, 야 당신 이런이런 잘못이 있으니까 그만둬, 그러면 끝나는 거예요. 파리목숨이에요, 걔들은 파리목숨. 언제 잘릴지도 모른다고, 계약기간 끝나면. 물론 계약기간 끝나기 전에도 무슨 잘못된 일이 있으면 금방 자르겠지만. 그러니까 회사에서 하라는 대로 다 하는 거예요. 회사에서 원청에서 지시하는 게 잘못된 걸 알면서도 따라갈 수밖에 없는 게 우리나라 현실이라고. 용역업체 사장들 현실이(조중호, 7면)

영세한 하청업체에 소속된 구술자들 대부분은 업체 관리자들이 자신들을 비인간적이고 폭력적으로 대한다고 분개한다. 그런데 조중호씨는 하청업체의 강압적 태도가 사실은 원청업체로부터 비롯된다는 점을 지적하고 있다. 원청업체의 요구를 거절하기 힘든 불리한 계약관계로 인해 "잘못된 걸 알면서도 따라갈 수밖에 없는" "언제 잘릴지 모르는 파리목숨"에 불과하기 때문이라는 것이다. 그런데 주목할 것은 원청기업과 하청업체 고용주의 불평등한 관계와 그로 말미암은 부당한 지시로 하청업체 노사관계가 더 억압적으로 변한다는 점이다.

소장이 자기 직위를 이용해서 아줌마들한테 휘둘러댔으니까, 아줌마들은 여기서 잘리면 다른 데 가보면 나이도 얼추 많고, 그러니까 공장 같은 데 가봐야 힘도 들고 써주지도 않고 돈은 벌어먹고 살아야 되겠고. 그러니까 울며 겨자 먹기 식으로 소장한테 잘 보이려면 어쩔 수 없이 소장이 시키는 대로 알아서, 밥도 해다 바치고 반찬도 해다 바치고, 때가 되면 소장 선물 사줘야 된다고. 어떻게 해서든 잘 보이려고 그러는 거야.(이경숙, 3면)

용역업체 소장들은 하청 노동자들 위에 군림하면서 이들의 '목숨줄'

을 마음대로 쥐락펴락하며 온갖 횡포를 부린다. 그래서 이경숙씨의 동료들은 일자리를 잃지 않기 위해 "울며 겨자 먹기 식으로" 밥과 반찬을 해다 바친다. 홍순임씨 같은 구술자들이 "나이도 얼추 많은 아줌마들"이기에 해고되면 다른 3D업종 일자리조차 구하기 힘들다는 사실을 너무도 잘 알고 있기 때문이다. 그렇지만 업체 사장들의 포악은 원청기업의 횡포에 대한 분풀이가 아니다. 원청기업과 하청업체가 맺는 용역계약에 포함된 저렴한 인건비가 하청업체 이윤의 원천이기 때문에, 업체 관리자들은 법정근로기준을 위반하면서 하청 노동자들이 적은 인원으로 더 많은 일감을 소화하도록 '쥐어짜고' 있는 것이다.

그러다보니, 또다른 하청 노동자인 조중호씨는 자신들이 마치 벌레 취급을 받는다고 말한다. "무조건 복종하지 않으면 짜른다"는 협박이 쏟아지고, 관리자 기분에 따라 업무가 배치되거나 업무 외의 일이 떨어진다. 아파트경비원 박영국씨와 황종수씨도 이전 직장에서 반장에게 일을 못한다고 심하게 질책을 받거나 그들의 눈 밖에 나서 "시말서를 써라" "시말서를 3번 쓰면 해고"라는 위협적인 지시나 훈시를 수시로 듣곤 했다. 특히 현장 감독자들이 던지는 반말투의 명령은 그들에게 지워지지 않는 상처를 남겼다. 조재야씨와 김수택씨도 윗사람의 '하대'하는 언어 횡포에 마음이 상해 일할 의욕을 잃어버린 적이 적지 않다. 노동시장의 유연화는 이처럼 취약계층으로 내려갈수록 더 억압적인 노무관리를 낳고 있다.

대기업 위주였던, 산업현장의 노무관리 방식에 관한 그동안의 연구에서는 1987년 민주화 이후 노동권이 보장되면서 과거의 병영적 노동'통제' 방식[2]이 더 치밀하고 세련된 노동 '포섭' 방식으로 유연하게 바뀌어 왔다고 분석한다. 김한성씨와 최형철씨의 직장은 첨단 IT기술을 활용하여 노동과정을 직접 감독하지 않고도 노동자들의 생산성과 작업 태도를 감시하는 방식을 도입했다. 그리고 다양한 능력평가 씨스템과 인사고과 프로그램을 도입하여 노동자들이 스스로 업무성과를 관리하도록 하는 능력주의 인사관리체제를 운용하고 있다. 김한성씨는 이처럼 최첨단 노무관리 기제 중 하나인 '전사적 자원관리'(Enterprise Resource Planning, ERP) 씨스템[3]을 구축하고 운영하는 업무를 맡고 있는데, 이것이 회사의 모든 자원을 전부 통합하는 씨스템이다보니 "노동자를 이전보다 쉽게 관리할 수 있다"는 점에서 "관리자를 위한 업무지원 프로그램"이라고 힘주어 말한다.

> ERP 도입하고는 불만이 많았어요. 통합성을 강조하는 씨스템이다보니까 배우기 좀 어려워요. 예를 들면, 옛날에 출장 가기 위해서 출장비를 타야 될 거 아니예요? 예전에는 그냥 내가 서류로 재무 씨스템에 출장비 끊어서 돈 타서 가면 됐어요. 근데 지금은 출장처리를 할 때, 출장을 가겠습니다 했으면 이 사람이 휴가기간인지 교육기간인지 다 체크를 해버려요. 그리고 얘가 집행하는 예산과목이 적정한지, 예산은 있는지. 이런 걸 씨스템적으로 사전에 다 체크를 한다 이거지요. 그러면 하다가 막힌다 이거지요. 그 다음에 부적절 과목이 나오면 그걸 해소하기 전까지는 이게 진행이 안돼요. 사전에 전체적인 업무 흐름에서 내가 무슨 일을 하고 이제 전체적으로 업무에 어떤 영향을 미치는지를 그 시점에 체크하는 씨스템이에요. 회사의 인적·물적·지적 자원을 전부 통합하는 통합 씨스템이죠.(김한성, 34면)

그런데 과학적 관리보다 더 유연하면서도 치밀한 관리방식이 사람의 마음을 움직여서 조직이 원하는 방향으로 끌어가는 것이다. 조직에 대한 애정과 조직내 인간관계를 강조하는 이유도 여기에 있다. 노동조건이 비교적 양호한 구술자들은 자기 직장에 대한 애사심도 남다르다. 이들의 소속감은 종업원들의 의식세계를 통제하려는 기업의 세련된 노무관리 방식을 노동자가 내면화한 결과이기도 하다. 최형철씨는 신입사원 연수를 다녀오면서 "애사심"이나 "팀워크"가 "감동적"으로 다가올 만큼 강해졌다고 한다. 그의 회사에서는 연수기간에 신입사원들을 극기훈련과 연극 프로그램에 참여시켜 조직의 '미션'(mission)을 분명하게 심어줌으로써 애사심으로 충만한 직원들로 양성하기 때문이다. 최형철씨처럼 주위에서 "돈 많이 주는 대기업에 취업하여" 부러움의 대상이 되는 사람이라면 충성도는 일정 기간 배가될 것이다. 또한 김한성씨처럼 승진욕구와 조직 헌신성을 지닌 사람이나 중간관리자들은 '끈끈한' 상하관계가 승진의 발판이 되므로 애사심이 높게 마련이다. 김한성씨의 회사는 과장까지는 "업무실적"이 승진의 주요 평가지표로 활용되지만 부장 승진부터는 "인기투표"에 의해 결정된다고 한다.

> 이제 대졸로 들어갔을 때, 연봉 3000만원을 받는다 (하면), 그 사람이 똑같이 대리가 됐을 때 4000만원. 대리가 되면 한 700~800 정도 차이 나겠네. 이게 보통이라면, 고과를 잘 받으면 연봉이 더 세져. 한 500만원까지 차이가 나지. 사원이 500 차이 나고. 대리, 과장까지 가면 과장들은 저번에 듣기로는, 1800~2000만원까지……(최형철, 783면)

종업원이 진정한 애사심을 보여주어도 고용주들이 기대하는 수준인가는 임금수준으로 판가름난다. 대기업들은 '능력주의 인사관리'로 연봉제와 성과급제를 실시하고 있는데 최형철씨는 실적이 좋았을 때 "인센티브로 연봉의 최대 50퍼센트까지" 받았다고 털어놓는다. 그럼에도 그는 이런 임금체계를 반기는 눈치가 아니다. 동료사원들과의 치열한 경쟁을 통해 남의 몫이던 것을 '빼앗아 와야' 하는 임금체계이기 때문이다.

동료들 간에도 연간 500만원의 격차가 생기는 데다 승진할수록 그 차이는 더 커지니 위화감이 생겨날 것은 불을 보듯 뻔하다. 최형철씨가 털어놓듯, 능력주의 임금체계가 노동자들을 옥죄는 통제수단으로 활용되면서 입사동기들과 정겹게 지내던 사무실 분위기는 조만간 추억이 될 것이다.

노동시장 유연화가 몰고 온 고용주들의 노무관리 방식은 노동집단 중심부에는 자발적 충성을 유도하지만, 주변부에는 봉건적 폭력을 동원하여 헌신을 강요하는 식으로 양분되고 있다. 그러면서도 관리 내용은 매우 다양해지고 있다.

추억 속의 "대포 한잔!"

외환위기 때 상급자들의 '명예퇴직'을 지켜보았지만 아직 구조조정의 '절망적인' 고통을 맛보지 않은 공기업 정규직 김한성씨는 현재의 동료관계를 긍정적으로 평가한다. 그는 자신이 몸담고 있는 회사의 좋은 점이 "인간적인 문화"라고 한다. 고용이 보장되는 공기업에서는 승진경쟁을 하더라도 민간기업과 달리 동료간의 "끈끈한 유대"가 유지될 수 있다는 것이다.

문화가 아주 인간적이에요. 가족적이고. 애경사라든지 뭐 그다음에 직원의 어려움이라든지 이런 일을 내 일같이 가족처럼 참 챙겨줘요. 동료들이. 회사가 챙겨주는 게 아니고. 그 문화가 잘 형성되어 있어요. (면접자: 고용이 계속 안정돼 있어서 그런가요?) 그런 거 같아요. 우리 회사에서는 그런 얘기가 있어요. 입사해서 퇴직할 때까지 한번 만나면 한 세번은 만나야 퇴직한다고. 그 그렇지만 자동차회사 정규직인 고광택씨는 지난 외환위기로 인한 사회경제적 충격과 구조조정을 경험한 이후 동료관계가 '개인주의'로 변질되고 있다며 가슴 아파한다. 그는 동료관계가 단절되는 원인을 "핵가족화, 개인주의화되는 세태 탓"이라고 진단한다. 물론 가족을 핑계로 동료들과의 모임을 회피하는 요즘 세태를 볼 때, 그의 말처럼 핵가족화가 동료관계를 약화시키는 원인이라고 분석할 수도 있다. 그런데 어찌 보면 지난 경제위기를 경험하면서 대부분의 노동자들은 회사 상사나 동료 그리고 노동조합이 자신들을 지켜줄 수 없다는 것을 뼈저리게 느꼈을지도 모른다. 그래서 미덥지 않은 관계맺기를 피하고 싶어 하는 것은 아닐까. 더욱이, 고광택씨의 후배들처럼 요즘 젊은 세대들이 동료보다 가족을 더 중시하면서 자연히 일터에서 함께 어울리는 노동자문화가 사라지는 탓일 수도 있다.

제가 입사할 당시에는 진짜 일도 서로 힘들고 도와가면서 하고 또 뭐 "야 오늘 너무 힘들게 했는데 밖에 나가서 소주라도 한잔하자" 할 수 있는 그런 구조들. 서로 땀 흘려가면서 부대껴가면서 할 수 있는 이런 구조들이 있었는데, 지금 같은 경우에는 뭐 세대가 변하고 핵가족화되어 그런지 모르지만, 나밖에 모르는 거. 제 또래들도 옛날에 같이 땀 흘렸던 친구들도 그렇게 변해갔으니. 외환위기를 거치면서 우리 회사로 볼 거 같으면 뭐든지 있을 때 벌어놓고 보자. 일을 더 하든, 특근을 하든 벌어놓고 보자. 예를 들어서 지금 내가 당장 사직하거나 사표 쓰기는 싫은데, 뭐 할 수 없어서 잘렸을 경우에는 어떻게 하냐를 대비해서 그런 거 같아. 98년 이전에, 1년에 열번, 한달에 한번, 두번 회식을 한 거 같으면, 지금은 한번 하기도 힘들다. 예전 같으면 뭐 우리 이만저

만한 일이 있는데 웬만하면 같이 가서 하자 이러는데, 지금 같은 경우에는 "우리 애가" "우리 집사람이" 이래버리면, 하다못해 감기 걸려도 집에 가야 된다.(고광택, 16면)

우리는 고광택씨의 구술로 산업현장에서 노동자들의 연대의식이 크게 약화되고 있음을 확인할 수 있다. 그에 따르면 외환위기 직후 회사에서 단행한 대규모 구조조정의 소용돌이 속에서 살아남은 사람들은 '평생직장'에 대한 믿음을 버렸을 뿐 아니라, 비정규직이 크게 늘고 회사의 필요에 따라 수시로 교체되는 것을 지켜보면서 '언제, 어떻게 해고될지 모른다'는 불안감을 감추지 못하고 있다. 그가 일하고 있는 엔진제조라인에서는 외환위기 이후 첨단 자동화설비가 도입됨에 따라 같은 물량을 생산하는 데 필요한 인원이 이전의 150명에서 50명으로 줄어들었다. 또한 첨단장비를 젊은 후배 작업자들은 능숙하게 조작하는 반면, 나이 많은 동료들의 경우 어려움을 드러내, 작업장의 기술변화를 둘러싸고 선후배 관계에 미묘한 갈등이 생기기도 한다. 이는 비슷한 시기 새로운 조직관리 씨스템을 도입했던 김한성씨의 회사에서도 재현되는 양상이다. 이처럼 지난 10년 동안 구조조정과 새로운 생산기술 도입이라는 큰 변화를 겪으면서 현장 노동자들 사이에는 '내것' 챙기기를 우선시하는 개인주의가 팽배해 있다.

과거와 달라진 일터문화와 더불어 동료관계가 변질되는 데 실망하여 전업을 하려는 구술자도 있다. 신참 모델이었던 이주형씨는 모델계에 존재했던 엄격한 "기수문화"가 사라지고 이른바 "비주얼이 되어야 뜨고"(돈이 되고), 어린 후배들이 기존 선후배관계를 무시하는 분위기로 바뀌면서 '직업'에 대한 회의가 더 커져 다른 길을 모색하는 중이다.

노동시장 유연화로 인한 노동자 연대의식의 약화는 비정규직의 경우 더 적나라하게 드러난다. 덤프트럭기사 이진우씨는 정규직이었다가 비정규직으로 지위가 하락하면서 동료들이 서로 돕는 "형제"관계에서 "눈치" 보는 경쟁관계로 변질되었다며 애석해했다. 하청노동자 조중호씨는 같은 비정규직임에도 일부 동료들이 쉬운 일만 골라하는 한편 회사측에 붙어 다른 비정규직들의 단체행동을 훼방하는 현장 분위기를 개탄한다. 노동현장에 자신의 안위만을 생각하는 이기주의가 만연해지면서 동료관계는 갈수록 삭막해지고 있다.

그때는 뭐 다 같은 건설회사 들어가기 전까지만 해도 같은 기사생활 해가지고 하니까 서로 형제지간처럼 지내기도 하고 그렇게 했었죠. 되게 좋았죠. 사람들이. 지금은 경쟁사회가 되다보니까 눈치 보고 하는데, 그때는 그런 게 없었으니까.(이진우, 6면)

쉬운 일 하는 사람이 있고, 어려운 일 하는 사람이 있어. 어려운 일을 하는 사람들은 로테이션이 다 이렇게 돌아갔으면 좋겠지. 그렇잖아요. 근데 문제는 쉬운 일 하는 사람들이 자기는 몸이 어디가 안 좋다, 화장실 자주 가야 된다, 뭐 이런 식으로 안 바꾸려고. 그러니까 사장 입장에서도 난처한 거야 이게. 그리고 대부분 쉬운 일 하는 사람들이 노동조합에 가입을 안하고 사측에 붙어가지고 파업할 때 일이나 열심히 하고. 남들 나와서 집회하고 파업하는데, 라인 제대로 서야 되는데 세우지도 못하면 회사가 무슨 타격을 받아? 그러니까 애들은 쉬운 일을 하지만 대부분 사측 편이다 이거여. 사장이 이러지도 못하고 저러지도 못하는 거예요.(조중호, 18면)

기간제교사 최미경씨는 정규직과 비정규직 사이에 존재하는 신분의 '벽'을 실감하면서 정규직교사들을 직장동료로 받아들이지 않는다. 기간제교사들이 계약만료일이 다가올 때마다 심한 스트레스를 받아도 옆자리에 있는 동료 정규직교사는 무심하다는 것을 알았기 때문이다. 그래서 그녀는 비정규직교사의 처지를 아랑곳하지 않는 정규직교사들의 태도에 서운해하면서 "이런 데서 버티려면"이라며 나름의 '생존법'을 체득해야 하는 현실을 내비친다. 최미경씨는 직장생활의 불만을 묻는 질문에 정규직교사와의 복지 차이보다는, 계약만료에 따른 전직으로 동료관계가 주기적으로 단절되면서 어디에도 소속감을 가질 수 없는 것이 아쉽다고 답했다.

(수학 기간제)선생님은 계약을 8월까지 했는데 거기 정년퇴직하는 선생님이 8월말에 정년퇴직하면, 이제 만약 (새로운 선생님이) 발령이 안 오면 써주겠다, 교장선생님이 그렇게 얘기를 해서 왔대요. 근데 수학 기간제선생님은 자꾸 있었으면 좋겠다고 이렇게 얘기를 하는데 부장님은 "될지 안될지 아무도 모른다" 자꾸 이렇게 안되는 방향으로 얘기하니까(웃음) 되게 마음에 상처를 받았어요. 그냥 수학선생님이 한명 있더라고요? 원래 자리에. 그래갖고 "만약에 (자리가) 있더라도 딴 데로 가야 된다" 그런 식으로 얘기를 하니까 되게 서운하다고 막 그러더라고요. 말한 사람은 미안함도 없는데, 듣는 사람만 속상한 거니까. 이런 데서 버티려면 그런 거 다 신경 쓰면 못 있어요.(최미경, 14면)

상조회 있잖아요. 경조사가 있을 때 그리고 학교 옮기면 거기서 돈 주고 그러더라고요. 내 거 얼마씩 해갖고. 근데 그런 경조사에 그냥 친한 선생님만 오겠죠? 그런 공식적인 저기가 없으니까. 그러니까 비정규직이 그런 게 문제라는 거예요. 단체에 소속되지 못하는, 소속되지 못하기 때문에 소속감이 없는. (최미경, 24면)

정규직이지만 향후 몇년 동안의 고용만 보장될 것으로 추측되는 최형철씨는 동료와 경쟁할 수밖에 없는 살벌한 조직문화에 힘겨워한다. 그는 "일찍 승진하면 일찍 퇴직해야 하므로 과장도 일찍 달면 안되고 대리를 오래 하다가"라고 말끝을 흐리면서 웃었지만, 치열해지는 승진경쟁에 마음이 무겁기만 하다. 그는 "가정이든 직장이든 지금 가장 힘든 게 무엇이냐"는 물음에 망설임 없이 "내부경쟁"이라고 말할 정도이다.

> 이제 나를 비롯해서 나보다 1년 선배. 그다음 우리. 그다음 우리 하나 밑에(후배). 뭐 이렇게 해가지고 한 3년 터울로 열몇명을 받았어. 그래서 요 사람들이 지금 현재 더이상의 인력 충원계획은 없고 이 사람들로 쭉 가는데. 다 또래다 보니까 마음이 잘 맞는 면이 있지만 일단 윗사람에게 잘 보여야지. 이렇게 봤을 땐 경쟁이 일단 가장 심하다고 봐야지. 그런데 지금까지는 그다지 (다들) 사원이니까. 대리 이상 그런 거는 아니니까 (그래서 경쟁이 덜한데) 앞으로 경쟁이 더 치열해질 것 같아.(최형철, 4면)

대다수 구술자들이 동료들간의 끈끈한 인간관계가 사라지는 현실을 안타까워한 것과 달리, 변리사인 변형진씨는 동료관계가 변질되었다기보다는 애초부터 "가족처럼 느껴지더라도 한계가 있는 관계"라고 인식하고 있다. 그의 직장은 작은 규모여서 긴밀한 인간관계가 형성될 수도 있는데 이렇게 말하는 이유는 무엇일까? 변형진씨는 중간관리자로서 '조정' 역할이 많이 요구되는 직위에 있지만, 전문직인 변리사들의 업무 자율성을 인정해야 하기 때문에 상하관계라도 상호 견제하는 측면이 있다고 말한다. 그런 가운데 그가 후배들과 일종의 '주고받기'식 관계를 맺는 것은 고소득 전문직의 작업환경과 직장문화가 잘 어우러졌기 때문이다.

제가 변리사들 데리고 실무를 총괄하는 입장이다보니까, 조그마한 사무소라고는 하지만 수시로 직원들이 바뀌기 때문에 나름대로 직원을 뽑는 일이라든가, 아니면 뭐 여러가지 일이 생기더라고요. 그러다보니까 어떤 동료관계, 협력할 수 있는 동료는 없었던 것 같고 그냥 상하관계만 있었던 경우인데. 뭐 직장에 다니는 사람이 다 똑같거든요. 가족하고 있는 시간보다는 직장에서 생활하는 시간이 더 많죠. 집에 들어가면 밥 먹고 자면 끝이니까요. 평소에 직장 사람들하고 같이 있다보니까 직장 사람들이 가족처럼 느껴지고, 그렇다고 하더라도 동료관계라기보다는 상하관계이다보니까 한계가 있는 관계이고요. 그리고 아무래도 위에 있는 사람이다보면 명령하는 데 익숙하고, 밑에 있는 사람들은 뭔가를 구하기 위해서 나한테 오는 경우가 대부분이기 때문에. 서로 주고받고 하는 그런 관계에 있어요.(변형진, 12면)

기업의 외적 성장이 정체된 요즘, 대기업이라 하더라도 승진기회를 얻기란 하늘의 별 따기다. 그럴수록 직장 동료들 사이의 승진경쟁은 불꽃이 튈 수밖에 없다. 외환위기 이후 대기업 중심으로 '능력주의 → 보상(성과급과 승진) 차별 → 경쟁격화'라는 조직풍토가 널리 확산되면서 직장내 경쟁논리가 조직 기풍을 갈아치우고 있는 지경이다.

'사람들 사이에 섬이 있다'라는 정현종 시인의 유명한 시구절은 노동자들간의 공동체의식이 사라지고 개인주의 행태가 만연한 요즘 직장문화를 걱정하는 구술자들의 심경을 대변한다. 노동시장 유연화는 이들의 일터를 파편화된 개인들로 채워진 모래성으로 변모시키고 있는 것이다.

새로운 관리자, '알선업체'와 '고객'

이른바 '공식적인 기업조직'에 속해 있지 않은 사람들이 일을 하면서 맺는 인간관계는 어떤 모습일까? 건설일용직 노동자인 김수택씨는 어느 날 현장에 같이 들어갔던 동료가 적은 일당에 불만을 표시하자 덩달아 아예 일도 못하고 쫓겨 돌아온 적이 있다. 그는 문제의 동료와 잘 알지도 못하는 사이임에도 같은 인력사무소에서 파견되었다는 이유로 억울하게 피해를 입은 셈이다.

현장에 일감 보니까 이건 7만원짜리 일이 아닙니다. 훨씬 더 줘야 하는 일이 있어. 어떤 사람들은, 인정을 못 받는 사람들은 아침에 퉁명스럽게 현장에 일 시키는 사람한테 "오늘 뭐뭐 해야 돼요?" 말투 좋게 안하는 사람이 있어. "아, 오늘 일 힘들게 생겼네. 오늘 얼마 줄 거예요? 에, 고거 받고 일 안해요." 그러면 일 시키는 사람들은 더 주고 싶은 마음이 있어도 마음이 돌아서잖아요. 그런 사람들이 현장에 나가서 툴툴대고 하면 같이 일하는 동료들까지 다 차게 만들어요. 사람 세명이 한 현장에 투입돼서 한명이 쫑알쫑알대고 분위기를 이상하게 만든다고, 두명은 엉거주춤하니 일할 맛 안 난다고. 한 사람이 간다고 우기면, 현장에 일 시키는 사람이 "다 가버려" 그래. 그러면 둘이는 피해자라고, 돈 못 벌고 돌아오는 거예요.(김수택, 34면)

조중호씨가 속해 있는 사내 하청업체에는 형식적으로라도 '고용주와 노동자'의 근로계약이 성립되어 있는 반면, 인력업체는 김수택씨 같은 일용직이나 임시직 노동자를 소개해 영리를 취하는 곳으로, 이들 노동자들과 어떤 고용관계도 맺고 있지 않다. 그래서 노동자에게 지시·감독을 하지 못하며 임금도 지불하지 않는다. 그런데도 일자리 정보가 집중되는 이들 중개업소는 적잖은 '알선료'를 챙기고 있고 무시할 수 없는 '영향력'을 행사하고 있다. 이런 권력이 건설현장에서 마치 '같은 회사 사람'으로 취급받는 풍토를 낳는 것이다.

조상구씨 역시 대리기사 콜 알선업체와 '협력관계'에 있지만 그 관계가 대등하지는 않다. 최근 알선업체가 "콜비"(수수료)를 일방적으로 인상했지만 그는 계속 "콜을 받으려면" "눈 밖에 나서" 좋을 게 없으므로 수수료 인상에 반대하지 못했다. 이들처럼 '알선업체'에 수수료를 떼 주는 일용직 노동자들은 정해진 규정이 아니라 '그 바닥'의 오랜 관행에 의해 일당을 받기 때문에 법정최저임금보다 적게 받아도 문제를 제기하기 어렵다. 한마디로 인력업체의 중간착취와 통제에 속박되어 있는 것이다. 이뿐 아니라 일용직 노동자들은 인력 알선업체들의 경쟁이 심화되면서 일한 대가를 제대로 못 챙기는 일이 자주 발생한다. 누구에게는 아무것도 아닌 1~2만원이 김수택씨에게는 "한달 용돈"일 만큼 큰돈이다.

일부 인력사무실들은, 일꾼들 생각 안하고 자기 실속만 챙기는 사람들이 있어. 남자들 새벽에 4시 30분부터 움직여가지고 저녁 9시까지, 집에 들어오면 8,9시까지 일하는 데가 있어. 그런데 6만원 받아주는 데가 있어. 그런 데는 확실히 보지는 않았지만, 내 짐작으로 현장에서는 8만원 책정해놓고, 소장하고 중간에서 사바사바하는 게 많아. (김수택, 28면)

써비스부문에 종사하는 노동자들은 소속 직장 관리자와 더불어 고객이라는 또다른 감독자의 통제를 받는다. 써비스산업은 제조업과 달리 써비스의 생산이 곧 고객의 소비이므로 노동자들은 고객과 직접 대면하며 이들의 통제를 받는다. 다시 말해, 써비스부문에서는 고객이 노동자들의 생산활동과 행위양식 그리고 감정표출 등에 지대한 영향을 미치는 것이다. 그래서 '고객'은 써비스의 생산과정에 직접 참여하는 사회적 실체로서 강력한 통제권자라 할 수 있다. 때문에 "고객이 왕이다"를 넘어 "고객이 귀(한)신이다"라는 이성찬씨의 말처럼, 써비스업 일터에서 고객들은 소비권력의 주체로 군림한다.

써비스산업이 주목받기 전까지 '시장'에서 만나는 사람들의 관계는 일회적인 것으로 간주되었으나, 양질의 써비스 제공 여부에 따라 기업의 경영실적이 좌우된다는 점이 밝혀지면서 '고객만족'을 중시하는 마케팅 전략이 각광받게 되었다. 고객(수혜자)에게 돌봄써비스를 제공하는 박명숙씨, 고객의 자녀교육 욕구를 자극하여 추가 매출을 유도해야 하는 학습지교사 김정은씨, 방문고객에게 친절써비스를 제공해야 하는 편의점 직원 고지은씨, 그리고 술취한 사람을 상대로 "친절 봉사" 노동을 하기에 "안 취한 손님도" 상대하는 택시기사가 부럽다는 조상구씨, 이들 모두는 상하관계와 동료관계 못지않게, 아니 그 이상으로 고객과의 관계를 중요하게 여긴다.[4]

친절 봉사. 어차피 써비스업이기 때문에 웬만하면 참아야 되고. 술 취한 사람을 상대로 하기 때문에. 택시기사는 그 나름대로 낫지 않습니까? 안 취한 사람도 있으니까. 저는 그 사람(고객)의 차를 몰고 목적지를 향해 가는 중에, 그 사람이 차비를 주면서 택시인 줄 알고 차비를 주고, 여기 앞에 세워라 (하며) 갑자기 내리니까, 저는 내리는 게 목적이 아니라 차와 차주를 집에 안전하게 모시는 게 제 목적입니다. 근데 갑자기 내리니까. 아, 억수로 힘들었어요. 최소한 콜을 (하면), 10분내로는 고객한테 도착하는 게 원칙이거든요. 양심상 5분 정도는 우리가 충분히 기다려줍니다. "이제 갑시다. 출발합시다" 하면 "뭐 독촉을 하느냐"고 이래가지고, "온 지 15분이나 흘렀고 20분이 다 되었습니다" 이렇게 평이하게 말을 전해도, 업소 주인보고 다른 데 부르라고. "저 사람하고 못 가겠다" 하면 저는 결국 손해잖아요. 한번은 "사장님 지금 한 15분 넘게 흘렀습니다" 이렇게 말씀드리면, 뭐? 하면서 그 뭐꼬 휴지통을 나에게 던져버렸어요. 다행히 맞지는 않았는데 깜짝 놀랐잖아요. 내하고 치고받고 싸웠어요. 파출소까지 갔어요.(조상구, 15~16면)

변리사 변형진씨는 고객이 "권리의 성격이나 절차 같은" 것을 제대로 알지 못해서, 의뢰받은 대로 처리했음에도 "아 이건 내가 생각했던 거하고 다르다"는 불만을 토로하는 일이 자주 발생한다고 한다. 그에 따르면 "이쪽 세계는 이쪽 세계만의 문법이라든가 언어가 있게 마련"인데 고객이 이것을 이해하지 못하고 불만을 제기하면 변리사사무소에서는 또 고객이 원하는 대로 처리할 수밖에 없다. 김정은씨는 외환위기 직후, 가계 수입이 감소하여 많은 가정이 사교육비를 줄이자 고객 이탈을 막기 위해 공짜로 과외숙제도 도와주었다고 한다. 게다가 그녀는 수업의 질이 다소 떨어지더라도 "고객(애가 아니라 어머니)을 만족시키기" 위해 수업을 좀 적게 하는 대신 "어머니들이랑 수다 좀 떨어주는" 게 훨씬 실적에 도움이 된다고 말한다.

학습지선생님들한테도 요구하는 게 너무너무 많아요. 다른 지역은 학습지에서 요구하는, 커버할 수 있는 내용들이 있잖아요. 문제 내고 풀어주고, 채점해주고. 이 정도라고 하면, 저희는 아녜요. 한번은 너무 성질이 나서 그랬어요. 내가 과외냐고. 과외에서 모르는 걸 저한테 숙제해달라고 하니…… 저 같은 경우에도 수능공부를 했어요. 그거는 하긴 해줘야 하는데 이게 어떻게 연결이 되는지, 중학생들은 이걸 왜 읽어야 하는지, 수능에서 어떻게 나올지 알 수 있는, 아니면 뚫어줄 수 있는 선생은 유능한 선생이 되는 거고 그렇게 되는데, 이 지역은 학습지선생님들한테 요구하는 게 너무 많아요. 정말 여기처

럼 일 많고, 잡다하고, 지저분한 데가 없다.(김정은, 22면)

이성찬씨의 '노점'은 항상 단속에 노출되어 있다. 경찰의 단속도 문제지만 인근 점주들이 '자리 사용'을 허락지 않고 신고해버리면 아예 영업 터전을 잃기 때문이다. 처음에는 뒤엉켜 싸우고, 차 밑에 드러눕기까지 하면서 일터를 사수했지만 지금은 '주변 상인'들과의 관계에 각별히 신경쓰고 있다. 다행히 지금의 일터에서는 그가 동네 "토박이"인지라 그나마 우호적인 관계를 맺을 수 있었다.

다구리 붙고(뒤엉켜 싸우고), 뭐 차 밑에 드러눕고 뭐. 그것도 웬만한 강심장이 아니면 안돼요. 근데 그렇게 하면서 어느 정도 인제 인정을 받고 그렇게 하면은 되는데, 당장 하루하루가 불안해요. 예를 들면 나 여기 토박이니까 막 아주지만. 내가 또 난장 나간단 말이야. 그 난장 나가서 또 개들하고 싸울 생각 하면은 인제 힘도 없어요. 힘도 없고 (친구에게서 전화 옴. 이하는 전화통화 내용) 네, 예보세요. 어, 어? 어 그래 성수야. 오랜만이다. 아 그냥 계속 저기하지 뭐. 계속 쉬었어. 비오면 못 나오니까. 뭐 똑같지. 먼저 저 가게(건물과 건물 사이의 틈새에 가게를 차렸었음)에 있으면 (비가) 와도 버티는데, 가게 민원 들어와가지고, 가건물로 신고당했으니까 안되잖아.(이성찬, 7면)

김영훈씨는 프로그래머로 일하기 전에 보험설계사를 하면서 고객의 신뢰를 얻기 위해 부단히 노력한 적이 있었다. 그러나 자신의 장애 때문에 고객의 신뢰를 얻는 데 실패했다. 그는 고객들에게 무시당하고 심지어 "사기꾼"으로 의심받으며 참기 힘든 좌절감과 마음의 상처를 입었다고 한다. 잠재고객인 세상 사람들이 그의 노력에 최소한의 성의도 보여주지 않을 만큼 냉정했던 것이다.

고객이랑 만나면서부터 제 일을 해야 되고, 상담을 해야 하고, 컨설팅을 해야 하는데 고객 분들이 저를 신뢰하지 않았어요. 약속을 잡아도 그 건물에 못 들어가고, 또 실상 어렵게 어렵게 약속을 잡아도 고객들이 신뢰를 안해요. 너 사기꾼 아니냐, 그런 식의 눈초리라든지. 고객을 만나러 갔는데, 고객이 저를 보더니 그냥 가요. 아무튼 그런 충격의 경험이. 어떤 편견의 경험을 솔직히 3개월 동안 받으니까. 아, 사람이 좀 괴로워지고, 제가 생각했던 모든 것들이 한꺼번에 무너지고, 처참하죠. 제 자신으로는 진짜 상당히 노력을 했고, 그에 맞는 어떤 대우까지는 아니더라도 최소한의 성의라도 보일 것이다, 기대를 했었는데…… 내가 아무리 노력을 해도 타인이 아예 상대를 안해주더라구요. (김영훈, 7면)

이처럼 고객은 제2의 감독자로 통제력을 행사한다. 고객들은 써비스의 수령을 거부함으로써 김영훈씨의 표현대로라면 "상대를 안해줌으로써" 써비스 노동자의 생산활동을 중단시킬 수 있다. 그뿐 아니라 써비스 노동자의 근무태도를 감시하여 관리자에게 일러주기도 하고, 업체간의 경쟁을 이용하여 써비스 질을 높이라고 요구하기도 한다. 공공기관들과 민간기업들은 고객관리 전담조직을 설치하면서 고객만족도 조사, 모니터링 프로그램, 우수사원포상제도 등을 도입해 직원들의 써비스 질을 엄격하게 통제하고 매출을 늘리려 노력한다. 그 결과, 써비스 노동자들은 기업조직과 고객 사이에서 '샌드위치' 신세가 되어 이중삼중의 통제를 감수해야 하는 것이다.[5]

21세기 현재, 우리나라 사용자들은 비인간적이고 폭력적인 현장감독 방식에서 노동자의 심리·정서마저 체계적으로 점검하는 수준으로까지 관리방식의 폭을 넓히고 있다. 영세사업체에서 3D업종에 종사하는 노동자들은 '관리'라는 표현이 부적절할 정도로 야만적으로 취급받는 반면, 공공부문이나 대기업 소속 노동자들은 회사의 체계적인 인력관리와 조직문화에 포섭되고 있다.

노동통제 방식이 다원화되는 추세는 자본이 국경을 넘어 자유롭게 이동하고, 특히 써비스산업이 나라 경제의 핵심부문으로 부상하는 등, 기업과 국가를 둘러싼 경제환경이 급변하는 것과 무관하지 않다. 범지구적으로 작동하는 시장경제 속에서, 기업들은 갈수록 고도화되는 생산기술과 경영기법을 도입하여 작업조건을 변경하고, 노동강도와 제품의 품질을 높이려 하기 때문에 일터에서의 인간관계는 각박해질 수밖에 없다. 게다가 고객이 중요한 통제 주체로 등장하는 신고용관계가 부각되면서 써비스 노동자들은 동료와 상급자보다 '고객'을 우선시하기도 한다. '네트워크사회'의 명암을 분석하고 있는 사회학자 마누엘 카스텔(Manuel Castell)은 새 기술들이 경제체제와 사회관계에서 '희망'과 '공포'라는 두 근원(source)을 안겨준다고 지적하면서, 일과 고용에 미치는 기술의 심대한 영향력을 예측하고 있다.[6] 그로 인해 시장개방 속도는 빨라지고 유연화 영역은 넓어지는데, 노동자들의 연대감은 점점 더 약해지고 있다.

우리시대 희망찾기

7장

일중독사회: 일에 치여 죽기

내가 지금 하는 일은, 행복한 삶에 얼마나 도움이 되는가

—강수돌, 『일 중독 벗어나기』

모든 일을 게을리하세
사랑하고 한잔하는 일만 빼고
그리고 정말 게을리해야 하는 일만 빼고.
─고트홀트 레싱

한국 노동자는 왜 일하는 기계가 되었을까

찰리 채플린의 영화 〈모던 타임스〉(1936)에서 주인공은 어느 공장의 컨베이어벨트 생산라인에서 하루 종일 볼트를 조이는 작업을 하다가 기계적인 노동의 강박관념에 사로잡혀 눈에 보이는 모든 것을 조이는 증세를 보여 결국 정신병원에 실려간다. 그런데 우리나라 노동자들 역시 이 주인공처럼 일하는 기계가 되어 살아가고 있다. 생계를 유지하기 위해 어쩔 수 없이 장시간 일을 하다보니 자기도 모르는 사이에 일중독의 덫에 빠져버린 것이다.

그런데 우리나라 노동자들은 과연 지난 한해 동안 자신이 몇시간이나 일했는지 계산해보았을까? 이 물음은 노동자들에 대해서뿐 아니라 경영자들과 자영업자들에게도 적용될 수 있다. 직장에 출근해서 하는 업무 준비, 수당도 없는 연장근무, 점심시간 때 짬짬이 처리하는 일, 주말과 휴일 집에서 하는 일까지 모두 고려하면, 지금 우리사회는 일을 강요하는 '21세기 모던 타임스'의 대표적인 사례로 일컫기에 부족함이 없다.

2006년 우리나라 실제 노동시간은 2496시간으로, 경제협력개발기구(OECD) 국가 중 가장 길다. 우리나라 노동자들은 OECD 주요 22개국(연평균 노동시간은 1742시간)의 노동자들보다 40퍼센트나 더 많이 일을 하고 있으며, 주5일제가 도입된 이후 노동시간이 다소 줄어들었다고 하지만 여전히 세계 최고 수준을 자랑한다. 이렇다보니 노동자들의 업무상 질병과 안전사고를 집계한 산업재해율(약 9만명, 재해율 0.72퍼센트)이 EU(0.37퍼센트)나 일본(0.26퍼센트)과 비교해도 두배 이상 높고, 사망률 (2406명, 하루 평균 6명) 또한 OECD 국가 중 가장 높다.

결국 우리 일터는 장시간 노동을 강요하여 노동자의 삶을 파괴하는 '위험지대'로 변질되었다고 해도 과언이 아닐 것이다. 사실 아무리 일할 권리가 소중하다 하더라도 쉴 권리가 없다면, 그곳은 바로 지옥이다. 지금 사회는 사람들을 그저 돈벌이 기계나 돈의 노예로 전락시키고 있다. 이처럼 점점 더 인간의 존엄성을 무시하고 파괴하는 사회로 변해가고 있는 게 사실이라면, 〈모던 타임스〉는 코미디 영화가 아니라 우리의 자화상을 보여주는 공포영화로 기억될 것이다. 대체 누가 노동자들을 '일중독'으로 몰아가는가.

일중독사회의 자화상

일반적으로 우리가 아는 워커홀릭은 '일을 너무나 즐기는 나머지 다른 모든 것을 잊고 일에만 몰입하는' 상태를 가리키나, 일중독은 일과 삶의 균형을 잃은 채 강박적으로 일에 매달리는 현상을 의미하며, 우리나라 직장인들의 모습이 대개 이렇다.[1] 강수돌은 『일 중독 벗어나기』(2007)에서 우리 현실에서 나타나는 일중독을 대체로 프리랜스형, 블루칼라형, 햄릿형의 3가지 유형으로 구분한다.

먼저 프리랜스형은 상대적으로 자율성을 가지고 노동하는 사람들이 스스로 희열을 느끼면서 일중독에 빠져든 경우다. 다음으로 블루칼라형은 찰리 채플린의 〈모던 타임스〉에 나오는 공장 노동자들처럼 숱한 세월

생계유지를 위해 어쩔 수 없이 장시간 노동을 하다보니 자기도 모르는 사이에 일중독에 빠져든 사례인데, 화이트칼라 노동자들도 이런 유형에 속한다. 마지막 유형인 햄릿형은 앞의 두 유형과 달리 노동을 너무 열광적으로 또는 강박적으로 하기 때문에 문제가 아니라, 일을 산더미같이 쌓아놓고도 어디서 어떻게 시작할지 몰라 전전긍긍하며 무엇 하나 체계적으로 처리하지 못하는 유형이다. 그러면 우리사회에서 일중독의 굴레에서 벗어나지 못하고 있는 노동자들의 모습은 어떨까.

건설일용직에 종사하고 있는 이창석씨의 경우 하루 평균 12시간이 넘게 일한다. 여유롭지 못한 생활 때문에 한달 내내 꼬박 일을 해야 하는 상황이다. 통상 건설업은 건설현장의 특성상 준공을 앞당기기 위해 철야작업을 할 때가 허다하기 때문에 그는 한달에 하루도 제대로 쉬지 못하는 경우가 적지 않다. 이창석씨 말처럼 "아무리 몸이 무쇠라도, 포항제철 용광로 같으면 모를까" 고된 육체노동을 '1년 365일' 쉼 없이 하기란 어렵다. 그럼에도 그는 "쉬는 날이 더 불안하다"고 말한다. 왜냐하면 오늘은 쉬지만 내일이면 전날 마치지 못한 일을 해야 하고, 또다시 힘든 일과가 시작되기 때문이다.

건설은 특성이 준공일을 맞춰야 하기 때문에 일요일도 일하고, 올 4월, 5월 같은 경우에는 하루도 안 쉬었어요. 계속 풀로 와서 뭐 12시간을 계속 일을 할 수는 없죠. 피곤하면 이제 집에서 뭐 거의 잠자는 시간? 그거만 있다시피 해요. 내 여가생활은 거의 다 못 즐긴다고 보면 돼요. 우리가 2월부터 시작해 갖고 준공일은 12월인데 한달 정도 당기려고 해서, 11월말경이면 다 끝날 것 같아요. 건설하는 사람들을 보면 지금 뭐 주5일제라 하는데 한달에 뭐 한번도 제대로 못 쉬어요. 집에서는 피곤하니까 거의 자요. 일요일 아침에 잠깐 일어나 밥 먹고 또 자요. 오히려 쉬는 게 더 불안해요. 내일 나와서 그만한 일을 해야 하니까. 사람이 소 돼지도 아니고 어떻게 30일을 일하냐고요. 못 한다고요. 그러면 거기다가 예를 들어서 4,5일만 돈을 못 받는다고 생각해봐요. $5 \times 7 = 35$, 35만원 빼봐요. 그럼 가져갈 수 있는 돈이 170만원밖에 안된다고. 그렇잖아요. 인간이 일할 수 있는 한계 아니에요 그게. 그리고 365일 건설현장에서 일한다는 건 있을 수가 없어요. 몸이 무쇠가 아니면 포항제철 용광로 같으면 모를까.(이창석, 3면)

덤프트럭기사 이진우씨 역시 최근 건설경기 불황으로 일감을 받기 위해 새벽 3시부터 현장에 나가 줄을 서야 하고, 적게는 10시간에서 많게는 15시간을 일한다. 새벽에 나가 밤늦게 집에 들어가니 평균 수면시간은 5시간 정도에 불과하고, 주말이나 휴일에도 제대로 쉬지 못하고 일을 한다. 게다가 건설현장에서 자재를 싣고 공사장으로 이동해야 하니 끼니를 거를 때가 많다. 그나마 편의점에서 빵과 우유라도 사먹을 수 있는 틈이 있으면 다행이다. 이런 상황이 반복되다보니 이진우씨는 심신이 지쳐있는 상태다. 실제 건설현장 종사자들에게 주5일 근무는 딴나라 이야기에 불과하고, 휴일엔 그저 피곤한 몸을 추스르느라 잠자기 바쁘다.

요즘 현장을 얘기하면 새벽 3시부터 나가는 데도 있어요. 왜 새벽 3시에 나가야 하냐면 차가 많다보니까 줄을 서야 돼요. 먼저 가서 해야지만 일찍 끝나고 집에 들어오고 하는데, (보통) 10시간씩 몇달씩 근무를 해야 돼요. 그러니까 사람이 지치는 거예요. 그러니까 새벽 3시에 일어나서 차에서 자다가 일 시작하면은 일하고. 뭐 밥도 진짜. 어떤 때는 건너뛸 때도 많고, 아니면 편의점 같은 데서 빵이나 우유 사가지고, 차에서 김밥 먹기도 하고, 도시락 싸가지고 다니는 사람은 도시락 먹고. 그러다가 일과 끝나는 시간이 되면 새벽에 집에 들어가서 애들하고 얘기 좀 해주면 한 (잠은) 5시간……(이진우, 11면)

영세봉제업을 하는 강재섭씨는 출퇴근시간이 정해져 있지 않을뿐더러 주말과 평일의 구분이 없다. 그뿐 아니라 설날, 추석 같은 명절은 대목인지라 집에도 들어가지 못하고 한달 내내 일한다. 왜냐하면 자영업 자체가 수입이 고정적이지 않고 철을 많이 타기 때문에, 벌 수 있을 때 한푼이라도 더 벌기 위해 밤샘을 감내한다. 이런 까닭에 그는 "과로로 몸에 피로가 쌓이고, 입맛도 없고, 일감이 없을 땐 없다고 걱정하고, 일이 많을 땐 일이 많아 짜증이 난다"고 하소연한다. 그 결과 본인도 실감할 정도로 정신적, 육체적 피로와 스트레스에 시달리고 있다.

보통 일이 많을 때는 날 새기도 하고, 뭐 새벽 3시, 4시까지도 하고. 또 일이 없다고 그냥 문 닫고 들어올 수가 없고. 언제 공장에서 일을 만들어서 일을 해달라고 할지 모르니까 항상 대기를 하고 있어야 되고. 주말이고 평일이고 빨간 글자는 일요일밖에 안 쉬는데 명절과 국가의 행사 날은 쉴 수가 없고. 그러니까 일요일은 어떻게든 쉬려고 하는데, 일이 급하거나 일이 많이 밀렸거나 토요일 날 늦게까지 해도 다 못했을 때는 일요일 날 나가서 또 해야 되고…… 저희는 이게 몸으로 하는 직업이다보니까. 정신적인 스트레스도 물론 많이 받죠. 빨리 해서 달라고 독촉전화 오고, 우리 일을 해 갖고 와야 일을 하니까 빨리 해달라, 그러니까 오늘 오면 오늘 해서 바로 갖다주는 그런 직업이고 또 몸으로 때우는 거니까. 정신적으로 막 머리를 써서 하는 직업은 아닌데 몸으로 때워야 하니까 육체적인 피로가 많이 오죠. 저희가 그때는 8월 중순쯤부터 추석 전까지 계속 일이 많아지고. 12시 전에 들어온 게 다섯손가락 안에 꼽지를 못했고, 일요일 날도 연 3주를 쉬지 못하고, 그냥 계속 일을 하다보니까. 몸에 피로가 많이 오고, 과로가 쌓이고, 입맛이 없을 때도 많고, 일 없을 때는 또 일 없다고 걱정이죠. 다음 달 생활은 해야 되는데, 벌어서 없으면 없는 대로 걱정이고. 많으면 많아서 짜증나고 피로가 쌓이고(웃음).

(강재섭, 4면)

한편 대리운전기사 조상구씨는 신용불량자로 전락한 이후 낮에는 공공근로를 하고 밤에는 대리운전을 하고 있다. 그는 오전 9시에 출근하여 오후 6시까지는 공공기관에서 일용직으로 근무하고, 퇴근 후 잠시 휴식을 취한 다음 저녁 9시 30분부터 새벽 3시 30분까지 대리운전을 하는 투잡족이다. 그가 부업에 나선 이유는 일용직 급여로는 생계를 유지할 수 없는 데다 신용불량자라서 일이라고는 대리운전 말고 할 게 없기 때문이다. 조상구씨 말에 따르면 "대리운전을 하러 오는 사람들 상당수가 신용불량자"이다.

요즘은 (오후) 9시까지 출근하고, 일용노동자기 때문에요. 별일이 없을 때는 4시 30분 되면 마칩니다. 그리고 일이 더 있으면 6시까지 마치고. 조금 쉬었다 9시에서 9시 30분 사이에 시작해서 보통 (새벽) 2시에 끝난다고 보면……. 코스에 따라서 마지막 대리운전이 집 가까이에서 끝나면 빨리 퇴근할 수 있는데, 멀리 있으면 퇴근하는 시간만 1시간 30분 걸릴 수도 있으니까 (새벽) 3시 30분이 되죠. 그럼 씻고 자면 (새벽) 4시 정도 되죠. 그럼 아침 8시에 기상. 일단 그게 억수로 늦게 일어나는 겁니다. 아주 급하게 출근을 해야 되죠. 대리운전을 전업으로 하시는 분들은 심지어 오후 5시부터 아침 5시까지 그야말로 12시간 근무를 하고. 투잡을 한다든지 낮에 일을 하고 있는 분들 한 1개월 정도 해보고 매력을 느끼는 분들은 오래 하는데, 그 외에는 한달 정도 하고는 그만둡니다. 왜냐하면 한번 해볼까 하다가도 이게 쉽지가 않기 때문에. 써비스직이고 또 일이 힘들고 술 취한 사람들 상대로 하기 때문에 더 힘든 부분이……. 참고 인내할 수 있어야 하는데, 본인도 성질이 있어서 못 참으면 그

만두는 경우가 많습니다. 3개월을 못 넘기죠.(조상구, 11면)

　고지은씨의 사정은 조상구씨와 조금 다르다. 고지은씨는 고등학교를 졸업하고 2년 가까이 편의점에서 생계형 알바를 하다 최근에는 퇴근 후 다른 점포의 일까지 하고 있다. 그녀는 오전 8시부터 5시까지 A편의점에서 근무를 마친 이후 밤 1시 정도까지 B편의점에서 일한다. 그런데 고지은씨와 같이 일했던 한 30대 남성은 "아침에 출근하고 밤에 편의점 근무를 하는데 거의 잠을 자지 않았다"고 한다. 하지만 고지은씨처럼 편의점 아르바이트만을 '두 탕' 뛰는 사람은 흔치 않다. 그녀 또한 3시간 남짓 자면서도 하루 15시간이라는 장시간 노동을 감내하는 이유는 향후 필요한 대학 등록금과 생활비 때문이었다. 그러나 '돈 벌면 좋잖아요'라는 그녀의 말 속에는 일을 통한 자아실현의 즐거움보다 돈에 종속되어가는 '88만원 세대'의 어두운 자화상이 엿보였다.

　평일에 다른 일을 하다가 주말에만 이걸 하는 경우도 있고 주말에 투잡을 하는 경우도 의외로 많아요. 제가 겪어본 분은 30대 정도 되는 아저씨인데 새벽 근무였거든요. 평일에 잠을 거의 안 자요. 아침에 출근하고, 밤에 와서 아르바이트해서 돈을 벌고, 그런 사람들도 있고. 학생 같은 경우는 학교 다니면서 밤에 일을 하는 사람도 있고. 학비 때문에 돈이 급한 학생이나 노는 애들이 많죠. 아무래도…… (저는) 요즘 같은 경우는 시간이 많이 안 나요. 두 탕을 뛰어서. 이번에 지하철 점포가 열리게 돼서, 거기에서 아침에 일하고 오후에 다른 곳 일을 도와줘야 돼요. 굉장히 많이 해요. 아침 8시간, 스윙타임 7시간 해서 15시간 일하고 (하루) 3시간 자요. 버스에서 조금씩 자고. 일할 때 조금씩 공부하고 (앞으로) 계속할 거예요. 학교 가기 전에 돈 벌어야 해요. (등록금 때문에) 그런 것도 있고…… 아무래도 돈을 벌면 좋잖아요. 학교 다니면 고지은씨나 조상구씨 모두 안정적인 일자리를 갖지 못한 채 하루에 3~4시간밖에 잠을 못 자는 형편이다. 본디 투잡족은 '본업 이외에 부업을 갖는 사람들' 또는 '현업 이외의 부업을 할 능력을 가진 사람들'을 말한다. 그런데 최근에는 '실업과 장기화된 취업난으로 안정된 일자리를 찾지 못하고, 두개 이상의 불안정한 비정규직 일자리로 생계를 유지하는 사람들'이라는 뜻으로 더 많이 쓰인다.

한편 공기업에서 일하는 김한성씨는 조직내에서 맡은 일을 하기 위해 일요일도 없이 일해야 한다. 은행원 오현우씨 역시 하루 평균 13시간씩 일하면서도 주말과 휴일 이틀 중에서 하루는 출근한다. 대기업에 다니는 최형철씨도 하루 평균 11시간 근무하는 편인데, 주말에도 하루 출근하라고 근무표가 내려온다. 이들과 다소 처지가 다르지만 IT 분야의 컴퓨터 프로그래머인 장애인 김영훈씨 또한 하루 평균 12시간 일을 한다. 그렇다면 이들이 12시간 넘게 일하는 이유는 무엇일까? 하나는 김한성씨처럼 '조직에서 살아남기 위해 누구나 삶의 대부분을 직장에 올인해야 하는 상황' 때문이고, 다른 하나는 김영훈씨처럼 '가족부양의 책임으로 힘든 일을 감수해야만 하기' 때문이다. 결국 상대적으로 좋은 일자리에 종사하는 사람들 역시 직장에서 쉼 없이 질주해야 하는 고단한 나날을 보내고 있다.

이제 우리 정도 되면 승진을 앞두고 본사에서 한참 고참이고, 이러면 사실 많은 부분을 직장생활에 올인을 해요. '퇴근시간이 늦다'라고 했는데 요새는 회사에서 나가는 시간은 빨라요. 한 7~8시면 나가는데 그 이후의 비즈니스가 많지요. 올해초까지는 프로젝트 할 때는 일요일도 없었어요. 이 일 때문에 거의 올인을 했고. 한 200명, 300명 정도 같이 일을 했으니까. 그 실무 관리 책임을 제가 지고 있었으니까. 그렇게 버릇이 되지요.(김한성, 17면)

이 회사가 성의 있고 배려가 있고, 잘 대해주시는 것 같아서 이제 한 9개월 일했습니다. 근데 뭐 야근은 기본이고 노동강도가 엄청 세요. 그 대신 식대는 회사가 부담을 하는 거죠. 회사 자체는 2차 하청 형태로 유지가 되는 것 같고, 통신업체다보니까 그런 노동강도가 심한 데도 불구하고, 모든 노동자가 그렇듯이 부양해야 하는 가족도 있고, 살아가기 위해서 필요한 경제적인 부분이 있듯이 그런 것을 감수하면서 일을 하고 있습니다.(김영훈, 16면)

위 사례들이 잘 보여주듯이 '1일 8시간 노동'이라는 규정은 근로기준법에나 존재할 뿐이다. 우리 주위를 살펴보면 아침 9시 출근해 저녁 6시에 퇴근하는 직장인들은 드물다. 상대적으로 저임금·저숙련 일자리에 종사하는 구술자 대부분은 하루 10시간 이상의 육체노동을 하고 있다. 고임금 화이트칼라 노동자 또한 '법정 8시간근무제'는 아랑곳없이 하루 평균 12시간 남짓 일하고 있다. 더욱이 일거리가 없어도 하루 종일 일터를 지켜야 하는 노점 등의 비공식부문 취업자들의 고충은 말로 다할 수 없다. 그런데 이렇게 쉴 틈 없이 열심히 일하는 노동자들의 처지는 조금도 나아지지 않고 있다.

강요된 노동과 잃어버린 여가

1995년 미국의 한 조사기관에서 40개국 시민을 대상으로 일과 여가의 상대적 중요성을 비교한 흥미로운 조사결과를 발표했다. 연구결과 일을 많이 할수록 노동의 중요성을 낮게 평가하는 것으로 나타났다.[2] 그렇다면 우리나라 사람들은 일과 여가 중 어느 것이 더 중요하다고 생각할까? 아마도 일보다 여가를 더 중요하게 생각하는 사람들은 그리 많지 않을 것 같다. 휴식과 여가를 중요하게 판단하는 이들조차 '일을 하지 않으면 어떻게 먹고살지?'라는 일 중심의 생존본능이 뿌리깊을 것이기 때문이다.

통계청 조사자료에 따르면 2007년 우리나라 노동자들이 한달 평균 일하는 날은 22.6일이며, 주5일제 근무를 하는 노동자들도 10명 중 4명(39.8퍼센트)이나 된다.[3] 수치로만 보면 예전에 비해 일하는 날이 많이 줄어들었다. 그렇다면 노동자들은 일하지 않는 7~8일을 무엇을 하며 지낼까? 가족과 함께 놀이공원이나 동물원에 가고, 영화를 관람하며 자기만의 여가시간을 보내고 있을까? 실상은 그렇지 않다. 노동자들 대부분이 강요된 노동을 해야 하는 처지다.

대기업에서 일하고 있는 최형철씨는 매주 토요일 출근한다. 물론 그가 다니는 회사의 경우 주5일제 적용 사업체이나, 회사에서 '월간 근무계획표를 짤 때부터 만들어놓은 특근 일정이 내려오기' 때문에 싫어도 어쩔 수 없이 토요일에 출근을 한다. 게다가 추석 같은 명절에도 회사에서 '60퍼센트 이상 근무 지침'이 내려오기 때문에 연휴에도 제대로 쉬지 못한다. 그나마 편히 쉴 수 있는 유일한 날은 일요일인데, 돌아오는 한 주를 대비하기 위해 다른 여가활동을 즐길 겨를도 없이 부족한 잠을 보충하기 바쁘다.

주말 이틀 중에 하루는 나가기 때문에. 어쩌다가 한달에 특근을 4번 넣으면 다 나가란 얘기지. 근무표를 짤 때, 특근을 주면서, 특근 몇 퍼센트 이상 넣어라. 딱딱 넣다보면 뭐…… 그러니까 원래 5시까지 퇴근인데 7시까지 보통 일을 해. 그래서 뭐…… 한두시간 정도 더 하는 거지. 주말근무가 그만큼 더 많아지니까. 우리 회사는 보통 주말마다 하루씩 나오라 그러는데 누가 좋아하냐고. 추석 때 60퍼센트 이상 근무하라고. 그게 추석이야? 그게 무슨 추석이냐고. 60퍼센트 뭐 절반 이상 나오라는 건데……. 보통 주말에 하루 일하면 그 하루를 어디 가기가 굉장히 부담스러워. 왜냐하면 토요일까지 근무였어. 그럼 일요일이잖아. 그럼 일요일 날 내가 만약에 진짜 액티브한 그런 활동을 하고 싶어도 다음 월요일 날 지치니까 체력적으로 부담이 돼. 그게 굉장히 크더라구. 그러니까 나는 하루에 잠을 좀 몰아 자는 편이라. 잠을 굉장히 푹 잔 거하고, 계속 잠이 모자란 상태로 계속 있는 거랑, 월요일 아침에 느낌이 달라.(최형철, 13면)

반면 2년 넘게 청소일을 하고 있는 홍순임씨가 휴식시간을 갖지 못하는 이유는 다른 데 있다. 홍순임씨는 회사에 출근하기 위해 새벽 3시에 일어난다. 일반 직장인들이 출근하기 전에 청소를 마쳐야 하기 때문에 매일 새벽 첫차를 타야 한다. 홍순임씨는 이렇게 이른 아침 출근하고 저녁 때 퇴근하여 집에 돌아오면 너무 고단한 터라 취미활동이나 자기개발을 할 겨를이 없다. 그녀는 퇴근 후 '책이라도 좀 봐야겠다'는 생각으로 책을 꺼내지만, 몰려오는 졸음을 쫓지 못하고 깜빡깜빡 존다. 인터뷰를 할 때도 "이달부터 컴퓨터라도 배우고 싶다"고 말했지만 너무 고단하다 보니 시간을 내지 못하고 있었다. 특히 가사일 때문에 자신을 위한 여가활동을 하려야 할 수가 없다. 여성들의 경우 홍순임씨처럼 장시간의 바깥일을 하랴 '그림자 노동'으로서 가사노동 하랴, 제대로 휴식과 여가를 누리지 못하고 있다.[4]

나도 도시락 싸가지고 가야 되고 그러니까. 애들도 또 지네들이 원하면 도시락도 싸주고 그러니까. 애들 뭐하면 준비도 해놓고 이래야 되니까. 그러면

3시에 일어나도 나가는 시간이 너무 바빠요. 여기서 뭐 5시 안에 나가야 되거든요. 그래야 거기 정해진 6시 출근시간에 도착해요. 5시 안에 나서야 여기서 거기 가려도 차를 두번 타야 되거든요. 뭐 그러니까 3시부터 일어나 가서 4시 끝나는 시간이 딱 돼야 손을 놓거든요. 그러면 내려와서 옷 갈아입고 차 타고 오고, 어떤 때는 사람들과 어울리기도 하고, 이러면 뭐 보통 5시 30분 이렇게 돼서 올 적도 있고. 고단하니까, 이제 또 책이라도 좀 봐야겠다, 그래서 책을 좀 꺼내면 몇분만 읽으면 그냥 또 깜빡깜빡 졸고, 그래 이달부터 이달에는 뭘 시작해야겠다. 컴퓨터를 좀 배우러 나서든가 해야겠다. 지금은 다니고 싶어도 시간의 여유도 없고, 새벽에는 또 일찍 가야 되고, 아 저녁에는 너무 고단하다보니까 시간을 못 내고. 요즘에는 별로 하는 것도 없이 그냥 노동하다가 그냥 그만이에요 그걸로 큰일 하는 거지요, 일하는 게.(홍순임, 12면)

최형철씨처럼 좋은 일자리를 가진 사람들이 회사의 특근 지시 때문에 주말에 쉴 자유마저 빼앗기고 있다면, 홍순임씨처럼 나쁜 일자리에 종사하는 사람들은 힘든 일로 고단해진 몸 때문에 여가활동을 마음대로 못하고 있다. 그렇다면 자영업자들은 어떨까? 덤프트럭기사인 이진우씨는 '비가 오는 날이 휴일'이라 막상 남들처럼 화창한 날에 가족과 휴가 한번 제대로 가지 못한다. 몇해 전부터 그는 날씨가 좋은 날 "애들과 손잡고 야외로 한번 놀러가고 싶다"는 생각을 하지만, 가족과 야유회를 갈 때도 다른 덤프차들이 운행하는 것을 보면 '일을 해야지'라는 강박관념에 사로잡힌다.

휴가라는 개념은 있죠. 덤프라는 게 특성상 비 오면 쉰단 말이죠. 비 오는 날. 해가 반짝 나면 일을 하러 가야 하니까. 비 오는 날 휴가 가요. 그럼 누가 가겠나고 애들이. 재작년인가 KBS 인터뷰할 때는 얘기했어요. "애들 손잡고 야외

한번 놀러가고 싶다." 진짜 날씨 좋은 날 놀러가려고 하면, 딱 나와서 차 돌아다니는 거 보면 일해야지라는 생각밖에 안 나요. 애들이 뭐 좀 알아서 그러는지, 그 전에는 "아빠 우리 언제 놀러가" 했는데, "아빠 요즘 일도 없고 하는데, 뭐 휴가야 안 가도 돼" 그런 소리 들으면 코끝이 찡해요. 뭐가 막 북받쳐 오르는 게, 가고는 싶은데 "남들도 다 가는 데 왜 못 가겠냐"고 하는데, 날씨가 좋으면 일 생각이 나니까 자꾸 미뤄지고 애들한테 미안하죠. 지금 뭐 일하는 곳이 ○○, ○○쪽이다보니까 토요일이나 일요일 때 보면 가슴이 아프죠. 다른 애들 보면 용돈을 주는 것도 아니고 그러다보니까 애들 보기가 힘들어요. (이진우, 20면)

이런 사정은 노점상 이성찬씨나 봉제업체를 운영하는 강재섭씨도 별반 차이가 없다. 강재섭씨의 경우 젊었을 때는 딸과 함께 공원에 놀러가곤 했지만 지금은 나이도 들고 일이 많다보니 주말에는 주로 잠을 잔다. 그나마 집에서 잠자는 시간 이외에는 텔레비전을 보거나 컴퓨터를 하니 딸의 불만이 적지 않다. 물론 이성찬씨 역시 강재섭씨와 비슷하게 장시간 노동에서 벗어나지 못하고 있는데, 이들에게는 '삶 그 자체가 노동이고, 노동 그 자체가 삶'이다. 특히 이성찬씨의 경우 하루 12시간 일하느라 제대로 휴가나 여가생활을 즐긴 적이 없다. 노점상이라는 직업의 특성상 하루 12시간 일을 해도 손님이 없을 때는 500원짜리 양말 하나 팔고 들어가는 날도 있기 때문에 생계가 매우 불안하다. 따라서 그에게 '비 오는 날은 휴일'이며, 그날은 곧 '수입이 없는 날'이기도 하다. 다시 말하면 '노점상에게 휴일은 하루 공치는 날'이기에 달갑지 않다.

한편 문화생활과 여가활동을 즐길 수 없는 것은 열악한 환경에서 차별을 감수하며 일해야 하는 소수자들 역시 마찬가지다. 이주 노동자 조재야씨는 쉬는 날 바깥나들이를 하고 싶지만 불법체류자 신분이라 단속에 걸릴까봐 그저 집에서 TV를 보거나, 인터넷 메씬저로 친구들과 대화를 나누면서 고국 소식을 접하는 게 낙이다. 조재야씨에게도 쉬는 날이 기다려지던 때가 있었다. 예전에 지역 시민사회단체나 대학에서 이주 노동자들을 대상으로 한 교육문화 프로그램에 참가했는데, 그때가 가장 즐거웠단다. 당시 주말생활은 "한국에서 보낸 가장 행복한 시간이었다"고 회상하는 그에게 그 시절은 남다른 의미가 있다. 평소에 못 보던 미얀마 친구나 다른 이주 노동자들도 만날 수 있었고, 컴퓨터나 한국말, 역사, 노래 등을 배울 수 있었다. 그는 문화활동 모임을 통해 고된 노동에서 벗어나 이방인이 아닌 동등한 존재로 대접받았을 뿐만 아니라, 다시 학생으로 돌아간 기분이 들었던 것이다. 하지만 요즘은 불법체류자 신세로 전락해 이주 노동자 모임에 참가할 자유와 더불어 주말의 즐거움도 잃어버렸다.

뭐 시장이나 밖에 나가고 싶잖아요. 사람이 안에만 있으면 그러니까. 단속기간에는 나가고 싶어도 못 나가요. 친구도 못 만나고 친구들도 우리한테 못 나와요. 왜냐하면 단속 있으니까. 쉬는 날에는 그냥 집에 있어요. 제가 저녁 6시부터 아침 3시까지 일하니까. 전에는 2000년 그 정도에 부천 석왕사나 외국인노동자의집에서 컴퓨터 사용하는 거를 가르쳐줬어요. 한국말 가르쳐줄 때가 2번 있어요. 그때 일요일에는 배우고 싶은 사람들 있으면 한국말이나 컴퓨터 배우거나 그럴 수 있었어요. 지금은 그런 데 다 없어져가지고…… 전에는 일요일에 단속이 별로 없어서 가면 됐는데, 지금은 단속이 있어 못 가고 계속 방에 있어요. 건국대(프로그램)에서 한국 말, 역사, 음악, 노래, 영어 배울 때는 너무 즐거웠어요. 건국대(프로그램) 지금은 없어졌어요. 그때는 거기서 점심 먹고 아침부터 저녁까지 친구들도 모이면 되고, 한국에 대해서도 많이 알 수가 있어 너무 좋았어요. (그때는) 한국에서 일하고 있는데, 일하는 사람으로 생각 안되고, 제가 다시 학생으로 돌아간 것처럼 기분이 너무 좋았어요. 그리고 점심도 먹을 수 있어요. 외국 사람들하고 얘기도 할 수 있어요. 지금은 왔다갔다 이런 거 단속 때문에 어려우니까. 자유롭게 왔다갔다할 수 있게 하면 너무 좋겠어요. 일요일에 그 하루만이라도……. 일요일은 좀 위험하니까.(조재야, 14면)

앞의 사례들에서 보듯이, 우리사회는 일할 권리만 '강제'로 보장할 뿐, 쉴 권리는 보장하지 않는다. 대기업 직원 최형철씨와 은행원 오현우씨 같은 노동자들은 주말 휴식의 자유까지 빼앗겼고, 홍순임씨처럼 육체노동과 가사노동을 병행해야 하는 여성들은 여가시간이나 자기개발의 기회를 누리지 못하고 있다. 한편 이성찬씨나 강재섭씨처럼 영세자영업자들은 불안정한 소득 때문에 쉬는 날조차 마음 편하게 가족과 여가시간을 보낼 수 없다. 조재야씨 같은 불법체류 노동자들에게도 인간의 기본권으로서 여가를 보장해주어야 하나, 실제로는 일할 권리도 쉴 권리도 주지 않는 실정이다.

얻은 것과 잃은 것

좋은 일자리든 나쁜 일자리든 구술자 대부분이 하루 10시간 이상 일한 대가로 받는 경제적 보상은 여가생활을 누릴 만큼 충분치 않다. 조세희는 『난장이가 쏘아올린 작은 공』(1977)에서 1970년대말에 주인공 가족들이 공장에서 죽어라 일해서 벌어오는 급여가 최소한 먹고살 수 있는 수준의 생계비는 되는 것으로 묘사한다. 그런데 30년이 지난 2008년 현재에도 많은 노동자들이 하루 종일 일해서 벌어오는 돈은 그때와 마찬가지로 최저생계비 수준에 그치고 있다. 우리나라 1인당 국민소득이 2만달러를 돌파했다고는 하지만, 취업자의 27.4퍼센트가 저임금계층에 속하고 67.6퍼센트가 월평균소득 200만원에도 못 미치다보니, 대다수가 그날 벌어 그날 먹기조차 빠듯하기만 하다.

　노동자 자신과 가족의 생계를 위해서는 장시간 노동을 감수할 수밖에 없다. 일중독을 강요하는 자본의 힘에 눌려 여가활동을 즐길 수 있는 자유마저 빼앗기고 있는 것이다. 이런 이유로 구술자들의 일중독 유형을 보면 변리사 변형진씨 같은 프리랜스형은 찾아볼 수 없고, 블루칼라형과 햄릿형 두가지 유형에 몰려 있다. 상황과 조건은 다르지만 휴일에 가족과 야유회를 가서도 다른 덤프트럭이 운행하는 것을 보면 일이 생각나는 이진우씨, 젊은 나이에도 불구하고 쉴 줄 모르고 하루 두 탕씩 편의점 일을 하는 고지은씨의 경우 워커홀릭으로 볼 수도 있으나, 블루칼라형 일중독 유형에서 전이된 상태로 봐야 한다. 반면 휴일에도 밀린 일들 때문에 쉬는 게 더 불안한 이성찬씨나 바깥일과 가사노동을 동시에 해야 하는 홍순임씨의 경우, 블루칼라형 일중독에서 햄릿형 일중독으로 전이된 상태였다. 예단하기는 이르지만 어쩌면 사회가 양극화될수록 프리랜스형 일중독보다는 블루칼라형 일중독 상태에 빠진 노동자들이 더 많아질지도 모른다.

　그런데 대다수 구술자가 그렇듯이, 블루칼라형 일중독자 대부분은 일 자체가 즐겁고 재미있는 것이 아니라, 힘들고 지겨우며 어쩔 수 없이 하는 고역이라고 얘기한다. 노동현장에 인간의 존엄성을 파괴하는 비정상적인 노동관행이 만연해 있기 때문이다. 장시간 노동은 비단 노동자들의 여가활동을 앗아갈 뿐 아니라, 신체적 상해를 유발하며, 심지어 목숨까지도 위협한다. 과거 수많은 노예들이 동물처럼 일터로 끌려갔듯이, 오늘날에도 수많은 노동자들이 생존의 채찍에 떠밀려 새벽부터 만원 지하철이나 버스에 몸을 실고 고단한 일과를 보내야 한다.

오늘날 자본주의사회는 인간적 존엄성은 아랑곳없이 노동자들을 일하는 기계로 전락시키고 있다.[5] 인간이 인간답게 살아가기 위해서는 무엇보다 생존권과 인간 존엄성이 보장되어야 한다. 이런 이유로 세계인권선언에서도 '일할 권리'(23조, 마음 놓고 일하기 위하여) 다음에 '쉴 권리'(24조, 쉬는 것도 중요하다)를 규정하고 있는지도 모른다. 하지만 오늘날 우리사회는 노동자들에게 더 열심히, 더 오랫동안, 그리고 악착같이 일하도록 강요하고 있다. 이러한 일중독 증세는 자본주의가 인류 역사에 남긴 가장 뚜렷한 '족적'일 것이다.

우리시대 희망찾기

8장

일과 가족, 그 어긋난 만남

말 없는 가족들

아빠는 한나가 학교에 가기도 전에 출근했어.

퇴근해서도 일만 했지.

한나가 말을 걸려고 하면, 아빠는

'나중에. 지금 아빠는 바빠. 내일 얘기하자' 하고 말했어.

하지만 아빠는 그 다음날에도 너무 바빴어.

아빠는 '지금은 안돼. 토요일 날 어때?' 하곤 했지.

하지만 주말이 되자 아빠는 너무 지쳤어.

아빠와 한나는 아무것도 함께 할 수 없었어.

—앤서니 브라운 『고릴라』

일하는 가족, 생계형 가족

언젠가부터 미디어에 등장한 '생계형'이란 말이 이제는 꽤 낯익다. 내다팔기 위해 맨홀 뚜껑을 훔치거나 슈퍼마켓에서 분유, 고무장갑 등의 생필품을 훔치다가 적발된 사건이 해마다 4~5만건에 달한다. 최소한의 생계유지도 어려워 먹고살기 위해 저지르는 '생계형 범죄'가 사회적 이슈로 등장하게 된 배경에는 양극화라는 암울한 현실이 자리 잡고 있다. 범죄와 상관없이 살던 사람들이 일자리를 잃고 빚을 지게 되자 '가족을 먹여 살리기' 위해 범죄에 뛰어든 것이다.

또다른 '생계형'도 있다. 2006년 7월, 한 고시원에서 일어난 화재 사건이 주목할 만하다. 소방시설이 매우 열악한 고시원에서의 화재는 예고된 사고였다. 그 사고로 '돈 때문에' 온 가족이 뿔뿔이 흩어져 살던 손모씨가 사망하자, 언론은 외환위기 이후 고시원 등의 쪽방에서 생활하는 가족들의 현실을 대대적으로 보도했다. 언론에서는 이들을 '생계형 이산가족'이라 불렀다. 외환위기로 일자리를 잃고 빚만 늘자, 아빠는 고시원 또는 길거리로, 엄마와 자녀는 친척집으로 흩어져 살아가는 가족들이 날로 늘어갔던 것이다.

생계형이라는 표현에서 볼 수 있듯이, 외환위기는 가족의 존립에 치명적인 결과를 가져왔다. 외환위기의 여파로 많은 사람들이 부양능력을 상실하고, 급기야 가족마저 잃는 일들이 자주 발생했다. 빈곤으로 인한 생계형 범죄의 등장과 가파른 이혼증가율로 상징되는 가족해체는 중대한 사회문제로 부각되고 있으며, 차디찬 길거리에서 잠자리를 구하는 홈리스도 급증했다. 중산층이 사라진다는 우려의 목소리가 날로 커지는 가운데, 더이상 추락할 곳도 없어 '몸뚱어리로 먹고사는' 사람들이 늘어간다. 이제는 생활고로 가족관계에 균열이 생기는 일도 흔해졌고, 어떤 가족들은 경제난으로 어쩔 수 없이 헤어지기도 한다.

경제위기는 박명숙씨를 간병 노동자로, 전업주부였던 김수택씨와 이성찬씨의 부인을 가사도우미와 식당 노동자로 노동시장에 뛰어들게 했다. 박명숙씨는 남편의 사업이 잘되던 시절에는 큰 어려움 없이 살아왔다. 그러나 외환위기 때 남편의 회사가 인수·합병되는 과정에서 급속도로 가정이 기울었다. 그녀가 생계를 위해 선택한 일은 간병, 가사 그리고 양육 도우미였다.

20년 넘게 고깃배를 타고 선장까지 했던 김수택씨는 경제가 어려워지자 돈벌이가 여의치 않아 빚을 안은 채 뱃일을 정리하고 상경했다. 그런데 상경 후 하루 12시간이 넘도록 씽크대를 제작하는 일을 해 받은 월급여는 고작 140만원. 그마저도 경쟁이 심해지면서 인건비가 낮아지는 바람에 다른 회사로 옮겼을 때는 이전 직장 임금의 절반에 불과한 돈을 받아야 했다.

다른 데서는 140만원 받다가 거기 들어가서 70만원 받고 일하니까, 참 기도 안 차더라고. 혼자 사는 것도 아니고, 네 식구 사는데 70만원 가지고 어림도 없죠. 140만원 받아도 그런대로 돌아갔는데, 70만원 받으면 어떻겠어요. 생활이 안되지. 내가 결혼해가지고 집사람 일 내보낸 거는 그때가 처음이었어요. 내가 벌이가 시원치 않으니까, (부인이) 도우미로 일해요. 가정집에. 가정집에 도우미를 다니고 있는데, 그것도 일주일에 한 3~4일 다녀요. 아, 일주일에 5일을 하는구나. 일주일에 두번 가는 집 두군데, 한번 가는 데 한군데, 딱 세 집만 가요.(김수택, 25면)

평생을 뱃일로 살아온 그는 서울로 올라올 당시 괜찮은 수입을 보장하는 일일랑은 아예 구할 수도 없었다. 그나마 발을 들인 씽크대를 설치하는 일도 가족의 소개로 얻었다. 고깃배를 타던 시절의 3분의 1이 될까 말까한 수입 때문에 김수택씨의 부인도 이 무렵 가사도우미로 경제활동을 시작했다.

소위 좋은 일자리인 대기업 정규직 일자리를 가진 고광택씨 또한 외환위기 때 회사 동료의 빚보증을 잘못 섰다가 경매로 집을 잃었다. 아이 유치원비가 없을 정도로 어렵던 당시, 그의 부인은 결혼 후 처음으로 중소부품업체에 출근하기 시작하여 지금까지 일을 계속하고 있다.

그런데 조상구씨의 경우에는 계속되는 사업실패로 부인이 일을 시작했지만, 좀처럼 가계가 나아지지 않고 건강만 해치자 집을 나갈 수밖에 없는 상황이 벌어졌다. IMF 때 부도를 맞고 신용불량자가 된 그는 '신용불량자'라는 꼬리표 때문에 일자리 구하기가 쉽지 않았다. 그가 마지막 보루로 선택한 것은 젊은 시절 도전했던 사법시험이었다. 4년을 공부하는 동안 가계와 아이들의 양육은 오로지 그의 부인 몫이었다.

가족관계도 지금 엄청나게 어려운데, 부도날 그 당시는 그래도 견딥니다. 가족들이 외부에서 침입이 있으면 더 단결하니까 화합은 오히려 강해질 수 있어요. 근데 외부의 친분관계는 거의 맥락이 끊긴다고 봐야지요. 2006년부터는 (부인이 하던) 일을 못했습니다. 건강 악화돼가지고. 지금 현재 건강 악화돼가지고 지금 집을 나가 있는 상태입니다. 편지를 써놓고. 요양을 한다고. 이런 말 해도 되죠? 연락도 안되고 있는 상태고.(조상구, 10면)

그의 말처럼 가족에게 닥친 위기는 내부적으로는 단결의 계기가 될 수도 있으나, 가장이 생계를 책임질 수 없는 형편이 계속된다면 가족들은 고통스러울 것이다. 그의 부인은 현재 편지만 남긴 채 집을 나가 연락이 두절된 상태이다. 건강악화를 이유로 들었지만 그는 가출한 부인이 겪었을 고통을 짐작하는 듯했다.

이처럼 많은 가족들이 가계 수입 감소로 고통받았으며, 가족의 존립을 위해 모든 성인들이 일하러 나서야 하는 '돈벌이의 총력체제'로 전환되었다. 그뿐만 아니라, 이혼 또는 사망으로 기존 생계부양자의 공백이 발생할 때 역시 남은 가족들은 돈벌이에 매진하게 된다. 이때 가족들은 가족 형태의 변화와 '빈곤'이라는 질적 변화를 현실로 받아들이게 된다.

홍순임씨는 남편이 사업 실패를 거듭하여 빚을 남긴 채 병을 앓게 되자 빚 독촉과 병원비 부담, 그리고 생활비 부족에 시달리게 되었다.

> 애들 아빠가 아프고 또 사업도 자꾸 사양길로 들어가고 사업한답시고 그러다가 빚을 많이 지고, 거의 부도상태고. 그래 자꾸 빚은 지고 병원 다니고 뭐하고 하니까 돈도 많이 들고, 아직 애들은 어리고 그러다보니까. 이제 도저히 어떻게 할 수가 없더라고. 그래 제가 뭐 닥치는 대로 아무거라도 할 수 있는 건 해야 되겠다, 그렇게 생각하고 나서기 시작한 게 우리 막내가 네다섯 살 무렵이고, 둘째가 일곱 살 여덟 살? 다들 그때 어렸지요. 그런 데다 형제들도 있고 뭐 시집식구들도 있고 이러더라도 도움 되는 사람이 없더라고요. 근데 내 애들이고 하니까 나 외에는 책임질 사람도 없고, 내 자식이니까. 그러고선 그냥 죽을 둥 살 둥 하면서 살다보니까 살아지더라고요 또.(홍순임, 2면)

그녀는 전업주부를 포기하고 "닥치는 대로" 일을 시작했다. 남편은 결국 사망했다. 빚을 갚고 자녀 셋을 책임지기 위해 그녀는 지금도 건물청소일을 하고 있다. 전에는 줄곧 그런 일을 "밑바닥일"이라고 생각해왔던 터였다.

농사일을 하는 유경희씨 역시 남편이 사망해 혼자 빚을 갚아가며 자녀들을 키워야 하는 처지이다. 하지만 그녀는 이경숙씨나 홍순임씨와는 달리 남편이 살아 있는 동안에도 농사일을 혼자 도맡았다. 남편은 농사일이 늘 적자가 나고 소파동으로 큰 빚까지 지면서 점차 알코올중독에 빠져 거의 일을 하지 않았기 때문이다.

배우자의 사망으로 가정경제와 생활에 크나큰 변화를 겪은 이경숙씨와 홍순임씨, 그리고 유경희씨와는 달리 장현희씨는 오랫동안 경제적 어려움에 시달리다 가족 '해체'를 선택했다. 그녀는 남편이 일하지 않고 가족을 돌보지 않아 어려운 생활이 지속되자 집을 나와 지금껏 아들과 단둘이 살아오고 있다. 집을 나온 이후 지금까지 15년에 가까운 세월 동안 월셋방에서 살고 있지만, 남편과 살 때보다 마음만은 편안하다. 그러나 빚을 청산하고 전셋집을 얻어야 한다.

> 여자가 벌어서 먹고산다는 건, 빚을 갚아가면서 먹고산다는 건 참 여유가 안돼요. 한번 빚지기가 어렵지, 10만원을 지든 100만원을 지든 갚기가 어렵지, 얼마든지 먹고살 수는 있어요. 버는 것만 가지고 먹고살 순 있는데, 빚을 한번 지니까 이게 참 갚기가 어렵더라구요. 지금까지 저는 신용불량자로 살아요.(장현희, 15면)

연구팀이 의도한 것은 아니었지만 홀로 자녀를 키우는 한 부모 가족에 속하는 구술자 7명 중 6명이 여성이었다. 통계로 보아도 여성가구주는 꾸준히 증가하고 있다.[1] 특히 외환위기를 기점으로 급증한 여성가구주 수치는 여성 생계부양자의 수가 늘었다는 것을 보여줄 뿐 아니라, 가계부양에서 커다란 질적 변화가 일어났음을 암시한다. 이는 취업이 어렵고 고임금을 받기는 더 어려운 여성들의 가정이 점차 빈곤해질 수밖에 없음을 말해주는 것이다.[2]

홍순임씨와 이경숙씨가 남편의 사업실패와 사망을 계기로 급격한 생활의 변화를 경험했다면, 장현희씨와 유경희씨는 남편과 함께 살던 당시에도 스스로 생계를 책임져야 했다. 삶의 과정과 경험은 다르지만, 우리 현실에서 여성이 가족을 꾸리고 살아간다는 것이 얼마나 어려운가 하는 점에는 모두 동의할 것이다.

다른 여성가구주 구술자들에 비해 상대적으로 높은 소득을 올리는 교육써비스 일을 하는 최미경씨와 김정은씨는 친지들에게 도움을 받을 수 있기 때문에 여성가구주가 직면하게 마련인 빈곤문제를 피해갈 수 있었다. 그러나 자녀들의 미래와 가족의 온전한 경제적 독립을 고려할 때, 그녀들에게도 '빈곤'은 결코 남의 일이 아니다. 현재의 일자리가 불안정한 만큼 노후생활을 생각하면 뾰족한 수가 없기는 마찬가지기 때문이다.

여성가구주는 과거에도 있었다. 남성가구주 가정에 비해 경제적으로 취약하다는 것도 다들 알고 있는 사실이다. 그러나 오늘날 여성가구주가 주목받는 이유는 더욱 심화되고 있는 빈곤이 무엇보다 양극화에 기인한다는 점 때문일 것이다. 좋은 일자리는 대부분 남성이 차지하고 있는 현실이 생계수단이 얼마나 양극화되었는지, 그 결과가 무엇인지를 너무나 명백히 보여주고 있다.

가족은 모두 일을 한다. 경제위기의 폭풍을 뒤집어쓴 가족들이야말로 어쩌면 가장 열심히 일하는 사람들일 것이다. 그런데 끊임없이 일을 해도 나아지지 않는 현실 때문에 일은 가족을 '경제공동체'의 의무를 다해야 하는 '생계형공동체'로 만들고, 그 생계형공동체는 양극화라는 사다리에서 더 아래로 내려가지 않기 위해 안간힘을 쓴다. 그래서 어떤 가족에게는 행복하고 편안한 집은 광고에서나 볼 수 있는 딴세상 이야기이고, 멋지게 '일하는 여성'은 그림의 떡이며, 다들 그저 "맨 밑바닥 일"을 하는 '엄마-생계부양자'일 뿐이다.

나이 지긋한 구술자들은 '일을 할 수 있을 때까지 하겠다'고 말한다. 그들에게 노후생활이란 빠듯하게 사는 자식들에게 기대지 않고 자기 힘으로 살아가는 것을 의미한다. 젊었을 때 열심히 일하고 자녀를 분가시킨 후 배우자와 함께 국내외로 여행을 다니거나 시설 좋은 실버타운에 들어가는 것은 꿈도 꿀 수 없는 일이다. 그들은 젊은 시절 내내 쉴 틈 없이 일하며 보냈지만 노인이 된 지금까지도 생활비를 걱정하는 처지다.

황종수씨(62세)는 자그마한 사업들을 꾸려오다가 벌이가 시원치 않고 나이가 들자 다른 일을 구하지 못해 아파트경비일을 하게 되었다. 박영국씨(65세) 또한 칠십을 바라보는 나이에 아파트경비를 맡고 있다. 그들은 젊은 시절 넉넉지 못한 가정형편으로 힘들게 가족들을 부양하고 자녀들을 키워왔지만, 노후에도 쉬지 못하고 계속 일하고 있다. 김성자(56세)씨는 주변에 들어선 대형마트 때문에 텅 빈 슈퍼마켓을 지키면서 앞날을 걱정하고 있다. 김성자씨를 비롯한 50~60대 구술자들은 그저 주어진 일자리에 감사하며, 적은 수입 때문에 생활비의 상당부분을 자녀에게 의지하고 있었다.

슈퍼마켓은 김성자씨가 젊은 시절 노후를 위해 준비한 '용돈벌이' 수단이었다. 그러나 남편의 수입이 불안정해지자 슈퍼마켓이 가계의 주 수입원이 되었다. 하지만 슈퍼마켓은 전과 달리 거의 수익을 내지 못하는 동네 구멍가게가 되어버렸다. 게다가 아직 갚을 빚이 많은 신용불량자인 그녀는 딸의 수입으로 생활비를 충당하고, 딸의 카드로 가게에 들어오는 물건 값을 치르곤 한다.

(남편이 지역에서 아는 사람이 많아 경조비가 많이 나가므로) 예상을 못해.

구술자들은 자녀를 키우면서 살아온 세월, 그저 눈앞의 현실을 살아
내기에도 빠듯한 인생을 살았으면서도, 한결같이 '자식에게 신세 지고
싶어 하지는' 않았다.

자녀들이 모두 성장한 고령자들과는 달리 아직 학령기의 자녀를 둔
구술자들에게 노후는 먼 미래의 얘기인 것 같다. 돈을 벌 수 있을 때 노
후를 대비해야 한다는 생각은 굴뚝같지만, 자녀들의 교육비와 생활비 때
문에 현재로서는 엄두도 내지 못하고 있다. 작년이나 올해나 다름없는
월급봉투는 아랑곳하지 않고 치솟는 생활비와 교육비를 감당하기 위해
선 힘닿는 대로 최대한 많이 일해야 한다. 장시간 노동과 주말 특근을 자
청하는 조중호씨도, 낮에는 사무실에서 밤에는 대리운전으로 투잡인생
을 사는 이진우씨도, 모두 부양해야 할 가족을 위해 일벌레가 되어야 한
다. 가족을 위해 '평생을 일했다'는 이성찬씨는 부친이 일찍 돌아가시자
어머니와 어린 동생들을 돌보기 위해 고등학교 1학년 때부터 신문배달
을 시작했다.

돌아가시고. 동생들이 많으니까 같이 인제. 장남으로써.(이성찬, 17면)

어린 시절부터 가족의 생계를 위해 일해온 이성찬씨처럼 예나 지금이나 힘들게 사는 구술자들은 무엇보다 자녀들이 '빈곤의 덫'에서 벗어나기를 간절히 바란다. 그들은 자신의 삶에서 빈곤이 대물림되는 현실을 뼈아프게 경험했다. 더는 빈곤을 물려주지 않겠다고 다짐한 부모들은 모든 관심을 자녀들의 교육에 쏟을 수밖에 없다. 물론 김성자씨가 지적하듯 대학을 졸업해도 갈 곳 없는 청년들이 많고, 그래서 일부러 졸업을 미루는 학생들이 늘어나고 있지만, 대학졸업은 이제 특권이 아닌 필수다. 그래서 자녀교육은 빈부차이를 떠나 모든 가족들의 핵심 관심사이다.

아들내미가 중3이고, 딸은 초6이고. 사교육비가 많이 나간다고 하는데 둘 다 학원을 보내는데 수입이 없을 때는 학원비를 못 내요. 학원을 끊자 그러면, 애들이라는 게 다른 애들이 다 학원 과외 다니는데, 친구들이 떨어져나가는 거예요. 한번은 딸애한테 학원 당분간 쉬자 했더니, 말을 못하고 고개 숙이고 눈물만 흘리더라고요. 그거 보는데 부모 되는 입장에서 그냥 가라고, 공부 열심히 해라. 그리고는 또 보내는 거예요. 카드로 빼가지고 주고.(이진우, 19면)

말없이 눈물 흘리는 딸을 보며 이진우씨는 또 카드빚을 낸다. 이렇게 이진우씨를 포함해 주변의 덤프트럭기사들은 언제라도 신용불량자가 될 준비가 되어 있다. 사내하청 노동자인 조중호씨는 자녀들이 다니는 대학 인근에 전셋집을 얻어주기 위해 자신의 형편으로는 무리한 부담을 지고 있다. 자녀들의 분가 때문에 늘어난 생활비와 교육비에 보태기 위해 그의 부인은 식당일을 나가고 있지만, 늘어난 가계 부담을 어쩌지 못해 조만간 다시 합칠 계획이다.

혼자 농사일을 도맡아 하는 유경희씨는 아무리 바빠도 절대 자녀들을 일터로 부르지 않는다.

난 절대 (농사) 못하게 할 거야. 밤 주울 때도 애기손도 필요하다 그러잖아요. 얼씬도 못하게 해. 이거 보면은 나중에 커서도 이거 한다고 덤빌까봐. 너네 절대 이 길로 나서서는 안된다고 귀에 못이 박히게 가르쳐요. 나중에 서울 가서 머리 굴리면서 펜 들고 일하든지 공장에서 햇볕 뜨겁지 않게 햇빛 막아주는 데서 일하라고. 나는 안 도와줘도 되니까 제발 좀 하지 말라는 거야, 시골에서.(유경희, 42면)

그녀는 '펜 들고 일하게' 할 것이라고 여러번 힘주어 말했다. 그녀에게 농사일이란, 죽고 싶을 만큼 힘들면서도 아이들 먹여 살리기 어려운 '지긋지긋한 일'이다. 그러나 한편, 도시로 간다 한들 뾰족한 수가 생기지 않을 것 같아 마음이 무겁다.

갑작스레 닥친 외환위기 때문에 임대사업이 어려워져 딸을 상고에 보내야 했던 황종수씨는 지금도 마음이 아프다. 혼자 세 딸을 키운 홍순임씨 역시 돈 때문에 딸들을 4년제 대학에 보내지 못한 것이 지금까지 가슴에 맺혀 있다고 말한다. 자녀들을 4년제 대학에 보내는 것은 자신보다 나은 삶을 선사하기 위한 최선의 뒷바라지였을 것이다.

그런데 가족에 대한 기대와 책임감은 부모세대뿐 아니라 자녀세대에도 선택에 중요한 영향을 미치는 요소이다. 김영훈씨는 비장애인처럼 살기를 바라는 부모의 기대에 부응하기 위해 많은 노력을 해왔다. 대학에도 진학했고, 어려운 과정을 거쳐 지금의 일자리도 얻었다. 그는 그런 삶이 세상과 소통하고 자신이 살아가는 방법이라 생각하고 있다. 그런데 그가 "부모님 말씀대로 취직"할 것을 선택한 결정적 계기는 집안이 어려워져서였다. 오현우씨 역시 마찬가지이다.

좀 그때(대학) 고민했던 것은 시민단체나 이런 데서 일을, 크게 경제력 없이 하고 싶은 일을 하느냐 아니면 취직해서 돈을 버느냐 이거를 먼저 고민을 했던 것 같아요. 저는 이제 가족의 빚도 있고 이렇기 때문에 돈을 벌어야 한다는 생각을 좀 했었고 취직을 해야겠다는 생각을 했죠. 개인적인 삶에 대한 고민보다는 일단은 경제적으로 갖추어야겠다는 생각을 했었고, 그거는 가족들이 가지고 있었던 기대라고 봐야지 될 것 같아요.(오현우, 8면)

대학시절 접했던 사회운동 쪽으로 갈까 진로를 고민했던 오현우씨는 가족의 빚을 책임져야 한다는 의무감으로 일반회사에 취직하기로 했다. 이들에게 개인적 삶의 목표는 가족의 빚이나 경제적 어려움보다 우선시될 수 없는 것이었다.

이진우씨는 가족들의 반대로 노동조합활동을 활발하게 할 수 없어 아쉬워하면서도, 가족의 생계와 아이들의 시선을 의식하여 '먹고사는 일'을 우선순위에 놓게된 자신의 변화를 솔직히 털어놓는다.

어디 가서 (노조)일 하는 게 힘들죠. 텔레비전 한번 나와가지고 우리 장인어른 한번 쓰러지시고, 집에서 또 이혼까지 할 뻔했고. 왜냐하면 파업 한번 들어가면 노숙도 해야 하니까 집에를 못 들어가요. 일은 안하고 만날 파업한다고 집에도 안 들어온다고 이혼하자는 소리도 듣고. 주차딱지도 떼이고 여러 가지 피해를 많이 보죠. 전에는 연대(활동) 가자 하면 연대도 다녀주고 했어요. 하도 다니다보니까 너무 일을 못하다보니까 나도 인제 먹고살고 해야 하니까. 요즘은 일 좀 하느라고 거기에 좀 등한시하고, 참여가 좀 저조하죠. 애들은 아직 초등학교 뭐 큰애는 중3인데 큰애 같은 경우에는 차에 뭐 스티커

같은 거 붙이고 다니면 아빠 파업해? 왜 그냐고 물으면 파업하면 집에도 안
들어오잖아. 그런 게 또 있어요. 인제 집사람이 애들 보기 안 좋다, 하지 마
라, 앞에 나서지 마라(그러죠).(이진우, 17면)

가족의 경제적 상태에 따라 '원하는 일'을 할 수 있느냐 없느냐가 갈
리기도 한다. 물론 빈부차이에 따라 선택 방식은 상이하게 나타날 것이
다. 소수의 부유한 가정에서는 돈과 명예를 기준으로 일자리의 가치를
판단할지 모른다. 하지만 대다수 가정에서는 생존이 우선이어서 일자리
선택이 매우 제한적일 수밖에 없다. 가족을 부양하고 빚을 갚기 위해 자
신의 이상과 만족을 추구하기보다는 돈을 벌 수 있는 일을 찾고, 돈벌이
와는 거리가 멀다고 생각되는 일은 피해야 하는 법이다. 가족들에 대한
책임과 불투명한 자신의 미래는 우리가 무엇을 위해 일하는가를 자꾸만
잊게 만든다.

말 없는 가족들

한국에서도 출간된 앤서니 브라운의 동화 『고릴라』에는 일하느라 바
빠 자녀와 시간을 보낼 수 없는 아빠 이야기가 나온다. 이 이야기는 지난
해 강정연의 『바빠가족』으로 진화하여 우리에게 다시 돌아왔다. 자녀를
위해, 가족의 미래를 위해 너무나 많은 시간을 일해야 하는 우리 구술자
들은 모두 『고릴라』에 나오는 한나의 아빠 또는 『바빠가족』의 주인공
이다.

힘들긴 힘든가봐요. 이제는 맞벌이 안하면 못 살잖아요. 맞벌이 다 하잖아요.

한 사람은 교육비 벌어서 담당을 하고 한 사람은 다른 걸로 이렇게 하고. 그렇게 하시더라고. 주변에서 보면.(이경숙, 22면)

이경숙씨의 말처럼 이제는 부부가 맞벌이를 하지 않고서는 살아가기가 어렵다. 그 결과 우리들의 집은 텅 빈다. 어른들을 일하러 나가고, 아이들은 미래에 잘 팔리는 노동자가 되기 위해 학교나 학원으로 간다. 이창석씨는 주5일제가 죄다 거짓이라고 한다. 최형철씨 같은 대기업 정규직 노동자들 상당수가 명절 때조차 공장 가동률을 높이기 위해 일하러 나가야 한다.

뭐 아닌 말로 다람쥐 쳇바퀴 돌듯이 일하고 들어오고 출근하고 들어오고, 참 힘들죠. 내가 이렇게 힘들게 사니까 일 다니면서 바깥에 여가시간을 생각도 할 수도 없고. 작은 애는 고2인데 걔를 어떻게 가르치고 어떻게 등록금을 준비해야 하나 머리가 아파.(김수택, 36면)

김수택씨는 자신의 일상을 '다람쥐 쳇바퀴 돌기'로 표현한다. 그는 새벽 4시 30분에 기상하여 일을 얻기 위해 인력회사로 나간다. 하루 종일 공사현장에서 일하고 돌아오면 피곤해서 잠자기 바쁘다. 매일매일을 그렇게 살다보니, 눈 뜨면 길을 나서고, 일하고 돌아오면 집에서 잠을 자는 생활이 되풀이된다.

이성찬씨와 강재섭씨 역시 마찬가지다. 하루 12시간 이상 일하는 사람들은 다른 가족들과 밥 한끼 같이 먹기가 쉽지 않다. 일이 끝나고 들어가면 잠든 아이들 얼굴을 보게 마련이고, 아이들이 잠에서 깨기 전에 집에서 나오거나, 지친 나머지 아이들이 등교한 후에 일어나 일터로 나간다. 많은 사람들에게 집은 잠만 자는 하숙방처럼 되어간다. 때문에 주말은 모자란 잠을 몰아 잘 수 있는 절호의 기회이다.

일요일 날은 집에서 그냥 자죠. 오전 내 11시, 12시까지 자다가. 잠이 너무 부
족하니까. 일하고 새벽 3,4시까지 일하다보면은 한달을 막 이렇게 늦게 일하
다보면은 잠이 부족하잖아요. 그래서 일요일 날은 주로 잠을 많이 자고, 몸이
이제 안 따라주니까 집에서 쉬죠. 텔레비전 보다가 컴퓨터 좀 하다가 또 졸리
면 자다가. 애가 불만이 많죠.(강재섭, 14면)

서로 얼굴 한번 제대로 볼 시간이 없으니, 가족의 대화는 줄어들 수밖
에 없다. 하루 종일 일터에서 시간을 보낸 후 집에 돌아오면 몸은 천근만
근이 되어 쉬기 바쁘다. 실제 지난해 한 취업 포털사이트에서 직장인
1500여명을 대상으로 조사한 결과에 따르면 가족간 대화가 30분 미만인
경우가 응답자의 절반(48퍼센트)에 가까운 것으로 밝혀졌다.

최민호씨는 공무원과 교원임용고시를 준비하기 위해 오랫동안 집을
떠나 고시원을 전전하느라 가족들과 떨어져 지낸 지 오래다. 그나마 어
머니와는 대화를 하지만, 늘 일하러 나가 만날 기회가 없는 아버지와는
언제 대화를 나누었는지 기억하기조차 어렵다. 최민호씨의 가족처럼 많
은 가족들은 대화가 부족한 만큼 서로 이해하기 힘들다. 가족이기 때문
에 모든 것을 이해한다는 것은 그저 막연한 기대일 뿐 현실은 결코 그렇
지 않은 듯하다.

더욱이 덤프트럭을 운전하는 이진우씨, 노점을 하는 이성찬씨, 그리
고 건설일용직 이창석씨와 김수택씨의 경우, 비오는 날이 휴일인지라 가
족들과 휴가 한번 가본 적이 없다. 그래서 이진우씨는 남들 다 쉬는 휴일
만 되면 가슴이 아프고, 이성찬씨는 비가 오면 집에 홀로 남아 '전업주
부가 되거나' 하루 종일 술을 마신다. 이성찬씨는 일을 마치고 집에 돌아

와 잠든 자녀 얼굴을 물끄러미 바라보다 문득 '가족이 없다'는 생각을
하게 되었다.

> 아침에 일찍 나가고 늦게 들어가고. (부인이) 식당일을 하니까, 나보다도 늦
> 게 들어오니까. 그러니까 예를 들어서 아침에 뭐 9시에 출근해가지고 집에
> 들어가면 (밤)12시, 1시니까, 가족이 없잖아. 그러면 애들은 얼굴 한번 보고
> 자고. 거기에 대해서 인제 좀, 이게 사는 게 이게 뭔가, 생각을 했을 때. 그래
> 서 그런 거는 포기를 하고. 그런데 인제 어느 순간 그 갱년기가 되다보니까
> 부부하고 싸우게 돼. 그래서 이혼 위기가 오더라 이거야. 그게 누구나 오는,
> 한번은 오는 건데. (…) 부부는 남이라고 생각을 해야지.(이성찬, 4면)

게다가 이성찬씨는 그가 노점일을 시작할 무렵 부인이 식당일을 시작
하면서 가사일에 공백에 생겨 '집안이 엉망'이라고 느꼈고, 부부간의 대
화는 더욱 줄어들어 결국 '부부는 남'이라고 생각하는 쪽이 오히려 낫다
는 결론에 이르렀다. 이런 갈등은 비단 이성찬씨 가족만의 문제는 아니
다. 가족을 위해 경제활동에 뛰어든 여성들은 예전과 다름없이 자신의
책임으로만 남겨진 가사노동에 대한 부담으로 일과 가족 사이에서 갈등
하며, 모두를 잘해내는 슈퍼우먼이 되기 위해 노력해야 한다.
　대다수 노동자들이 유례없는 장시간 노동을 하고, 자신은 물론 가족
들을 돌볼 수 없는 무서운 현실에 문제가 제기되어, 최근 학계 연구자들
과 정부 당국자들이 '일–가족 양립'에 큰 관심을 갖고 정책을 마련하고
있다. 그러나 가사노동을 여성의 책임으로 여기는 인식의 변화와 가족의
다양성에 대한 이해가 없다면 '일–가족 양립'은 구호에 그칠 수밖에 없
다. 아직은 자녀가 없지만 부인과 자신을 위해 쉴 시간이 필요한 최형철
씨나, 자녀는 성장했지만 내내 일하느라 자신을 위한 시간을 전혀 가질

수 없는 장현희씨는 일과 삶의 조화를 절실히 원한다.

박명숙씨는 자신이 경제활동을 함에도, 아무도 책임지지 않는 집안일을 하느라 늦은 밤에도 빨래와 청소를 하고, 반찬거리를 만들어놓고서야 잠자리에 들 수 있다. 이는 가족을 돌보는 것은 여성이라는 고정관념 때문이다. 그러므로 '일-가족 양립'은 가족구성원이 자기 자신의 삶을 일과 조화시킨다는 인식을 갖고, 가족을 돌보는 일에 동참해야만 이룰 수 있다.

학교에서 돌아오는 아이들을 맞아줄 '엄마'들이 돈 벌러 나간 탓에 집 열쇠를 목에 걸고 다니는 아이들이 집중보도된 적이 있다. 한편에서는 자녀교육을 위해서 여성들을 다시 가정으로 돌려보내야 한다고 주장하기도 했지만, 이는 성별분업을 옹호하고 여성의 일할 권리를 무시하는 성차별적 주장에 지나지 않는다. 물론 빈 집은 각박한 현실을 보여주는 단면이라 할 수 있다. 그러나 텅 빈 집은 생활공간이 비어 있다는 문제보다는, 관계 자체를 잃어가는 가족공동체의 현주소를 생각하게 한다.

다람쥐 쳇바퀴 도는 듯한 일상생활에서 집은 점차 '잠자는 곳'으로 변질되고—물론 여성에게는 또다른 일터이지만—가족을 위해 일해왔던 많은 노동자들은 무엇을 위해 일하는지 의미를 찾지 못하고 있다. 이는 가족 중 누군가 집을 지킨다고 해서 해결될 문제가 아니다. 함께 사는 이들과 행복하게 살아보려는 작은 소망조차 지키기 어려워진 현실, 가족을 위해 끊임없이 일하지만 정작 가족의 의미를 상실케 하는 이 기막힌 삶의 조건을 어찌할 것인가. 서로를 위해 살아가는 사람들이 서로에게서 소외되고 있는 것이다.

'가족' 양극화? '이혼'도 양극화

　직장 동료나 지인의 소개로 만나 결혼한 구술자들은 결혼시 배우자와의 경제적 차이 때문에 어려움을 겪은 경우가 거의 없었다. 이른바 '결혼시장'이 경제적 여건이 비슷한 사람들로 형성되기 때문이다. 그러다보니 종종 언론에 소개되는 연예인이나 부유층의 호화스러운 결혼식이 사회 양극화의 한 단면으로 비치기도 한다. 게다가 서울 강남의 부유층 자녀들이 명문대학을 독차지하는 현실은 이제 교육도 심각하게 양극화되어 있음을 잘 말해준다.

　지금 어렵게 살고 있는 구술자들은 대개 어린 시절부터 넉넉지 못한 가정에 대한 기억을 갖고 있다. 부모님의 사업이 기울어 어린 시절을 힘들게 보냈던 김영훈씨, 영세농가 출신으로 소파동 때문에 고생했던 김정은씨와 조상구씨, 부모가 보따리장사로 객지생활을 하느라 홀로 지내야 했던 이진우씨는 현재도 부모세대와 크게 나아진 게 없는 생활을 하고 있다. 조중호씨처럼 비교적 넉넉한 가정에서 성장했다가 사업실패 등으로 과거보다 빈곤해진 경우도 있다. 하지만 좋은 일자리에 종사하는 구술자들은 대부분 어린 시절 '큰 어려움 없이, 여유로운' 가정생활을 영위했다. 김한성씨와 변형진씨, 그리고 최형철씨가 지금의 고임금 일자리를 얻은 데에는 비교적 여유 있는 집안 덕분에 고학력과 취업 관련 자격증을 취득할 수 있었던 점이 유리하게 작용했다. 이처럼 가족의 빈부차이가 다음 세대의 경제적 형편을 결정하는 데 중요한 영향을 미치는 것이다.

　일반적으로 저소득층에 속하는 가족이 경제위기의 충격으로 인한 생활여건의 악화를 가장 혹독하게 경험했다. 그 결과 경제위기로 날카로워진 갈등은 가족의 해체로 이어지기 쉽다.[3] 지난해(2007년) 어느 일간지에서는 '이혼도 양극화'[4]라는 제목으로 미국에서 최근 수년간 상류층의 이혼이 감소한 반면, 저소득층의 이혼율이 빠르게 증가했다고 보도했다. 요즘 우리사회 역시 크게 다르지 않은 듯하다. 통계청에서 집계한 사유별 이혼건수를 보면, 외환위기 직전인 1996년 총 이혼건수 7만 9895건 중 첫번째 사유가 부부불화로 6만 6583건이었고, 두번째 사유가 기타였으며, 세번째 사유가 바로 경제문제(2819건)였다.[5] 그런데 외환위기 직후인 1998년에는 경제문제가 7714건으로 무려 1996년의 2.7배에 이르렀다. 1997년과 1998년 사이 이혼율 상승폭 자체가 컸지만, 이 문제가 이혼율 급증의 가장 중요한 원인이라는 데 이견이 없을 것이다. 2000년부터 통계청 조사에서 이혼사유 항목이 다양해졌기 때문에 그 이전과 단순비교를 할 수는 없으나, 2005년에도 이혼사유 중 경제문제는 1만 9132건으로 1998년과 비교해 약 2.5배 상승했다. 취약계층이 경제적 어려움을 가장 크게 겪을 터이므로, 가족공동체의 붕괴에서도 양극화의 냉혹한 논리가 그대로 작동하는 것을 확인할 수 있다.

가족을 기능적으로 바라보는 연구자들의 시각이 있다. 그러나 우리가 함께 살아가는 가족이란 단순히 기능적인 것만은 아니다. 그럼에도 가족공동체를 유지하기 위해서는 안정된 물적 토대가 요구될 수밖에 없다.

제가 사실 돈문제 때문에 힘들었던 적이 많아요. 왜냐하면 내가 나올 때 아들 손만 잡고 나왔어요, 사실. 우리 애기아빠가 무능력해요. 그래서 헤어져 생활한 거거든요. 사실 내가 싫어서 못 살았어요. 왜? 능력이 없어서 벌이가 마땅치 않고 아프단 소리만 하고 그러니까. (면접자: 원래 하시던 일은?) 남편이 원래 하던 일은 없었어요, 별로. 시골 노총각한테 선보고 그냥 간 거 있잖아. 선보고 갔었어요. 저도 별로 친구들이 없었어요. 가끔 교회친구들이나 보고 그랬었는데 선보고 결혼하는데, 시골 그 집안이 그렇더라고 보니까. 그 당시에 내가 가지고 나올 돈도 없었거니와 남편한테 받을 돈도 없었어요. 그 집도 아무것도 없이 아들 손만 잡고 집을 나왔다는 장현희씨는 무능력했던 남편과 함께 사는 것보다 아들과 단둘이 사는 쪽을 택했다. 남편이 알코올중독으로 농사일을 하지 않아 자신이 가계를 책임졌던 유경희씨는 남편의 사망으로 홀로 아이들과 살게 되었지만, 남편과 함께 살았을 때가 지금보다 힘들었다고 한다. 남편의 사업실패와 오랜 수험생활로 생계가 어려워지자 집을 나갔다는 조상구씨의 부인도 어쩔 수 없이 힘든 결정을 내려야 했을 것이다.

가정을 꾸리는 데 경제문제가 중요하다는 것은, 결혼을 했으나 걱정이 앞서 아이 낳기를 미루고 있는 최형철씨에게도 마찬가지이다. 아이를 빨리 낳고 싶지만 "키우기가 무섭다"는 그는 금전적으로 부담이 안되도록 하나만 낳을 계획이다. 그는 현재 대기업 정규직 노동자이지만, '길면 7년'이라는 대기업 일반사원의 입장에서 자신의 미래가 매우 불투명하다고 약간 건조한 말투로 이야기한다. 이는 누구나 다 아는, 그러나 어쩔 수 없는 현실이다. 미래가 불투명해서, 금전적인 부담이 가지 않을 만큼만 가족을 꾸려야 한다는 그의 말에서, 자녀를 키우기 힘들어 출산을 미루거나 포기하는 젊은 부부들의 고민을 읽을 수 있다.

결혼과 출산은 과거에는 삶의 일부로 당연시했으나 지금은 선택사항으로 인식이 바뀌고 있다. 자녀양육에도 엄청난 돈이 드는 현실에서 출산을 늦추거나 포기하는 것은 어쩌면 당연한 일이다. 그러므로 이혼율 증가, 결혼 기피, 저출산 경향을 단순히 부정적인 변화로 간주해서는 안된다. 그보다는 그런 선택을 할 수밖에 없는 환경과 점차 다양해지는 삶의 양상을 이해할 필요가 있다.

가족은 다양한 형태로 존재한다. 이른바 '정상 가족'이라 불리는 부부와 자녀를 중심으로 이루어진 가족에서부터, 한 부모 가족, 동성 또는 이성의 배우자로 형성된 동거 가족, 비혈연공동체 가족, 단독 가족과 비혼모/부자 가족까지, 매우 다양하다. 이처럼 세상이 변하고 있지만, 부익부 빈익빈의 불평등구조는 변함없이 수많은 가족들을 짓누르고 있다.

가난한 어린 시절을 기억하는 구술자들은 지금도 예전과 다르지 않게 살아가고, 외환위기의 광풍에 내몰려 가족이 뿔뿔이 흩어지는 아픔을 겪기도 했다. 그다지 넉넉지는 않았지만 전업주부로 살던 구술자들은 남편과의 이별과 함께 '여성의 빈곤화'에 내몰릴 수밖에 없었다. 고령임에도 당장 생활비를 벌어야 하는 사람들은, 좋은 집안에서 태어나 좋은 교육을 받고 비슷한 지위의 배우자를 만나 편안한 노후를 위해 저축하는 '부자 가족'을 볼 때, '가족의 부익부 빈익빈'을 실감한다. 명문대학 입학도 소위 강남권이 접수한 지 오래고, 일자리 부족으로 대학을 졸업해도 취직하기 어려운 탓에, 자식 하나 대학 보내 집안을 일으켜 세우기를 기대하던 것도 옛날옛적 이야기다. 모두가 얼굴 볼 틈도 없이 일해야 겨우 살아갈 만하니, 우리가족들은 이제 모두 신(新)이산가족이 되었다.

혼자 벌어도, 둘이 벌어도 힘들기는 마찬가지다. 그럼에도 우리는 함께 살아가는 이들과 희망을 꿈꾼다. 집은 텅 비었고, 가족과 깊이 있는 대화를 해본 기억은 없지만, 가까운 사람들과 힘을 주고받는 공간이 있어야 한다는 소박한 소망은 여전히 남아 있다. '가족도 양극화'되는 오늘이지만, 누구에게나 쉴 곳, 힘을 얻을 곳이 필요하기 때문이다.

우리시대 행복찾기

9장

우리를 살게 하는 것들

구술자들은 지금 세상이 '돈이 돈을 낳는 사회'라는 사실을 뼈저리게 느끼고 있다. 가진 것이 적은 사람들은 저임금 노동과 고용불안에 시달리고 있으며, 정규직 대기업 노동자들 역시 살벌한 경쟁사회에서 하루하루 살아가기 고단한 것은 마찬가지이다. 열악한 일자리라도 절박한 마음으로 사수해야 하는 보통사람들은 살아남기 위해 쉼 없이 일해야 한다.

솔직히 나 같은 경우에는 희망이 안 보여. 아닌 말로 내 수중에 돈이 어느 정도 있고 이 돈을 어떻게 이용해서 좀 나은 생활을 해볼까 하는 생각도 가질 수 있지만 내 경우는 그럴 능력도 안되잖아. 그러니까 생각이 나질 않아. 생각이 난다는 것은 수중에 돈 있는 사람들은 그 돈에 맞춰서 생각을 할 수 있지만은. (면접자: 그 돈을 불려보려고 한다든가) 그렇죠. 근데 나 같은 경우에는 뭐도 없는데 괜히 헛물만 켜는 거죠. 그러니까 나는 그래요. 지금 살고 있는 게 주어진 시간에 열심히 살아야겠다는 생각만 갖고 있지. 돈이 돈 벌고 몸뚱이 갖고 돈 벌기 힘드니까, 몸뚱이 가지고 최선을 다해야지 어떻게 합니까?
(김수택, 40면)

희망도 돈이 있어야 보인다는 김수택씨의 말은 이렇게 힘든 상황에서
도무지 벗어날 길이 없는 사람의 절박한 심정을 잘 드러낸다. 하지만 그
는 절망적인 현실 속에서도 '주어진 시간을 열심히 살아야 한다'는 생각
으로 자신을 추스른다. 삶이 너무나 힘들어 죽을까 생각도 했던 박명숙
씨도 자신의 도움이 필요한 할머니를 간병하기 위해 일하러 나선다. 농
사짓기가 힘들어 농약을 마셨다던 유경희씨 역시 내일이면 좀더 자라날
자녀들의 잠든 모습을 바라보며 삶의 의욕을 되살려본다. 일은 힘들고
삶은 버겁지만 그들은 희망의 끈을 놓지 않고 있다. 그들로 하여금 하루
하루를, 그리하여 삶을 버티게 해주는 것은 무엇일까?

가족이 있기에 '살아야겠구나'

홍순임씨는 사업실패로 많은 빚을 졌던 남편이 사망하면서 어느 날
갑자기 아이들을 먹여 살려야 하는 가장이 되었다. 그저 죽고 싶은 마음
밖에 없던 그때, "정신을 가다듬게" 한 것은 "나 없으면 거지"가 되고 말
아이들이었다.

내가 당시에 몸도 그렇게 강한 체질, 건강한 몸도 못 됐는데 애들 아빠한테
시달리고 뭐 이러고저러다 보니까, 내가 싫어져가지고 죽을 만큼 괴롭더라고
요. 근데 애들을 보는 순간, 아이고 갑자기, 살아야겠구나, 저게 나 없으면 거
지구나 그런 생각을 하면서 이제 다시 정신을 가다듬고.(홍순임, 2면)

어린 세 딸들을 보고 "살아야겠구나" 하고 정신이 번쩍 들었던 그때부터 지금까지도 홍순임씨는 열심히 일하고 있다. 딸들은 이제 다 자라 제 길을 가고 있다. 그녀는, 엄마가 고생한 것을 알아주고 자기 앞길을 잘 개척해가는 딸들을 보면서 그동안의 고생스러운 삶이 보람 있었다고 생각한다.

아무것도 가진 것 없이 상경한 장현희씨에게 크나큰 힘이 되어준 것도 어린 자녀였다.

어려워서 힘들고 살기 싫을 때도 있죠. 똑같은 생활을 하는데. 어떤 때는 회의가 느껴져요. 10년 이상 내가 이 일을 했어도 만날 제자리, 다람쥐 쳇바퀴 돌듯 그 자리예요. 나아지는 건 하나도 없고. 그런데 또한편으로 생각하면 우리 아들 쬐끄만 거 데리고 나와서 저렇게 큰 거 보면 마음이 좀 편해요. 아들 때문에, 우리 아들 때문에 더 열심히 살려고 했고 일을 더 열심히 했던 거 같아요. 우리 아들이 없고 나 혼자였다면 되는 대로 살았을 거 같아요. 그런데 이제 아들이 있기 때문에. 자식이 있으면 많이 의지가 돼요. 그 자식 때문에, 키우려고, 잘 키우려고. 어쨌든 간에 데리고 나왔기 때문에 걔를 책임져야 하고. 사실 살아가는 데 그게 많이 힘이 됐던 거 같아요. 자식이 있다는 게. 돈은 많이 못 모았어도, 자식……(장현희, 16면)

혼자였다면 이렇게까지 열심히 살지 못했을 거라는 장현희씨의 말은 어린 아들이 그녀에게는 삶을 버티게 해주는 '최후의 보루'였음을 느끼게 한다. 장현희씨의 삶은 남편의 사망 후 "엄마로서의 삶"만을 살아온 홍순임씨의 모습과 닮았다. '돌보고 책임져야 할 존재'로서의 자식이 오히려 '힘'이 되는 이 역설은 특히 여성들에게 매우 강력한 삶의 동기가 된다. 다만 장현희씨의 경우, 홍순임씨와는 달리 아들이 스무 살이 되도록 직업 없이 방황하고 있어 걱정이 많다. 일하러 다니느라 아들의 유년 시절을 곁에서 돌봐주지 못한 탓에 아들이 학업에서 멀어졌다는 생각이 들어 가슴이 아프다.

가족에 대한 책임감이 삶의 버팀목이 되는 것은 아버지들도 마찬가지다. 술, 담배도 않는다기에 웃으며 "그러면 삶의 낙이 없지 않느냐?"고 위로 삼아 던진 말에 김수택씨는 이렇게 대답했다.

> 그러면 가족 얼굴 쳐다보고 살아야지. 낙이라기보다도 그건 가장의 책임이죠. 내가 여유 있을 적에 내 시간을 찾아야지, 지금 형편이 그렇지 못하니까. (김수택, 38면)

박명숙씨 역시 한때 1억이 넘는 빚 때문에 스스로 목숨을 끊으려 했지만, 눈앞에 아른거리는 가족들이 있어 새 일을 찾고 활기찬 삶을 계획할 수 있었다. 강재섭씨 또한 홀로된 노모가 일생 동안 자식들을 키워온 은혜를 떠올리면 이제 자신이 노모를 보살펴야 한다는 생각을 갖게 된다고 한다.

그런데 가족에 대한 책임감으로 현실의 어려움을 견딘다 하더라도 서로 이해하지 못하면 그저 가족이 멍에로만 여겨질지도 모른다. '가족이 없다'고 느꼈던 이성찬씨는 대화를 나눌 대상이 없기 때문에 가족에 대한 기대도 없다고 말한다. 반면 가족에게서 힘을 얻는다는 조중호씨, 김한성씨, 김성자씨, 박명숙씨, 그리고 김수택씨의 공통점은 서로 고통을 나누고 대화 시간을 마련하기 위해 노력한다는 점이다.

> 학교를 졸업하고 컬렉션을 해서 부모님 초대해서 보여드리고 하니까 어머니

가 되게 좋아하시고 그런 모습 보시고 저를 인정해주시더라구요. 제가 힘들
때 되게 힘나게 해주세요. 아버지가 되게 멋있는 말들을 해주시더라구요. 최
근 들어서 되게 힘 됐던 게 며칠전에 아버지가 전화를 하셨더라구요. 아들아
니 미니홈피 방명록에 글 남겼다. 무슨 소리예요 아빠? 보니까 아버지가 홈페
이지를 만드셨더라구요. 미니홈피. 기분이 되게 좋더라구요. 방명록에 아들
아, 사랑한다. 힘내라. 아 너무 좋아서 방명록 글을 제 메인에 착 붙여놓고,
봐라 우리 아빠 이렇다. (이주형, 14면)

모델과 연기자 지망생으로 불안정한 생활을 하고 있는 이주형씨지만
생각하는 것만으로도 입가에 미소가 도는 가족의 말 한마디가 꿈을 향해
한걸음 내디딜 수 있게 해준다. 잘 자란 딸들의 따뜻한 위로는 힘겨웠던
이경숙씨의 과거를 거뜬히 보상해주고도 남는다. 박명숙씨는 '남편을
너무너무 사랑한다'고 믿음에 찬 목소리로 말한다. 앞으로 열심히 일해
서 남편과 행복하게 살고 싶다는 그녀에게서 그 무엇보다 강한 희망이
엿보인다.

이웃과 동료라는 힘

가족만큼이나 우리 가까이 있는 사람들은 이웃, 그리고 함께 일하는
사람들이다. '이웃간의 정'이 사라진 지 오래라고들 하지만, 한 동네에서
오래 살아온 슈퍼마켓 주인 김성자씨는 여전히 돈독한 이웃간의 정 때문
에 피곤함도 잊고 항상 웃을 수 있다고 말한다.

(빚이) 남아 있어. 그래서 힘들고. 근데 인제 이렇게 장사하고 여러 사람이 하

는데도 힘들어도 여기 이웃이 되게 좋아. 여기는 진짜 가게 시작하면서 김장을 안하고 살아. 이웃이 좋아서. 김장해갖고 한통씩 주고 그러니까 여태 안했어. 가게를 하고서는 김장 안하고 살아. 무슨 일만 있으면 진짜 아까같이, 그분은 나이 많이 잡수셨어. 70이야. 그 할머니 같은 분도 진짜 하다못해 무슨 국, 된장국을 끓여도 이리 갖고 오셔. 그리고 이웃이 이렇게 좋아서 이웃 때문에 서로 돕고 이렇게 하고 살지. 진짜 먹을 것이 넘쳐. 주위 사람들하고 다 나눠 먹고 그렇게 살아. 너무 좋아 여기.(김성자, 6면)

저녁시간이면 가게 앞에 모여앉아 함께 드라마를 보며 자신의 일상사를 늘어놓는 주민들은 허물없이 집안 사정까지도 서로 걱정해주는 든든한 지지자들이다. 그 때문에 김성자씨는 동네에 불고 있는 재개발 바람이 마땅치 않다. 빈곤층이 모여 사는 동네이기 때문에 재개발로 좋은 아파트가 들어선다 하더라도 입주권을 지켜낼 사람이 적은 것도 걱정이지만, 무엇보다 오랜 세월을 함께 살아온 이웃들을 잃을 게 뻔하기 때문이다.

김성자씨 같은 경우와 달리, 주거지와 일터가 분리된 사람들은 대부분의 시간을 일터에서 보낸다. 일터는 물론 돈을 벌기 위해 일하는 장소이지만, 함께 일하는 동료들과 관계를 맺는 장소이기도 하다. 이경숙씨는 같이 일하는 '아줌마'들과 함께 노조활동을 하면서 동료의식을 갖고 그들과 소중한 성과들을 만들어내면서 힘든 환경을 변화시켜가는 기쁨을 함께 누린다.

지금은 현장에서 일을 하면서도, 이제 우리가 정당하게 일을 하고 받을 권리 같은 거를 노동조합을 통해서 얻게 되고, 그러니까 즐거운 분위기 속에서 일을 하죠. 참 좋은 것 같아요.(이경숙, 5면)

그녀는 동료들과의 연대를 통해 공동의 목표를 성취하는 경험을 하면서, 이전에는 부끄럽게 생각했던 '청소'라는 직업에 대해서도 사회적으로 가치 있는 일로 인식하게 되었다. 덕분에 일이 더 소중해지고 일터는 힘들기만 한 장소가 아니라, 동료들과 흥겹게 어울리는 공간으로 바뀌었다.

일터가 단지 돈을 벌기 위해 노동을 하러 가는 장소에 불과하다면 노동자들에게 일터보다 지겹고 고통스런 장소가 또 없을 것이다. 그러나 일터는 그 이상의 의미를 갖는다. 돈벌이 장소이자 일하는 사람들이 인간적 관계를 맺는 장소인 것이다. 따라서 일터는 공적인 공간이기도 하지만 사적인 관계를 친밀하게 형성할 수 있는 장이기도 하다. 잠시 보험회사에서 일한 적이 있는 장현희씨는 동료들과 일과후에 "시원한 맥주를 마시며" 하루의 피로와 스트레스를 날려버리곤 했던 경험을 즐거운 표정으로 이야기했다. 그녀에게 사회생활의 재미이기도 했던 동료들과의 퇴근 후 모임은, 빚만 지고 그만두었던 보험설계사 시절을 즐겁게 회상할 수 있게 해주는 추억이자, '사회활동'을 통해 맺은 거의 유일한 인간관계에 대한 기억이다. 이처럼 함께 일하는 사람들과의 동료관계는 일에서 오는 스트레스를 이겨낼 수 있는 힘을 제공한다. 그러나 이웃간의 벽이 높아지는 것만큼이나 동료간의 관계도 이제는 예전 같지 않기에 아쉬움이 남는다는 김한성씨의 얘기는, 일터에서의 즐거움이 점차 사라져가는 각박한 현실을 짐작하게 한다.

가족, 이웃, 그리고 동료들과의 관계에서 사는 의미를 찾는 이들이 있는가 하면, 어떤 사람들은 종교를 통해 삶의 원천을 발견하기도 한다. 황종수씨는 독실한 기독교신자로서 지금껏 성실하게 살아온 것을 자랑스러워한다. 이경숙씨는 예배에 참석하고 교회활동을 하기 위해서, 출퇴근

시간이 정확하고 주일에 쉴 수 있는 현재의 일(건물청소원)을 선택했다고 한다. 가장으로서 돈을 벌며 교회활동을 할 수 있기 때문에 지금 '더 바랄 것이 없다'. 앞으로 자녀들이 결혼하고 건강할 때까지 일하면서 교회 성도들과 교제하며 사는 것이 소망이다.

(종교가) 힘이 돼요. 많이 돼요. (…) 왜냐하면 내가 힘들 때도 교회 가서 하나님한테 내 속에 있는 것을 기도하면서 내놓을 수 있고. 그러고 나면 또 마음이 후련하고 좋잖아요. 내가 가서 이렇게 기도를 하면 하나님이 다 들어주실 거다, 하는 생각에 내가 하고 싶은 얘기, 누구한테도 못한 얘기를 마음으로라도 할 수 있으니까 그게 많이 의지가 되죠. 지금도 교회 식구들하고 통화도 하고 어려울 때는 이렇다 하고 얘기를 한식구같이 할 수 있어요.(장현희, 21면)

장현희씨 역시 몸은 고되지만 주일예배만은 반드시 지키려 한다. 그래서 일요일에 쉬는 직장에 근무하기 위해 집에서 차로 1시간 이상 걸리는 시내 중심가의 한 음식점으로 출퇴근한다.

이경숙씨는 삶의 수많은 고통을 종교적 수난에 빗대어 말한다. 또한 장현희씨에게 절대자는 누구에게도 말 못한 아픔들을 고백할 수 있는 대상이다. 현실의 고통과 종교적 수난이 등치되는 것은 "종교는 억압받는 피조물들의 한숨이며, 심장 없는 세상의 심장이며, 영혼 없는 상황의 영혼"[1]이라고 정의한 칼 맑스의 말 그대로다. 어떤 희망도 보이지 않을 때, 현실의 고통은 초월적인 신만이 다스릴 수 있고, 인간은 신에게만 호소할 수 있는 것이다. 더 나은 삶에 대한 위안을 현실에서 찾을 수 없기에 그 고통을 잊을 수 있는 "아편" 같은 종교는 우리에게 편안한 안식처가 될 수 있기 때문이다.

그런데 이경숙씨와 장현희씨에게 교회는 신께 의지하는 공간일 뿐 아니라 '한식구' 같은 사람들과 관계를 맺는 공간이기도 하다. 이경숙씨는 주일학교 교사와 여전도회장으로 활동하는데, 이는 '노동' 이외에도 다른 '가치 있는 일'을 하고 산다는 의미에서 자부심의 원천이 된다. 장현희씨의 경우 일이 힘들어 예전처럼 교회활동을 할 수는 없지만, 한가족 같은 교인들과의 관계는 의지할 곳 없는 그녀에게 큰 위안을 준다. 반면 전에는 열심히 교회에 다녔다던 홍순임씨는 이해관계에 얽힌 교회의 모습을 보고는 이전처럼 신앙생활에 크게 의미를 부여하지 않게 되었다. 홍순임씨는 교인들과의 관계가 원만하여 신앙생활을 성실하게 하고 있는 황종수씨와 이경숙씨, 장현희씨와는 다른 경우로, 인간'관계'가 신앙생활을 지속하는 데 큰 몫을 차지한다는 사실을 알 수 있다.

물론 김한성씨를 비롯한 구술자들의 말처럼 '관계'라는 것이 예전 같지만은 않다. 급변하는 현대사회에서 과거의 관계맺기를 복원해야 한다는 주장도 어불성설일 것이다. 그러나 점점 높아만 가는 아파트 콘크리트 벽 속에 갇혀 살고, 살벌한 경쟁에서 살아남아야 하며, 목전의 삶에 쫓겨 서로에 대한 관심을 놓아버린 현실이 외려 '관계'와 '소통'의 욕구를 불러일으키고 있다. 우리는 가족, 동료, 이웃들과 소통하며 관계를 유지할 때 큰 힘을 얻을 수 있기 때문이다.

일하는 즐거움, 일할 수 있다는 고마움

우리는 일과 일이 아닌 것이 분리된 삶을 살고 있는 듯하지만, 실제로 그 두가지가 분리될 수 있는가라고 물으면 답하기가 매우 어렵다. 우리는 일을 하고 돈을 받는 '임금 노동자'가 되면서, 바꿔 말하면 자신의 노동력을 판매하면서부터 일과 일이 아닌 삶이 분리된다고 인식했을지 모른다. 그러나 명백히 '노동'이라는 인간의 활동이 그 일을 수행하는 '노동자'에게서 분리될 수는 없다. 노동의 주체는 임금으로 교환되는 노동하는 몸뿐 아니라 노동자의 자아이며, 일터에서의 노동자는 일터 밖의 노동자와 동일한 존재이기 때문이다. 그러므로 우리는 일에 '돈벌이 수단'이라는 의미만을 부여하지는 않는다.

종종 '노동'은 '힘들고 고된 일'로 받아들여진다. "일 자체가 노동"이라는 김수택씨나 "일이 곧 자신의 삶"이라고 말하는 이성찬씨에게 노동은 '힘든 일' '가난하고 고된 자신의 삶'을 의미한다. 그래서 노동은 즐겁지 않은 일인 듯하다. 그러나 한편으로 일은 자신을 표현하고 자아를 실현하는 수단이기에, 일을 통해 얻는 즐거움과 보람은 일을 계속하게 만드는 원동력이 된다. 따라서 일에서 얻는 정당한 대가와 정서적 보상은 자신의 가치를 실현하고 삶의 의미를 찾을 수 있도록 한다. 사람들은 일을 통해 자신이 무언가를 해내고, 발전하고 있음을 확인할 때에 존재의 의미를 느낀다.

조재야씨는 기술을 배울 수 있었던 직장이 '가장 좋았다'고 말한다. 기술습득도 중요하겠지만 배운 기술을 이용해 제품을 만드는 과정을 관장할 수 있어 자신이 중요한 일을 하고 있다고 느꼈기 때문일 것이다. 김정은씨는 열악한 노동조건과 힘든 생활 속에서도 '자신을 변화시킬 수 있다'는 것이 학습지교사라는 직업의 장점이라고 말한다.

> 그래도 이 일이 좋은 게요. 아까도 말했지만, 늘 내가 바뀔 수 있고, 변할 수 있는 거. 또 내가 한 만큼 벌 수 있다는 가능성이 있잖아요. 저 같은 (경우는) 혼자 아빠 지원 없이 살거든요. 과외나 학원을 엄두도 못 내는 상황이기 때문에, 기본적으로 가르치는 게 그대로 아이들에게 연결돼서 교육하는 데 방향을 제시해줄 수 있으니까, 개인적으로 그런 면에서 좋은 직장이죠. (김정은, 26면)

더불어 자신의 자녀들을 직접 가르칠 수 있다는 것이 학습지교사라는 직업의 큰 이점이기도 하다. 기간제교사인 최미경씨 역시 누군가를 가르치는 자신의 일이 중요하다는 사실에서 일에 대한 책임감과 보람, 그리고 만족감을 느끼고 있다. 일에 대한 성취감은 현재 주어진 일을 잘 해냈다는 데서 비롯되지만 미래의 비전을 실현하는 조건으로 작용한다는 점에서 중요하다. 이런 점에서 최형철씨는 현재의 일터가 단지 자신의 노동력을 제공하는 곳만이 아닌 "자기개발의 학습공간" "능력을 펼칠 수 있는 장"이 되기를 원한다.

사람을 상대로 하는 일의 경우, 상대한 사람들의 반응에서 일의 보람을 얻기도 한다. 주로 대인 써비스업에 종사하는 사람들은 고객들이 곧 써비스의 수혜자이기 때문에, 고객과의 관계가 일을 힘들게도 즐겁게도 만든다. 학습지교사인 김정은씨가 어머니들과의 관계에 신경을 쓰는 것도 단순히 자녀들을 가르치는 것 외에 '어머니들을 상대로' 영업관리를 해야 하는 써비스 노동의 특징 때문이다. 김정은씨를 비롯해 써비스업에 종사하는 많은 노동자들이 고객과의 관계 유지가 업무의 일부가 되면서 스트레스를 받고 있다.

그런데 박명숙씨와 이성찬씨는 고객과의 관계에서 일의 즐거움을 얻는다. 박명숙씨는 고용주가 곧 고객인 상황이지만, 자신이 필요한 사람을 위해 일한다는 보람을 느낄 수 있다고 한다. 그녀는 간병인이 필요한 할머니와의 관계가 반드시 '일'과 '대가'(임금)만으로 연결된 거래관계라고 보지 않는다. 자신을 고용한 할머니를 '내가 꼭 필요한 사람'으로 여기며, 자신은 그런 누군가에게 도움이 되는 존재로 의미를 부여함으로써 일의 가치를 찾고 있는 것이다.

이에 비하면 이성찬씨는 비교적 일회적으로 고객과 관계를 맺지만,

한 지역에서 오랫동안 노점일을 해온 덕분에 '단골' 손님을 많이 확보하고 있다. 이전의 노점자리에서 쫓겨나 다른 구역으로 옮겨가야 했을 때 수소문하여 그를 찾아온 단골손님을 그는 가슴 뿌듯하게 기억하고 있다.

> OO대학교 학생인데 굉장히 단골이 있었어요. 그 아가씨가 근데 딴 데 안 가고 나한테 와서 사가고 그랬는데. 그때 인제 이쪽 병원이 생기면서 싸움이 나서 쫓겨나게 되었어. A은행 앞에서 내가 길거리 장사를 하게 됐는데 어떻게 알고 나를 찾아온 거야. 그러면서 하는 말이, '아저씨 찾느라고 두달 걸렸어요.' 고마운 거야, 가슴이.(이성찬, 11면)

게다가 이성찬씨는 계절과 유행에 따라 물건을 들여와 "손님들 구미에 맞추는" 것을 일의 즐거움으로 꼽는다. 노점에서 양말을 파는 그에게는 유행에 맞추어 새 물건을 들여오는 것이 '머리를 쓰는' 일에 해당된다. 그는 자신이 '대학을 나왔기 때문에 할 수 있는 것'이라고 강조할 만큼 그 일에 자부심을 갖고 있다. 그는 고객뿐 아니라 주변 상인 그리고 주민들과의 관계도 매우 좋았는데, 일을 하면서 이웃들과 고민을 나누고, 서로 형편을 걱정해주는 정이 있어 일할 맛이 난다.

한편 고지은씨는 평소 일본어에 관심이 많기 때문에 외국인들이 자주 이용하는 편의점에서 일할 때가 "제일 재밌었다"고 한다. 손님이 많은 편의점이기 때문에 몸은 힘들지만, 일본인 손님들과 대화하고 그들을 위해 직접 길안내까지 해주었던 그녀는 외국인과의 대화에 '푹 빠졌다'고 할 정도로 당시를 즐겁게 회상한다. 이처럼 고된 노동과 열악한 조건에서도 '일'을 하기 때문에 맛볼 수 있는 즐거움이 있는 것이다.

그런데 일에서 오는 즐거움뿐 아니라 '일을 할 수 있다는' 것 자체를 소중하게 여기는 이들 또한 많다.

아프지 않고 일을 할 수 있다는 게 즐거워요, 사실. 다들 즐겁게 한다고 그러는데 즐거워요 사실. 내가 일을 해서 먹고살 수 있다는 것만으로도 저는 참 즐거워요. 일하고 싶어도 일 못하는 사람들 많잖아요. 그런 걸 생각을 하면 내가 일해서 먹고살 수 있다는 게 너무 좋은 거죠. 난 그것도 너무 행복하다는 생각이 들어요.(장현희, 17면)

남편과 헤어진 후 상경하여 생애 처음으로 돈을 벌기 위해 일해야 했던 장현희씨는 '자신이 할 수 있는 일이 없다'고 여겼을 때 시작한 식당일을 지금껏 하고 있지만, 일할 수 있다는 사실 자체가 매우 즐겁고 다행스럽기만 하다. 박명숙씨 역시 갑작스레 닥친 경제위기로 할 일을 찾지 못해 삶을 포기하려다 우연히 접한 '가사 도우미, 간병 도우미' 광고를 통해 일자리를 얻었다. 그리하여 '일할 수 있다는 것 자체'로 희망을 얻어 삶을 활기차게 열어갈 수 있는 힘을 얻었다.

이처럼 '일자리'가 절실한 노동자들에게 '일'은 바로 희망 그 자체이다. 자기개발이나 다른 일에 도전하기 위해 현재의 일자리를 그만두는 것은, 이들의 삶에 비추어보면 다른 나라 이야기처럼 들린다. 누군가에게는 자기개발이나 인간관계가 일에서 찾는 즐거움이지만, 누군가는 어떤 일이든 할 수 있다는 것 자체가 삶의 버팀목이 되는 것이다. 그렇기 때문에 일에 만족하지는 않지만 다른 출구를 찾지 못해 일자리를 지킬 수밖에 없는 상황이 빈번히 일어난다. 20년 이상 뱃일을 하다가 현재 건설일용직 노동자가 된 김수택씨, 건설현장에서 오랫동안 일해왔기 때문에 다른 일을 할 엄두도 내지 못했다던 이창석씨, 그리고 10년 이상 덤프트럭 운전을 하고 있지만 다른 길을 찾을 수 없어 "그 자리를 지키고 있는" 이진우씨가 그러하다.

일은 고되다. 현대사회에서 자아실현의 도구이자 삶을 풍요롭게 일구기 위한 터전으로 일을 인식하기란 쉽지 않다. 게다가 비정규직으로 적은 임금을 받고도 장시간 노동을 하는 사람들에게 고된 일이란 자신이 짊어진 삶의 무게 그 자체를 의미한다. 그러나 힘든 일 속에서도 즐거움을 발견하고 재충전할 수 있는 까닭은, 노동이 단순히 임금을 받기 위한 행위가 아니고, '일터'가 단지 노동을 제공하는 장소만은 아니기 때문일 것이다.

내일이 있다는 것

자녀에게 의지하지 않는 노후, 건강할 때까지 일하는 것, 빚더미에서 벗어나는 것, 그리고 자녀들의 더 나은 삶, 이런 구술자들의 희망은 소박하기 짝이 없지만, 그 소박한 꿈마저도 이루기 힘든 것이 우리의 현실이다. 때문에 강재섭씨는 "큰 꿈도 없고, 큰 욕심도 없는데, 그게 안 이루어지는 이 사회가 원망스럽다"고 말한다.

지금껏 월셋방에서 살고 있는 장현희씨는 빚을 갚은 후 전셋집을 얻는 것이 가장 큰 목표이다. 박명숙씨는 한 달에 200만원 가까이 갚아야하는 빚 때문에 자녀에게 생활비의 일부를 의지하고 있지만, 언젠가 빚을 모두 갚으면 더 열심히 일해 노후를 준비할 수 있으리라는 기대를 갖고 살아간다.

모아놓은 돈은 없어도 마음은 편해요. 사실 걱정하는 거 없고. 이제 앞으로 노후대책 때문에 걱정이죠. 일할 수 있을 때는 괜찮은데, 일할 수 없을 때, 아플 때, 나이 먹었을 때가 제일 걱정이에요 사실. 지금은 뭐 걱정 없고. 그리고 장현희씨 같은 경우 스스로 일하면서 살아가야 하기 때문에 나이 들어서도 계속 일을 할 수 있을지 불안한 것이 사실이다. 더구나 자녀가 아직 성장기에 있다면 자신을 위한 노후대책은 꿈도 꾸기 어렵다. 자녀가 장성할 때까지 금전적인 지원을 해주어야 하는 것이 부모의 책임이라고 생각하기 때문이다. 강재섭씨는 하나뿐인 딸이 스스로 사회생활을 할 수 있을 때까지 뒷바라지를 하고 나면 좀더 여유로운 생활을 할 수 있을 거라는 '소박한 꿈'을 갖고 있지만, 그것이 쉽게 이루어지리라고는 생각하지 않는다. 자녀가 장성하면 이미 고령에 이르렀을 것이기 때문이다. 이 모든 것을 고려할 때, 최형철씨는 우리사회에 '희망이 없다'고 말한다.

오랜 기간 노량진 고시촌에서 지내며 각종 임용고시에 도전해온 최민호씨도 고시에 실패하면 이민을 가고 싶다고 한다. 물론 이민을 간다고 해서 문제가 해결되거나 더 나은 삶이 보장되는 것은 아니지만, 적어도 현재의 불확실함에 대한 두려움에서 벗어나려는 욕망이 이민을 생각하게 한다. 그러나 이민은 경제적 능력과 언어능력, 인맥 등을 갖춘 일부에게만 허용되는 '고가의 피난처'일 뿐이다.

현재의 삶에서 커다란 의미를 찾지 못하는 우리는 다가올 미래에 대한 기대감, 그것이 막연하다 할지라도 지금보다는 더 나아질 것이라는 소망을 안고 고된 오늘을 버티고 있는 것인지 모른다. 오늘의 힘든 노동을 평온한 노후로 보상받을 수 있으리라는 기대, 자녀들이 자신보다는 더 나은 삶을 살 것이라는 기대, 팍팍한 현실에서 조금 벗어날 수 있을 것이라는 기대 말이다. 그리고 구술자들의 기대에는 최형철씨의 말처럼 "노동자를 위해서 정책 하나라도 더 나올" 것이라는 사회'발전'에 대한 소망도 포함된다.

> 나름대로 또 슬픈 일, 괴로운 일도 많았지만, 또 즐거웠던 일도 많았고, 작은 거에도 행복을 느낄 수 있고, 그리고 또 먼 데 있는 게 아니고, 오늘 하루가 가장 소중하고, 오늘 무사히 보냈으니까 오늘 하루로 참 고마운 거고, 애들이 또 별일 없이 오늘 하루 잘 와서 얼굴 볼 수 있어서 고마운 거고, 사람들은 애들이 여럿 있어서 힘들겠다, 이러지만 그래도 엄마라고 불러줄 수 있는 내 소중한 자식이 있다는 거 그게 고마운 거고. 또 사지육신 멀쩡하게 공부를 잘했건 못했건 예쁘건 못났건 지 자신이 움직일 수 있는 거 그것만도 고마운 거고. 이제는 나이가 먹어서 그런지 모든 게 다 고맙고 소중하고.(홍순임, 32면)

장현희씨는 빚을 갚고 나면 식당을 열고 싶어 한다. 강재섭씨는 두 부부가 먹고살 만큼의 일거리를 유지하기를 원한다. 고령의 나이에도 여전히 일을 하고 있지만 장성한 자녀들을 생각하면 보람을 느낀다는 홍순임씨를 비롯한 부모세대의 구술자들, 장애인이라는 이유로 차별받는 사회에서 살고 있지만 언젠가는 장애인과 비장애인이 동등하게 대우받는 세상이 오리라 믿으며 살아가는 김다혜씨와 김영훈씨, 돈을 모아 고국으로 돌아가 가족들과 함께 살 날을 꿈꾸며 열심히 일하는 조재야씨, 밀린 빚을 다 갚을 수만 있으면 날아갈 것 같다는 박명숙씨와 장현희씨, 힘들게만 느껴지던 일 속에서도 즐거움을 발견하는 우리 이웃들은 고된 일상 속에서 작은 소망을 품고 오늘을 이겨내고 있다.

삶의 무게가 버겁고, 일이 힘들어 이 생활을 지탱하기 어려운 듯하지만, 구술자들은 고단한 일상 속에서도 희망의 끈을 놓지 않고 있다. 가끔은 삶에 회의가 들고, 죽고 싶은 마음까지 생기는 세상이지만, 우리를 둘러싼 소소한 일상의 관계들 그리고 내일의 삶에 대한 기대, 더불어 사회가 조금이라도 좋아질 것이라는 희망이 우리를 여전히 살아가게 한다. 그것은 화려하고 거창하며 깨지지 않을 것 같은 눈부신 희망이 아니다. 지금의 고단한 마음을 따뜻하게 감싸주는 가족들의 말 한마디, 자식들의 까만 눈동자, 함께 웃을 수 있는 이웃과 동료들, 가치 있는 일을 하고 있다는 작은 믿음, 그리고 힘겨운 시간을 함께 보내온 사람들과 다시금 맞이할 내일이 있다는 그 소박한 마음, 그것이 우리 희망이다.

우리시대 희망찾기

10장

노동양극화를 확대재생산하는 조건들

개 같은 일 개 같은 일당 개 같은 현장

개같은 신세 개 같은 인생 개 같은 사회

개 같은 정책 개 같은 나라 개 같은 세상

—남규원, 『개잡부 해부학』

돈이 돈 버는 세상

노동으로 생계를 꾸려가는 사람들에게 요즘 세상은 그리 희망을 주지 못한다. 돈을 가진 유산자(有産者)들만이 큰돈을 만들 수 있는 사회에서 돈 없는 무산자(無産者)들에게는 자신의 풍족한 미래를 꿈꾸기가 언감생심 '헛물'켜는 것이나 다름없기 때문이다. 영세제조업체를 꾸려가는 강재섭씨는 가진 돈(자본)이 없어 육체노동으로 하루하루 꾸려가기 급급한 가운데 내일의 여유를 찾기가 그리 만만치 않다. 오늘날 보유 자산이 사회경제적 지위를 규정할 뿐 아니라 미래의 삶까지 좌우하고 있는 것이다. 가난한 자들은 풍요로운 삶이라는 꿈을 잃은 채 자신의 무능과 불운을 탓할 수밖에 없고, 이런 사회질서는 더욱 강고해지고 있다.

투자할 수 있고 돈 있는 사람들은 어떻게든 투자를 하고 또 이리 굴리고 저리 굴리고. 여윳돈 있는 사람들은 땅도 사났다가 몇십년 후에 그게 풀리면 그게 또 돈이 되고. 돈이 돈을 번다는 말이 맞죠. 뭐 내 능력이 없고 내 운이 없고 내 자본이 없는데 그것까지 내가 원망할 순 없는 거지. 돈이 돈을 버는 세상 인데 당연히 돈 가진 자가 더 벌고 투자도 하고 요즘 생활이 그렇죠. 이 사회가 투자를 해야 돈을 버는 건데 우리로서는 가진 게 없다보니까 몸으로 투자를 하고 몸으로 때워야 되는 거지.(강재섭, 677면)

지난 1990년대 중반에 이르기까지 순조로운 경제성장과 더불어 중산층이 두텁게 형성되었다. '한강의 기적'으로 일컬어지는 성공적인 발전모델은 1970~80년대에 걸쳐 경제규모와 산업구조에서 압축성장을 구현했을 뿐 아니라 사회분배에서도 상당한 진전을 이뤄냈다. 실제로 정부 통계나 각종 연구물을 통해서 이 기간에 소득분배가 지속적으로 개선되었음을 알 수 있다. 더욱이 맹렬한 교육열에 따른 활발한 인적자본 개발과 급속한 산업화에 의한 일자리 창출 등에 힘입어 계층이동이 활발해져 중산층이 폭넓게 형성되었던 것이다. 그런데 조중호씨가 지적하듯이 외환위기를 계기로 중산층이 무너지기 시작하여 빈부격차와 양극화 문제가 날로 심각해지고 있다.[1] 외환위기 이후 대기업 정규직에서 사내하청 비정규직으로 전락한 조중호씨의 사례는 지난 10여년간 진행되어온 중산층의 몰락을 단적으로 보여준다. 사회통합의 안전판이라 할 수 있는 중산층의 해체가, 경제위기 이후의 일시적인 현상으로 그치지 않고 '곪아 터질 때'까지 확대될 것이라는 우려가 현실화되고 있는 것이다.

> 여기 ○○(전 직장) 그만둘 때까지, 명예퇴직할 때까지만 해도 내가 대한민국 중산층이다 그랬었어. 하하 그 당시만 해도. 그 당시만 해도 우리나라가 중산층 무너진 지가 IMF 터지고 나서 무너진 거 아니여. 중산층 계급이 지금은 부유층과 빈민층 이렇게 되어 있잖아요. 중산층 계급이 약하다고. 원래 나라가 건강하려면 중산층이 많아야 되는데 사회적으로 우리나라는 그렇지 못하잖아요. 근데 미국식으로 더 심해질지. 저는 그래요. 그래서 더 심해지면 심해졌지 사회적으로 이 병이 곪아 터질 때까지는 가지 않을까 이런 생각이 드는 거지요.(조중호, 138면)

자본주의 경제체제라면 어느 나라에서나 빈부격차와 불평등이 있게 마련이나, 우리사회는 외환위기를 계기로 '미국식' 신자유주의 바람이 불어닥쳐 중산층의 해체와 더불어 불평등구조가 갈수록 확대되면서 양극화로 치닫고 있다. 이 같은 사회양극화를 보는 구술자들의 반응은 매우 다양하다. 이창석씨는 상당한 금액의 임대료 수입을 올리는 건물 소유주와 자신의 처지를 비교하면서 빈익빈부익부의 사회구조를 잊으려

하거나 아예 자연스러운 것이라고 스스로 최면을 건다고 한다. 유경희씨는 텔레비전에서 부자들이 저지르는 대형비리 사건을 보면서 "쓰고 싶어도 못 쓰고 시장만 가도 벌벌 떠는" 자신의 초라한 신세를 떠올리며 "진짜 기죽죠"라고 털어놓는다. 홍순임씨 역시 "제일 말단에 있는 사람들이 가장 정직하게 살고" 사회 유지에 필요불가결한 노동을 제공하고 있음에도 "우습게 보고 그냥 해를 입히는" 세태에 마음 아파 한다. 심지어 강재섭씨는 "전쟁이 확 일어나서 네것이 내것이 되고 내것이 네것이 되는 세상"으로 뒤바뀌었으면 할 정도로 "없는 서민을 죽어라 짜내는" 착취구조에 선명한 적개심을 드러내기도 한다. 한편 장현희씨는 "서민들 살기 어렵고 어려운 사람 더 살기 어렵다 해도 일할 곳은 많고, 부지런하게 열심히 하면 어디든 일을 다 하게 된다"며 고달픈 일이라도 찾아나서면 그럭저럭 먹고살 수 있어서 그리 불만이 없다고 한다. 이처럼 양극화의 음지에서 일하는 사람들은 빈부격차가 구조화되는 오늘의 현실에 대해 좌절과 분노, 체념과 달관이 뒤섞인 복잡한 심사를 내보인다.

추락의 사회적 계기들

구술자들 중에서 이른바 주변부 노동시장[2]에 놓인 사람들은 다양한 계기로 현재의 고단한 삶으로 추락했다. 이들의 인생역정을 들어보면 가난을 대물림하여 어려서부터 줄곧 힘든 일자리를 전전해온 사람들로부터, 배우자와의 이별이나 가족의 질병으로 가계부양의 무거운 짐을 진 사람들, 신체장애가 있거나 고국을 떠나와 소수자의 굴레를 떠안고 있는 사람들, 그리고 사업부도와 구조조정 또는 연대보증으로 몰락한 사람들에 이르기까지, 그 사연은 실로 각양각색이다. 얼핏 이들의 우여곡절이 우연한 개인사로 들리지만, 그 이면에 놓인 사회구조를 헤아려보면 몇가지 공통점을 확인해볼 수 있다.

가계부양의 책임을 지는 남성 노동자들은 외환위기와 더불어 불어닥친 구조조정을 겪으며 일자리 이동을 강요받았다. 대기업의 정규직 사원으로 약 17년간 근무하던 조중호씨는 외환위기 직후 구조조정의 칼바람이 몰아치자 "고졸학력으로는 전망을 찾기 어렵다"는 판단에 따라 스스로 명예퇴직을 받아들인 뒤 이런저런 개인사업을 하다가 결국 사내하청 비정규직으로 전락했다. 이창석씨 역시 건설부문 대기업에 종사하다 경제위기 때 희망퇴직을 선택했으며, 그 이후 밥벌이로 건설일용직 일을 계속해오고 있다. 최미경씨의 경우에는 남편이 외환위기 때 직장에서 퇴직을 강요받은 뒤, 여러 일자리에서 제대로 적응하지 못해 가족을 돌보지 못하게 되면서 결국 파경에 이르렀다. 개인사업이나 자영업을 하던 사람들에게도 경제위기는 실패의 고통을 안겨주면서 신분 하락을 초래했다. 조상구씨는 그럭저럭 유지해오던 전자제품 대리점이 외환위기로 부도나면서 신용불량자가 되었으며, 김영훈씨는 외환위기를 맞아 부모가 운영하던 정육점이 망해 가족이 생이별하는 아픔을 겪기도 했다.

이렇듯 지난 경제위기는 수많은 정규직 노동자들을 일터에서 퇴출시켰고 중소사업자들과 자영업자들을 주변부 노동시장으로 몰아넣었다. 그런데 조중호씨는 외환위기 때 노동자들의 희생으로 기업들이 살아나 요즘 많은 돈을 벌고 있음에도 "고통분담 같이 했으니까 지금에 와서 노동자를 위해서 그만큼 해줘야 되는 거 아니냐"고 반문하면서 그렇지 못한 현실을 야속해하고 있다.

그때 이제 명예퇴직을 많이 했잖아요. 구조조정을 엄청나게 했잖아요. 그 당시에 구조조정을 할 때 명예퇴직하고 나왔지요. 직장생활 했던 사람이 뭐 할 거 있나요? 조그마한 거 사업하다가 그 당시 IMF 맞고 사업 제대로 되는 게 있겠어요? 처음 시작한 사람이 더군다나. 그러다 가진 돈 좀 까먹고 좀 놀다가 누가 여기 소개해가지고 오게 되었지요.(조중호, 91면)

가족의 해체 또는 상실은 가족구성원에게 생계의 어려움을 안겨주는데, 특히 여성들의 경우에는 부양을 책임지던 배우자와 이혼이나 사별을 하면서 가시밭길에 들어서게 된다. 장현희씨는 남편과 헤어지고, 배운 기술 없이 가사노동으로 익숙한 요리솜씨를 활용하여 식당일을 하며 아들을 부양하고 있다. 김정은씨와 최미경씨 역시 이혼을 계기로 학습지교사와 기간제교사 일을 시작하여 생계를 꾸려가고 있다. 한편 이경숙씨와 홍순임씨는 남편과 사별한 후 3D업종 일자리를 전전하면서 자녀부양의 책임을 도맡아왔으며, 유경희씨도 농사일에 실패하고 술중독에 빠졌던 남편이 사망해 빚과 자녀부양의 책임을 홀로 떠안고 밤농사로 힘겹게 생계를 유지하고 있다. 강재섭씨의 경우에는 아들의 선천성 질병을 치료하느라 어렵게 모은 재산을 소진해 자신의 사업을 확장할 기회를 놓치기도 했다. 이처럼 생계와 복지의 책임을 온전히 가족이 떠맡아야 하는 현실에서, 남성가구주의 상실과 가족의 병치레는 특히 여성에게 크나큰 경제적인 어려움을 안겨주고 있다. 또한 여성노동이 가계보조에 지나지 않는 것으로 치부되는 성차별적인 고용관행이 만연해 여성가구주들은 주변부 노동시장을 전전하는 실정이다.

그러니까 애기아빠하고 헤어지니까 막막하고 먹고살아야 되니까 이제 나온 거죠. 내가 기술이 없어요. 아는 거라곤 없는데 내가 좋아하는 일이 그래도 요리 쪽이고 싫어하지 않으니까. 할 수 있는 게 아무것도 없더라구요. 배운 것도 기술도 없고 사회경험도 없고 대인관계도 안되고, 그래가지고 어쩔 수

계층하락을 초래한 또다른 사회경제적 요인으로 산업구조변동을 꼽을 수 있다. 박명숙씨의 경우 국민의 정부 시절 자동차업체의 부도와 인수합병으로 남편이 경영해오던 부품업체가 부도를 맞았다. 어쩔 수 없이 전업주부생활에서 벗어나 개인사업을 시작했으나 실패하고, 이어 간병과 가사도우미 일로 가계를 돌보는 형편에 놓였다. 유경희씨는 남편과 함께 농사일을 "뼈 빠지게 죽도록 하면 할수록 타산이 안 맞아 빚만 늘어나는" 농촌생활에서 희망과 의욕을 잃은 지 오래이다. 김정은씨 역시 "정부의 농업정책이란 게 (농촌을) 살리는 정책이 아니었기 때문에" 부친이 "그렇게 애를 쓰고 살았는데도 불구하고 살 수가 없으니 죽어버리겠다"고 매년 자살소동을 벌였던 아픈 기억을 갖고 있다. 김성자씨는 슈퍼마켓을 운영하면서 그럭저럭 넉넉한 생활을 유지해왔으나, 대형마트가 주위에 들어서면서 슈퍼가 "급한 대로 떨어진 것만 사러 오는" 구멍가게로 전락하여 매출이 크게 떨어진 것을 한탄하고 있다. 경제가 발전하는 과정에서 1차·2차·3차 부문의 산업구조가 끊임없이 변화함에 따라 많은 사람들이 그 희생양이 되어 일자리를 잃거나 생업에 치명적인 타격을 받았다. 그럼에도 정부는 성장논리에만 매달려 산업구조변동을 촉진하는 데에 급급했을 뿐, 그로 인해 퇴출당한 사람들의 아픔을 달래고 이들을 지원하는 데는 소홀했음을 지적하지 않을 수 없다.

노동양극화의 재생산구조

오늘날 양극화가 개선될 기미 없이 지속적으로 확대되는 원인을 구술자들은 무엇이라 생각하고 있을까? 그들은 자신의 체험에 따라 다양하게 진단하고 있는데, 이를 크게 다섯가지로 요약해볼 수 있다. 우선 서민경제에 대한 세계화의 영향과 날로 심화되는 시장경쟁을 첫번째 요인으로 꼽는다. 국내외 많은 학자들은 '승자독식'의 경쟁규칙이 지배하는 정보사회 또는 지식기반경제로의 이행과 더불어, 범지구적 경제통합의 경향성을 지칭하는 세계화를 양극화의 주범으로 지목하고 있다. 세계화시대를 맞아 대다수 국가에서 소득불평등이 심화되는 양극화를 경험하고 있듯이, 우리나라 역시 지난 1990년대 초반 이후, 특히 외환위기를 거치면서 개방을 통한 세계화에 편승함으로써 모든 부문에서 무한경쟁에 돌입하여 '소수독식과 다수배제'의 양극화 경향이 날로 심각해지고 있다.

유경희씨는 시장개방을 통해 값싼 중국 농산물이 밀려들어와 도저히 가격경쟁을 벌일 수 없는 상황에서 농민들조차 자신이 재배한 농산물을 내다팔고 중국산을 소비하는 현실을 고백하고 있다. 정부가 추진하는 한미FTA를 통해 미국 농축산물에 대해 시장이 전면개방될 경우 이미 수입 농산물과의 경쟁으로 기진맥진한 농촌은 아예 초토화되리라는 것이다. 자영업자도 비슷한 고충을 겪고 있다. 김수택씨는 자신의 처남이 운영하는 씽크대 제작공장의 사례를 들어 자영업자들이 눈앞의 이익에 눈멀어 "서로 제 살 깎아먹기"식 과당경쟁을 벌이는 현실을 꼬집고 있다. 현재 자영업자가 양산되는 배경에 대해 그는 "(기업체) 업주들이 너무 자기만 챙기려 하고 종업원들 안 주니까 반발심이 생기다보면 월급쟁이보다 내 사업하는 게 낫겠다고 (자영업으로) 독립하게" 된다는 흥미로운 해석을 내놓고 있다. 실제 우리나라 자영업자 비율은 2007년 현재 31.9퍼센트로 최근 수년 동안 다소 줄어들긴 했지만 여전히 미국·일본 등의 선진국들에 비해 2·4배 높은 수준이다. 외환위기 이후 10여년 동안 구조조정에 의해 일터에서 밀려난 사람들이 자영업에 눈을 돌렸던 것이다. 이들 중 다수는 사업실패로 투자금을 잃은 채 비정규직 일자리를 찾아나서야 했다. 조상구씨에 따르면, 대리운전업체 역시 크게 늘어 "자기들끼리 출혈경쟁을 하느라" 심지어 주요 고객업소들에 대해 현금을 상납하거나 사탕·라이터를 제공하기 위해 대리기사의 써비스요금을 낮추고 있다.

> 농사에 제일 많이 타격을 준 게 그거였죠. 쌀이건 고추건 안 들어오는 게 없잖아. 나물이고 뭐고 다 들어오니까요. 여기 사람들은 그런다고 그러데. 참깨 같은 거를 농사지어가지고 1만 1000원에 내놓는대요. 중국산은 5000원이면 산다는 거야. 우리 것을 팔고 중국산을 사먹는다는 거야.(유경희, 258면)

세계화의 흐름에 따라 자본과 노동이 국경을 넘나들면서 서민들의 생계와 일자리는 심대한 타격을 받고 있다. 강재섭씨는 자신이 경영하는 봉제업체에서 일하는 노동자들의 임금을 10년 동안 올려주지 못하고 있는데, 인건비를 인상할 경우 원청업체가 중국으로 거래선을 옮기겠다고 위협해 이러지도 저러지도 못하는 속사정을 털어놓는다. 김한성씨와 조상구씨는 실제 굴뚝산업 업체들이 중국 등 해외로 생산기지를 이전하여 산업공동화 문제가 심각하다는 점에 공감을 표한다. 이에 더하여 이창석씨는 건설현장에서 중국과 동남아 이주 노동자들이 노임을 낮추어 취업하려 들기 때문에, 우리나라 노동자들의 임금이 인상은 고사하고 오히려 삭감되는 현실을 지적하고 있다. 강재섭씨에 따르면, 이러한 사정은 영세제조업체에서도 그대로 나타난다.

공임이 오르면 본사에서도 타산 맞추기 힘들고 그러다보면 한국 인건비가 올라가면 밖으로 빠져나가니까. 다른 부자재가 대신 올라갔겠지. 단추나 원단이나 실, 하나하나 따져보면 그런 부자재는 올라갔겠지. 거기에 맞추려면 인건비는 다운되고. 인건비가 터무니없이 올라가면은 저희한테 안 주고 인건비 싼 외국으로 다 나가. 본사에서도 배짱이지. 이 가격에 니네가 하려면 하고 말려면 말고. 안한다고 하면 빼버리니까. 중국으로.(강재섭, 661면)

중국 애들이 그걸 막 3분의 2 이렇게 치고들어와요. 특히 교포애들…… 우리나라 사람들이 할 때는 분명히 100원에 해야 돼요. 100원에 오더를 따야 되는데 70원, 80원에 내리치면은 업주, 시키는 업주 입장에서는 당연히 70,80원을 준다구요. 또 교포들 들어오고 동남아 사람들 들어오다보니까 임금이 계속 또 저하되잖아요. 그러다보니까 더 나아질 기미가 없어 보여요. 제가 생각하기에는.(이창석, 154면)

구술자들은 이구동성으로 노동양극화가 확대되는 두번째 원인으로 우리나라가 '부자들을 위한, 부자들에 의한, 부자들의 나라'라는 점을 든다. 조중호씨는 외환위기 이후 신자유주의적 구조개혁을 통해 우리나라가 미국을 본떠 경제체제를 바꾸고 있지만 그나마 미국과는 달리 '돈이 법에 우선'하는 천박한 자본주의로 흐르고 있다고 분개한다. 그는 가진자들이 기득권세력으로 강고하게 자리 잡고 있으며, 돈의 힘으로 정치권과 언론 그리고 정부조차 좌지우지하고 있다고 비판한다. 이명박 대통령이 새 정부의 장관 자리를 강남 땅부자들로 채워 여론의 따가운 비판을 받기도 했지만, 조중호씨를 비롯한 구술자 다수는 우리사회가 이미 '부자공화국'으로 고착화되어 그들의 이해관계를 거스르는 방향으로 정책을 펴기가 어려울 것이고, 그런 만큼 소득불평등의 양극화구조를 타파하기가 매우 힘들 것이라 생각한다. 단적으로, 조중호씨는 "강남이 좋다, 땅값 집값 많이 올라간다, 왜 그래요? 걔들 정치하는 애들이 대부분 다 강남 살기" 때문에 부동산 가격이 천정부지로 오르는 것이고, 땅도 집도 없는 서민들과의 빈부격차는 갈수록 벌어질 수밖에 없다고 보는 것이다.

> 대한민국 사회가 어떻게 되는지 잘못 가고 있어요. 정부에서 그런 걸 막아줘야 되는데, 정부에서 힘이 약하고, 기득권 세력자들이 다 돈 가진 놈들이고, 언론은 언론대로 다 사용자들 편이고 그렇잖아요. 국회에서는 가진 놈들이, 걔네들이 법안 만드는 건데 지들이 손해보려고 하겠어요? 그럼 뭐 민생법안 만들어놓으면 몇년간 묵혀두었다가 처리도 안하고 사장되어버리고 그렇잖아요? 그러니 뭐가 잘못된 거지.(조중호, 134면)

박명숙씨는 가난한 서민들에게는 빠짐없이 세금을 걷어가는 반면, 부자들은 세금포탈을 자행하는 세태가 개탄스럽기만 하다. 그녀는 의류도매업체를 운영하는 시누이가 엄청난 돈을 벌어 별장도 짓고 "안방 드나들듯" 해외관광도 수시로 다녀오면서도, 어렵게 영세업체를 유지하는 자신의 남편보다 훨씬 적은 세금을 내는 것을 자랑스럽게 떠벌리는 사례를 들며 분노를 터트린다. 강재섭씨가 잘 지적하듯 "못사는 서민 쪽 세금은 깎아주고, 차가 다섯대 여섯대 있는 사람들은 세금을 100퍼센트 물려주고, 이렇게 해서 양극화를 감안해줘야 하는데 그냥 잘사는 사람들은 어떻게 되든 이리 빼고 저리 빼고 해가지고 세금도 제대로 안 내고, 그러니까 없는 사람들은 죽어라고 돈 벌어서 세금내고" 있다. 구술자들은 가진 사람들이 온갖 편법을 동원하여 재산을 불리는 세태를 지켜보며 "착하게 살면 절대 돈 모을 수 없다"는 자조 섞인 인식을 드러내고 있다. 심지어 조중호씨와 최미경씨는 대기업 경영진들이 대형비리를 저지르거

216

나 비자금을 조성해 위법행위를 했더라도 "감방에 들어가면 병이 났다"고 핑계를 대거나 "언론들이 나서 경제가 어려우니 집행유예로 나오도록" '선처(?)'를 권고하는 일들을 자주 접하면서 돈의 힘 앞에 법이 무력한 세태를 한탄한다.

서구에서는 자본주의의 사회적 폐해를 덜기 위해 기업가들을 포함한 사회지도층이 자신의 신분에 걸맞은 도덕적 의무와 책임을 다하려는 소위 노블리스 오블리주라는 가치규범이 유지되고 있다고 한다. 그에 비해 우리나라 기업가들이 부의 축적에만 골몰하며 부도덕한 일을 서슴지 않는 것을 지켜보면서, 박명숙씨는 "있는 사람들만 대한민국 국민"이라고 빗대고 "맨날 고급회 먹고 이러는" 지도층이 과연 음지에 있는 민초들의 고통과 시련을 이해하고 사회를 잘 끌어갈 수 있을지에 강한 의구심을 내보인다.

> 지금 탈세가 얼마나 많아요. 이건 뭐 진짜 가족 일에서도 느껴요. 국가적인 걸 느낀다고 해야 하나. 이 나라가 세금 안 내고요. 허리 뒤로 제끼고 일도 안 하고 놀러다니는 놈들 얼마나 많아요. 우리같이 아등바등하는 사람들에게서 긁어다가 그냥 더 받으려고 난리가 나잖아요. 세금 안 내고요, 세금 안 낸다고 자랑한다니까요. 그런 걸로 자랑이나 안하면 열이나 안 받지요. 응? 우리가 얼마 냈다 그러면은 자기는 얼마밖에 안 냈다. 한달에 얼마를 버는데 얼마밖에 안 냈다 그러면. 이거 사람 진짜 뒤로 자빠진다고요.(박명숙, 124면)

빈부격차를 확대재생산하는 세번째 원인으로 이미 고착화된 기회의 불평등이 지적되고 있다. 대표적인 사회정의 이론가인 존 롤스[3]에 따르면 공동체의 지속적인 성장을 위해서는 분배정의가 필수이며, 특히 사회정의를 구현하는 제1원칙인 공정한 기회균등이 보장되어야 한다. 또한 롤스는 어느 사회에서나 불평등이 존재하기 마련인데 차별받는 사람들이 자신의 처지를 개선할 수 있는 기회가 보장될 경우에만 '정당화될 수 있는 불평등'으로 인정할 수 있다고 말한다. 그런데 우리 현실은 어떠한가? 노동자들의 고용지위에 따라 신분 차별과 근로조건의 격차가 확연하며, 비정규직 노동자들이 좋은 일자리를 얻기란 매우 어렵다는 연구결과들[4]이 나오고 있다. 우리 노동시장에는 사회정의에 반하는, 정당화될 수 없는 불평등구조가 확고하게 자리 잡은 것이다.

그런데 이러한 불평등구조는 비단 일하는 사람들의 차별과 격차에만 그치지 않는다. 교육과 정보의 불균등으로 빈부가 대물림되고 있다는 점을 더욱 심각하게 받아들여야 한다. 변형진씨는 부모들의 경제적 능력에 따라 자녀들의 대학진학 결과가 좌우되고 '일류대학' 학맥이 지배하는 구조에서 "개천에서 용나는" 신화를 더이상 기대하기 어려운 사회체제가 강고하게 자리잡고 있음을 우려한다. 마찬가지로, 조중호씨는 "돈 있는 애들은 다 유학 가고 어학연수 가고" 하여 직장 잡기가 수월한 반면 자기 자식들처럼 돈 없는 애들은 그럴 수도 없어서 "없는 집은 자식들까지 대를 물려 더 힘들어지는" 양극화 세태를 한탄한다. 강재섭씨 역시 "누구 도와줄 사람도 없고 미련하고 힘들게 살아가는 우리같이 없는 사람들에게는 세상이 자기 스스로 노력해서 얻는 거면 참 좋은데 부모 덕에 잘 먹고 잘살게 되는" 세태가 매우 불만스럽다.

지금 체제에서는 아 일단은 기회의 평등이 별로 안 이루어지고 있는 것 같고, 특히나 당연한 얘기지만 교육면에서 과연 있는 사람들의 자녀와 없는 사람들의 자녀가 균등하게 시작한다고 할 수 있을 것인가. 한국에서 기회의 균등, 시장에서의 평등 그런 거는 바라기가 난망하고, 특히 보면 우리사회의 체제가 바뀌지 않는 한, 사회양극화에 따라서 그 문제는 점점 골이 깊어지지 않을

까, 그런 생각도 들어요.(변형진, 90~91면)

우리나라에서는 언제부턴가 "부자 되세요"라는 말이 유행하기 시작해 세간의 인사말이 되었다. 그런가 하면 부자 되는 방법을 알려주는 방송 프로그램과 서적들이 사람들의 관심을 끌고 있다. 물질적 풍요를 기원하는 것은 모든 사람들의 자연스런 바람이겠으나, "부자 되세요" 신드롬과 재테크에 열광하는 분위기는 양극화의 그늘에서 변변한 재산을 모으지 못한 사람들의 '일확천금' 욕망을 방증하는 것인지도 모른다. 축재(蓄財)의 기회가 부자와 빈자에게 불균등하게 주어지고 있다는 사실을 주식투자에 대한 구술자들의 증언을 통해 확인할 수 잇다.

사실 박영국씨와 조중호씨 그리고 최미경씨의 전 남편 등의 경우에는 재산형성 또는 노후대책의 일환으로 주식투자에 나선 개미투자자였다. 이들은 명예퇴직금이나 저축한 돈으로 주식투자를 시작했으나 본전조차 건지지 못했다. 이들은 입을 모아 정보력이 약한 개인투자자들이 주식투자로 돈 벌기는 거의 불가능하고 결국 실패하게 마련이라고 말한다. 문제는 정부와 금융기관 그리고 언론이 주식투자로 큰돈을 벌 수 있다는 헛된 기대심리를 불러일으킴으로써, 수많은 사람들이 재산을 탕진하고 빚을 떠안게 되었다는 점이다. 업무상 기업정보에 밝은 김한성씨는 다른 구술자들과 달리 주식투자를 통해 짭짤한 이득을 보았는데, 그에 따르면 "정보의 불균형과 비대칭" 때문에 개인투자자들이 여간해서는 차익을 얻기 어려우며, 많은 정보를 갖고 있는 "전문투자자들이나 대자본가들이 자꾸 개미들을 꼬드겨" 투자하도록 유도하여 그들의 '눈먼' 돈을 가로채고 있다고 지적한다. 주식투자 사례에서 알 수 있듯이, 부자와 빈자의 사회적 연결망의 차이, 그로 인한 정보력의 격차는 빈부격차를 확대재생산하고 있다.

우리 구술자들은 정부정책이 양극화 확산을 막기보다는 오히려 부추 긴다고 본다. 고광택씨는 비정규직을 줄이기보다는 양산하는 노동정책 을 예로 들며, 정부가 기업의 이해관계를 우선시하고 노동자들을 외면하 는 정책을 펴기 때문에, 땀 흘려 일하는 서민들의 삶이 더욱 궁핍해진다 며 정부를 성토한다. 김한성씨 역시 정부의 노동정책이 "비정규직 노동 자를 위한다는 미명하에 오히려 더 힘들게 하는 결과"를 낳고 있다고 지 적한다. 또한 빈부격차의 주범인 부동산문제에 대해 "정부정책이 나올 때마다 오히려 집값이 뛰고, 경제가 더 불안해지며 농약 먹는 사람이 늘 고" 있다며 정부정책의 신뢰성에 의문을 제기한다. 이에 대해 덤프트럭 기사인 이진우씨는 "정부가 자본가들의 편이고 그들한테 잘해주느라" 서민들을 소홀히 할 수밖에 없다고 신랄하게 꼬집고 있다. 강재섭씨는 집권당이 바뀌어도 서민들의 삶은 달라지지 않고, 늘 다투기나 하는 정 치권이 지겹기만 할 뿐 아니라 별로 기대할 것도 없다고 말한다. 심지어 김성자씨는 자신의 슈퍼마켓을 찾는 손님들이 서민을 외면하는 대통령 을 뽑았다며 차라리 손가락을 자르고 싶어 한다는 얘기를 들려주면서 정 치권력에 대한 실망과 배신감을 토로하기도 한다.

서민을 위한 정책이 별로 없는 것 같고, 어차피 기업가들이 얘기하는 대로 따 라가는 거고, 기업이 잘돼야 나라가 잘된다는 식인데, 기업이 잘되기 위해서 는 노동자들이 잘돼야 되는데. 비정규직문제도 금방 나타나는 건데, 더 양산 시키는 거지 이게 줄어드는 게 아니잖아요. 그래서 돈 버는 놈은 자꾸 돈 벌 게 만들어주니까 양극화가 생기는 거고. 놀면서 배부르게 먹고사는 게 아니 라 일해서 땀 흘려서 먹고 사는 사람들이 잘살아야 되는데. 거의 안되니까. 그런 정책들을 펴나가지 못하는 거 같고.(고광택, 242면)

정부에 대한 서민들의 또다른 불만의 대상은 탁상행정과 무책임한 정책추진이다. 장애인인 김다혜씨와 김영훈씨는 활동보조제도[5]를 예로 들며, 관료와 전문가들이 중증장애인의 생활상을 제대로 파악하여 이들에게 실제 도움이 되는 정책을 펴기보다는, 주 20시간 보조써비스라는 형식적인 지원책을 내놓는 데 그쳐, 그 부담을 고스란히 장애인 가족들에게 안겨주고 있어 "장애인(가족)을 빈곤으로 내모는 정책"을 되풀이하고 있다고 질타한다. 이주 노동자들의 도우미 역할을 하고 있는 박명숙씨 역시 정부의 정책이 "합법적으로 데려와서는 일거리를 안 주어 불법취업을 양산하고 있다"고 비판한다. 그런가 하면 김한성씨는 정부의 "정책이라는 게 다 그럴듯해 보이지만 구멍이 많다보니까 피해를 보는 사람들이 많다"며 정부정책이 서민들의 생활에 별 도움이 안되거나 오히려 부작용을 낳는다고 지적한다.

정책들이 보면 대부분 전문가라는 집단이 만들잖아요. 전문가라는 집단이 그들이 생각하는 장애인의 모습을 거기에 대입하는 건데 실질적인 모습은 너무 다르거든요. 활동보조제도라는 게 일주일에 20시간이에요. 그러면 하루 종일 활동보조가 필요한 사람은 하루 쓰고 나면 나머진 없는 거에요. 나머진 죽어 있어야 하는 거죠. 그런 식에 문제가 되고 있구요.(김다혜, 32면)

양극화의 다섯번째 원인으로는 대기업 중심의 독식체제와 노무공급에서의 중간착취 관행을 들 수 있다. 정부가 수출지향 경제정책을 밀고 나갔던 1960~80년대에는 각 산업별로 대기업 육성을 지원하는 정책을 폈다. 이 시기에 대기업들이 중소기업 육성과 일자리창출에 주도적인 역할을 하면서 수출성장에 따른 이른바 적하효과(trickle-down effect)[6]를 창출하여 경제적 재분배에 크게 기여했다. 그런데 1990년대 세계화시대를 맞아, 특히 외환위기를 거치면서 대기업들은 무한경쟁을 이유로 수익 구조 개선을 최우선하는 경영체제로 전환했으며, 이를 위해 정규직 인력의 대규모 감축과 비정규직화 그리고 사업구조의 외주화 등을 추진했다. 그리고 시장지배력을 앞세워 중소업체들을 수직계열화하고 납품단가의 인하를 통해 수탈적인 하도급계약을 강요해왔다.[7] 이처럼 단기 수익관리에 주력함으로써 원청 대기업들은 엄청난 수익을 거둔 반면 하청 중소기업들은 빈사상태에 내몰렸다. 대기업들이 오로지 수익성 증진을 위해 중소기업들을 압박·수탈하는 수익독식 메커니즘(squeeze-up mechanism)이 살벌하게 작동됨에 따라 노동양극화 구조가 고착되고 있는 것이다.

IT업계의 원·하청관계에 대해 김영훈씨는 "커다란 피자판"에 비유한다. 그에 따르면, 정보통신 분야 국책사업은 통상 대기업들이 수주하게 마련인데, 대기업들이 상당한 몫을 챙긴 다음 남은 '피자 조각'을 1차 하청업체들에 나눠주고, 1차 하청업체들은 다시 이를 쪼개 2차 하청업체 등에 나눠주는 일이 일상화되어 있다고 한다. 이처럼 다단계 원하청구조를 통해 대기업은 수주만으로 상당한 수익을 거두는 반면, 1,2차 하청업체는 온갖 일을 도맡아 하지만 낮은 수익 때문에 몇년째 임금을 인상하지 못했을 뿐 아니라 직원은 중노동에 시달리는 형편이다. 김영훈씨는 최근 새롭게 시작한 금융권 일을 통해서도 원·하청업체들간의 먹이사슬구조가 존재함을 확인했다.

이진우씨와 강재섭씨 그리고 고광택씨 역시 건설업과 제조업 그리고 화물운송업에 다단계 원·하청 하도급 관행이 만연해 있음을 지적하고 있어, 산업 전반에 이러한 원·하청 수직계열구조가 일반화되어 있음을 알 수 있다. 이에 덧붙여 이진우씨는 '불법다단계 하청구조'하에서 "단가가 얼마인지도 모르면서 원청기업이 주는 대로 일을 받아 수행하는" 불투명한 도급계약 관행을 문제시하고 있으며, 강재섭씨 역시 물가인상에 따라 제조경비를 상향조정해야 함에도 원청 대기업의 압력 때문에 제조경비와 인건비를 낮출 수밖에 없는 고충을 털어놓는다. 또한 대기업 정규직으로 근무하는 고광택씨는 화물트럭의 지입차주인 사촌동생에게서 대기업 노조의 과도한 임금인상 때문에 부품협력업체들과 화물운송 사업자들에게 돌아갈 몫이 갈수록 줄어들고 있다는 불평을 들었다고 한다. 원청기업의 단가인하 요구가 노동조합활동에서 비롯된다는 것이다.

조상구씨와 고지은씨 역시 써비스부문에서 "대기업을 살찌우기 위해", 다시 말해 대기업의 안정적인 수익을 보장하기 위해 대리점 또는 가맹점을 운영하는 개인사업자들에게 점포 보증금과 유지경비를 떠넘기는 부당한 계약관행을 지적하기도 한다. 그 결과, 강재섭씨와 이성자씨가 하소연하듯이 하청 중소기업에 근무하는 대다수 노동자들은 업체의 열악한 지불능력 때문에 "물가가 자꾸 올라도 임금을 올리지 못하여" 늘 생활고에 시달린다. 또한 최민호씨의 말을 빌리자면 "대기업과 중소기업의 임금격차가 엄청나게 심화되는 구조적인 문제"로 중소기업들은 일할 사람을 제때 구하지 못하는 인력난을 겪고 있다.

IT업계도 좀 심각한 게, 우리나라 산업구조라는 게 기업이나 사회생활 하는 분들은 아시겠지만. 국책사업을 벌이면, 그 돈을 신뢰할 수 있는 대기업이나 안전한 기업에 줍니다. 커다란 피자판이라고 하는, 그런 피자판을 대기업이나 이런 데 딱 던져주고, 니들이 다 해봐라. 그러면 대기업들이 달려들어 쪼개서 각자 나눠먹고, 그들이 가장 먼저 생각하는 게 내 몫은 이건데 내가 이걸로 얼마나 이윤을 낼 수 있을까. 기업이라는 속성 자체가 이윤을 낼 수밖에 없고, 그런 거기 때문에, 우리 것은 떼어두고, 3분의 1이면 3분의 1. 이렇게 떼고 남은 피자를 다시 하청업체에 줍니다. 근데 또 대체로 그럼 또 2차 하청을 주죠. 이게 모든 산업구조에 팽배해 있습니다.(김영훈, 397면)

외환위기 이후 기업들은 구조조정을 단행하면서 정규직 직원들을 감축하고, 파견업체에서 제공하거나 사내하청 또는 용역업체에서 관리하는 비정규직 노동자들이 그 업무를 담당하게 했다. 파견·하청·용역 노동자들은 간접고용이라 불리는 비정규직의 한 유형으로서, 이들을 고용하는 업체와 이들의 노동을 사용하는 업체가 상이하다는 점에서 법적으로 3자간의 고용관계를 구성한다. 기업들이 인건비 절감과 고용유연화를 위해 직접고용한 인력을 활용하기보다 노무공급업체들로부터 인력을 제공받는 간접고용을 선호하는데, 이는 국내에서뿐 아니라 일본과 서구 선진국에서 점차 확대되고 있다. 특히 우리나라에서는 최근 수년 동안 비정규직문제가 사회적 이슈로 부각되고 비정규직보호법이 제정·시행됨에 따라 많은 기업들이 직접고용하던 기간제 임시직 노동자를 퇴출하고 간접고용 인력에 대한 의존도를 높이고 있다. 조중호씨에 따르면, 지방 중소업체들에서 파견인력의 활용이 널리 일반화되어 있다. 심지어 자신이 일하는 대공장에서도 사내하청 노동자들이 원청업체의 관리감독을 받으며 일하고 있을 정도로 불법파견[8]이 폭넓게 관행화되어 있다.

그런데 이같이 간접고용된 비정규직 노동자들은 일부 대기업 사업장을 제외하면 통상 직접고용된 비정규직 노동자들보다 불안정하고 열악한 고용조건을 감수한다. 합법이든 불법이든 원청업체의 일방적인 파견 또는 용역계약과 노무공급 사업자의 중간이득 챙기기로 이중착취에 시달리는 것이다. 사정은 조금 다르지만, 이주 노동자인 조재야씨의 경우에도 한국으로 돈 벌러 오기 위해 자기 나라의 브로커에게 5000달러를 알선료로 지급해야 했다. 그뿐 아니라 국내에 들어와 초기에는 월급의 대부분을 갈취당했고 새 일자리를 구할 때도 국내 브로커에게 소개비를 뜯겼다. 이처럼 우리 노동시장 밑바닥에 있는 파견직 또는 사내하청 노동자들과 이주 노동자들은 노무공급 업체와 브로커의 중간착취에 시달리고 있다.

대한민국 다 불파(불법파견)공장이여. 불파공장이고 원청에서 다 지시를 받아서 한다고. 다 그건 불파지. 불법파견이지. 우리도 실질적으로 용역업체 직원으로 와서 근무를 하고 있지만 실제 정규직 관리 안 받나? 관리 다 받지요. 형식적으로만 직접적인 관리를 안 받는다뿐이지.(조중호, 113~14면)

날로 불평등해지는 한국사회

건설현장에서 일용직 노동으로 하루하루 밥벌이를 하는 어느 '노가다' 시인은 스스로를 개잡부라 비하하며 이 사회를 '개 같은 세상'이라 묘사하고 있다. 양극화의 그늘에서 살아가는 수많은 사람들은 고단한 노동을 통해 개잡부 시인의 저주 섞인 한탄에 공감할 것이다. 자신의 노력으로 오늘 겪는 빈곤의 고통을 내일의 풍요로움으로 탈바꿈시킬 수 있다면 그나마 희망을 가질 터인데, 실제로는 그게 불가능해서 다들 불만과 좌절감을 키우며 살아가고 있다.

사실 앞서 언급한 양극화 촉발 요인들은 구조적인 난제(難題)들로 서로 맞물려 빈부격차 추세를 더욱 강화하고 있다. 그런데 최장집 교수가 지적하듯이 양극화의 확대재생산 논리가 거침없이 작동하는 이면에는, 한국 민주주의의 사회경제적 기반의 취약함에 더해 서민과 노동자의 민생을 도외시한 채 부자와 기업가의 이익을 충실하게 지켜주는 시장체제─국가와 보수언론의 권력블록이 강고하게 뒷받침해주는─가 버티고 있다.[9] 다시 말해 서민과 노동자의 고단한 삶을 방치하고 희망을 박탈해버린 양극화라는 현실은, 분배정의를 구현하려는 민주주의의 가치규범과 정치적 기반이 성숙하지 못한 우리사회의 자화상이 되고 있다.

우리시대 희망찾기

11장

노동조합과 시민단체,
양극화의 저지세력인가?

1970년 11월 13일 오후 1시 30분경 "우리는 기계가 아니다" "근로기준법을 준수하라"며 자신의 몸에 석유를 끼얹어 불덩이로 만든 청년이 있었다. 그는 쓰러져 의식을 잃기 전까지 "내 죽음을 헛되이 말라"고 외쳤다.

— 조영래, 『전태일평전』

자본주의와 노동조합

　자본주의사회에서 노동자들은 자신의 노동력을 팔아 받은 임금으로 생계를 꾸리고, 사용자는 노동력을 구입하여 재화나 써비스를 만들어 시장에 내다팔아 수익을 얻는다. 이처럼 자본주의 경제체제에서는 노동자의 일할 능력, 즉 노동력이 핵심 상품으로 거래된다. 미국의 경제학자인 사무엘 볼스와 허버트 진티스는 자본주의사회에서 노동자와 사용자가 노동력을 사고파는 거래를 '각축적인 교환'(contested exchange)이라 부른다.[1] 이들에 따르면, 노동력의 교환을 성사시키는 고용계약에서 사용자와 노동자는 임금 수준과 노동강도를 둘러싸고 서로 대립한다. 사용자는 적은 임금을 주면서 더 많은 일을 해주길 바라는 반면, 노동자는 반대로 많은 임금을 받으며 덜 고단하게 일하길 원한다는 것이다. 또한 이들은 노동력의 교환에서 노동자와 사용자의 '비대칭적인' 권력관계가 관통하고 있음을 강조한다. 왜냐하면 노동자들은 자신의 노동력을 팔지 못할 경우 생계를 유지할 수 없기 때문에 사용자와의 교환관계에서 불리한 위치에 놓이게 마련이기 때문이다.

　프리드리히 엥겔스는 『영국 노동계급의 상태』에서 산업혁명 때 어린 노동자들에게 공장에서 밤새 일을 시키며 턱없이 낮은 임금을 주는 노동착취 현장을 사실적으로 묘사하고 있다. 자본주의가 발전하면서 기업들이 시장에서 우위를 확보하고 더 많은 수익을 얻기 위해 신기술 도입과 생산기법의 혁신을 지속적으로 추구함에 따라, 노동자들은 일자리를 잃고 길거리로 쫓겨나거나 고용불안에 시달리게 되었다. 산업화 초기부터 노동자들은 노동착취와 고용불안에 맞서기 위해 노동조합을 조직하여 더 나은 노동조건과 생활임금을 쟁취하기 위해 투쟁했다. 20세기 들어 러시아혁명을 비롯한 변혁운동이 활화산처럼 타오르자 서구에서는 노동자계급의 급진화로 자본주의체제의 근간이 위협받는 사태를 막기 위해 노동자의 사회경제적 지위 향상을 보장하는 제도를 마련한다. 즉 노동조합 조직과 단체행동을 합법화한 것이다. 이처럼 자본주의의 역사는 노동력의 상품화에 따른 착취와 불평등의 재생산구조를 제어·시정하기 위한 노동자들의 치열한 투쟁으로 점철되어왔다. 그 결과 2차대전 이후 서구의 노동자들은 노동조합의 제도화에 힘입어 자본주의의 폐해를 규율하는 저지선을 구축함으로써 고용안정과 삶의 질 개선을 누릴 수 있었다.

그런데, 미국의 저명한 노동경제학자인 리처드 프리먼(Richard Freeman)과 제임스 메도프(James Medoff)는 노동조합이 '의사표출'(voice)과 '독점'(monopoly)이라는 양면적인 기능을 수행한다고 주장한다.[2] 이들에 따르면, 노동조합의 의사표출 기능은 사업장 수준에서나 사회적 차원에서 경제적 약자인 노동자들의 권익과 요구를 집합적으로 대변하는 역할을 담당하여 산업현장과 사회 전반의 민주적 질서를 확립하는 데 기여한다. 노조의 독점 기능은 단체교섭을 통해 조합원들의 이익 증진에만 몰두함으로써 기업에 비용부담을 안겨주어, 비조합원인 노동자들의 일자리를 축소하거나 고용조건의 격차를 확대하는 등 부정적인 영향을 끼칠 수 있다. 따라서 노동조합이 성별·직종·고용지위·업종 구분 없이 전체 노동자들의 권익을 대변하고 증진한다면, 산업민주주의와 사회민주주의의 보루로서 연대를 구현하는 실천주체로 자리매김될 것이다. 반면 조직 내부자인 조합원들의 권익을 신장하는 데 그칠 경우에는, 외부자인 미조직 노동자들의 이익을 외면함으로써 노동시장의 중층구조를 초래할 수도 있다.

세계화시대를 맞아 신자유주의 담론이 선시구적으로 확산됨에 따라 노동조합 조직률이 하락했으며, 노동자들의 경쟁을 억제하는 탈시장적

규제력(de-marketizing regulation power)도 크게 위축되었다. 실제로 지난 10여년 동안 많은 나라에서 국가경쟁력 제고를 위한 노동시장 유연화 정책이 추진되면서, 비정규직을 비롯한 노동빈곤층의 증가와 소득불평등 확대에 따른 양극화가 심각해졌는데도 노동조합은 너무나 무기력하다는 지적을 받아왔다. 그러면 노동조합이 과연 연대의 축으로 기능하는지, 아니면 분열을 방치, 조장하는지에 대해 구술자들의 생각을 들어보자.

일터의 약자 지킴이, 노동조합

노동조합이라는 거는 있는 게 좋죠. 그렇게 해야만이, 밑에 말단직에 일하는 사람들 불이익이 들어오면 목소리를 내서 구제하는 방법도 있을 것이고, 노동조합이란 단체가 없으면 약자가 많이 당하죠. 노동조합이 있으면 목소리를 내서 약자들을 구제하려 하니까 그러면 있는 게 좋죠.(김수택, 217면)

김수택씨는 건설현장의 일용직 잡부로 일하는 자신 같은 "말단" 노동자들에게 노동조합이 "없으면 약자들이 많이 당하는" 현실에서 그들의 고충과 애로사항을 "구제하는 목소리"로서 존재가치가 있음을 역설한다. 뒤늦게 덤프연대 노조활동에 참여한 이진우씨 역시 "혼자서는 살아갈 방법이 없다보니 단체(노동조합)로 하면 얻는 게 더 많기" 때문에 "제재도 당해보기도 하지만" 노조활동에 열심히 참여하게 되었다고 전한다. 조중호씨는 사내 하청업체들에 노동조합이 설립되어 사장들이 비정상적인 방법으로 직원들의 인건비를 갈취하는 부조리한 관행을 폭로하고 잔업거부 등의 집단행동에 나섬으로써, 원청기업이 문제의 업체사장을 교체하도록 하여 "노동자들의 피 빨아먹는 현장비리들"이 많이 없어졌다고 한다. 강재섭씨는 "노조가 있으면 그만큼 파워가 있고 그만큼 단합이 되면 외국으로 갈 물량들을 우리가 때우고 또 인건비가 낮으면 인건비도 올리고 고용보험을 좀 올리니" 그 필요성을 절감한다고 얘기한다. 또한 조상구씨도 대리운전의 콜비를 제멋대로 올리는 업체 사용자의 횡포를 "제지하기 위해서는 노동조합이 필요하다"고 말한다. 조재야씨 역시 이주 노동자들의 고충을 상담해주는 유일한 상대로서 노동조합의 필요성을 강조하기는 매한가지이다. 이처럼 노동시장의 주변부에 있는 구술자들은 노조가입 여부에 관계없이 그들의 고충 해결과 권익증진 그리고 일자리 보장과 현장비리 척결 등을 위해 노동조합이 필요하다는 점을 절감하고 있다. 왜냐하면, 조중호씨가 얘기하듯, 그들은 "아무것도 아닌" 취약한 지위에 놓여 있는 만큼 "뭉치면 살고 흩어지면 죽는다"고 생각하기 때문이다.

노동조합은 필요하죠. 우리 대리운전 기사들의 복지도 보호할 수 있고, 우리도 주장하는 걸 낼 수도 있고. 사실 우리들의 주장은 수용이 안되고, 사용자의 의견과 방침만 내려보내요. 자기들이 올리면 그냥 올려버려요, 콜비도. 의견수렴 없이 자기 나름대로 올리니까 그러니까 횡포지. 그런 횡포를 제지할 수 있는 거는 노동조합밖에 없다. 그 방법밖에 없기 때문에. 그리고 뭐 분쟁 전에 협상이 되면 그만큼 좋은 게 없고 서로서로 부족한 점을 메울 수가 있으니까.(조상구, 473면)

좋은 일자리를 가진 구술자들도 노동조합에 직접 참여할 기회가 없음에도 불구하고 소식의 긍정적인 기능에 공감을 표하고 있다. 김한싱씨는 노동조합이 약자들의 이익을 대변하는 조직으로서뿐 아니라, 개발독재

시대에 사회민주화에 지대한 공헌을 했고 기업 차원에서도 경영의 동반자 역할을 할 수 있다는 점을 인정한다. 변형진씨 역시 YH사건을 회고하면서 산업화과정에서 국가권력의 탄압에 맞서 노동자들이 생존권을 지키기 위해 노동조합을 조직하여 투쟁했던 사실을 상기시키고, 노동자들의 "기본적인 권익을 최저선에서 보장받기 위해서라도" 노동조합이 여전히 필요하다고 말한다. 오현우씨의 경우에도 자신이 종사하는 금융기관의 사례를 소개하면서, 노동조합이 조합원들의 의견을 반영하는 통로로 기능할 뿐 아니라 회사의 핵심 권력부서인 전략기획실과 인사노무실을 견제하여 조합원 이익증진에 크게 기여한다고 본다. 그는 또 나름의 흥미로운 사회분석을 통해 노조의 필요성을 강조한다. 우리사회가 "경제 시스템과 정치 시스템"으로 구성되는데, 전자가 자본주의의 효율성을 추구할 수밖에 없기 때문에, 그에 따른 폐해를 억제하기 위해서는 정치적인 제어판으로서 노동조합의 역할이 중요하다는 것이다.

> 사측은 기업의 이익을 주장하고 대변하는 그런 우월적 지위에 있는 존재란 말이에요. 근데 노조는 어쨌거나 피고용인이에요. 그러니까 어떤 사회적 관계에서 보면 약자예요. 약자의 이익을 대변하기 위한 집단으로서 가치는 충분하지요. 뭐. 특히 우리가 개발성장과 독재 시대를 거치면서 노조가 사회민주화에 미친 영향은 지대하다고 생각하고, 노조가 필요하다고 생각해요. 노조가 집행부의 이익만을 대변하지 않고, 정말 기업을 위하고 지역사회와 국가를 위한다면, 그런 발전적인 측면에서의 노조활동과 역할은 아주 귀하다고 보거든요. 그런 측면에서 하여튼 기업과의 동반자 역할이며, 기업주가 볼 수 없는 시각에서의 혁신 등의 역할을 많이 한다고 생각해요.(김한성, 334~335면)

노동조합은 노동자들 스스로 자기 권리를 쟁취하기 위해 만든 조직이다. 사용자의 피동적인 통제대상이었던 노동자들은 노동조합의 결성과 단체행동에 참여함으로써, 그동안 감내했던 노동현장의 문제를 시정할 것을 요구하는 주체로 탈바꿈한다. 이경숙씨는 "삑하면 자른다"는 협박에서 벗어나 "마음 편하게 일하고 싶다"는 간절함에서 동료들과 함께 노동조합을 만들었고, 노조활동을 통해 "진짜 바보처럼 시키는 대로 일만 하던" 사람들이 "똘똘 뭉쳐서 받을 건 받아내는" 체험을 통해 단결의 힘을 확인했다. 그녀는 조합원들의 단합된 힘으로 고용안정과 청소구역의 이동자유 보장 그리고 중식식대 제공 등 값진 성과를 '쟁취'했다는 사실을 자랑스럽게 언급한다. 또한 "우리가 정당하게 일하고 받을 권리 같은 거를 얻게 하고 그러니까 즐거운 분위기에서 일할 수 있게 된" 것이 노동조합 덕이라고 고마워한다. 홍순임씨 역시 노조활동을 통해 하루의 휴가, 생일이면 받게 된 5000원짜리 문화상품권 등의 작은 성과들을 소중히 생각하는데, 그녀는 노조 없이는 "그렇게 쪼그만 거지만 바꾸기 힘들다는 걸 잘 알고 있기 때문에 작은 거라도 뭔가 달라졌다는 걸 중요시하고 고맙게" 받아들이고 있다.

만날 삑하면 사람 자른다고 그러고, 일도 그냥 막 그냥 시키고, 아이고 진짜 벌어먹고도 더럽잖아요. 일을 하면서도 치사하고. 조합 만들면 사람도 못 자른다는데 우리 이거 만들어서 마음이나 편하게 일을 하자고. 그래서 우리 이 아줌마들이 그 얘기를 듣고 그러면 우리 만들자고 해가지고 이 노동조합이 만들어진 거예요. 조합을 만들면서 많이 변화가 되었어요. 우리가 몰랐던 부분도 많이 알게 되고, 야 이게 이런 거였구나, 우리가 진짜 바보처럼 시키는 대로 일만 했구나, 진작에 이런 걸 만들어서 똘똘 뭉쳐서 받을 건 받아내고 일 해줄 건 일 열심히 해주고 그러는 건데 이렇구나, 그걸 인세 일을 하면서 깨달은 거예요.(이경숙, 28~29면)

또한 약자의 지킴이로서 노동조합활동에 적극 나선다는 것이 자기희생과 헌신을 요구하는 일인 만큼, 그 운동에 앞장서는 사람들에 대한 구술자들의 깊은 믿음이 표출되기도 한다. 사내하청노조 간부들의 헌신적인 활동을 곁에서 지켜본 조중호씨는 노조활동가들이 자신의 이익을 취하기 위해서가 아니라 "자신의 몸을 투자하고 희생시켜 같은 노동자들을 어떻게 하면 더 살게 해주려고" 노력하는 것으로 높게 평가한다. 이창석씨의 경우에는 자신이 일하고 있는 건설현장이나 중소사업체들에는 노동조합이 거의 없거나 있는지조차 알기 어렵다고 얘기하면서도 "진짜 노동운동가가 없는 사람들을 대변하고 있다"고 믿기 때문에 그런 사람이 그의 일터에 나타나면 적극 동참하겠다는 의사를 밝히고 있다. 편의점 알바로 일하는 고지은씨는 2007년 이랜드 비정규직노조의 파업사태를 지켜보면서 회사의 부당한 해고조치에 반대하는 "아줌마나 아가씨" 비정규직 노동자들의 파업행위가 "그렇게 잘못한 것 같지 않은데" 점포 업주들이 "손님 떨어지고 시간되면 (회사 관리자의 종용으로) 파업을 막으러" 나서게 되어 귀찮아하며 욕설을 하는 태도를 비판하기도 한다.

노동조합운동의 문제들

구술자들은 노동조합의 존재와 그 활동의 필요성에는 공감을 표했으나 우려와 비판 또한 제기하고 있다. 대공장 노조 조합원인 고광택씨는 외환위기를 전후하여 "서로 땀 흘려가면서 부대끼며 일하고 대포 한잔하며 함께 어울렸던" 작업장 동료의식이 사라지고 이기주의와 개인주의가 만연하여 날로 각박해지는 분위기를 안타까워한다. 조합원들이 예전

같이 집회나 파업 등 노조활동에 관심을 보이지 않은 채 자기 몫 챙기기에 급급하여 "나밖에 모르는" 현장이 되어버렸다고 한탄하며, 노조조직이 보수화되거나 현장이 아예 초토화되지 않을까 하는 우려를 털어놓는다. 최미경씨 역시 "학교에 딱 들어와보니까 전교조라는 게 괜찮은 선생님도 많긴 한데, 단체를 딱 봤을 때는 너무 자기네들의 개인 이기주의 그런 발상만 하고 좀 자기네들 이익만 추구하는 그런 단체라는 생각이 자꾸 더 들더라고" 하며 임시직교사의 눈에 비친 교원노조의 실상을 지적하고 있다. 그녀는 일례로 적잖은 수의 정규직교사가 학생들의 교육이나 비정규직교사의 사정을 고려치 않고 자신의 편의에 따라 휴직시기를 결정하는 관행을 꼬집는다.

> 지금 같은 경우에는 그 뭐 세대가 변하고 뭐 핵가족화되어가서 그런지 모르지만, 지금 같은 경우에는 나밖에 몰라요. 내가 필요하면 내가 이걸 하나 가져서 먹고 싶다, 그러면 수단과 방법을 가리지 않고 대의원을 통하든, 관리자를 통하든 이걸 가지려고 그래. 그 98년 외환위기를 거치면서 뭐든지 있을 때 벌어놓고 보자. 일을 무지 하든, 특근을 하든 벌어놓고 보자. 98년도를 겪다보니까 이제 내가 여기 몸담고 있을 때 벌어서 최대한 먹고살자. 벌어서 놓자. 이후에는 내가 짤렸을 때 또 치열하게 싸워야겠다. 내 짤릴 때 짤리더라도 부지런히 먹고살자. 이런 것밖에 없어요. 그런 것들이 있기 때문에 자기 개인, 이기주의로 흘러가고 그렇게 되는 거지요.(고광택, 215, 248면)

강재섭씨는 서민의 시각에서 대기업 노조가 "배때기가 불렀다"고 신랄하게 비난한다. 그는 보너스와 퇴직금 그리고 의료보상비 등 온갖 복리후생의 혜택이 주어지는 대기업에서 더 달리고 파업하는 모습이 그리 달갑지 않다. 박명숙씨 역시 지금의 노동조합운동이 "진짜 노동자를 위하기"보다는 자신의 이익을 지나치게 좇느라 정치적으로 변질되고 있다고 질타한다. 이성찬씨는 자신처럼 하루벌이로 연명하는 노점상이나 힘이 없어 봉급 인상 얘기도 못 꺼내는 용역직 노동자들과 달리 4000~5000만원의 고액연봉이 보장된 대기업 노조들이 "먹고살 만한데 죽이자 뭐 하자면서 으쌰으쌰 싸우는" 과격한 투쟁을 벌이는 것을 이해할 수 없다며 고개를 가로저었다. 또한 최형철씨는 연례행사처럼 노사분규가 일어나는 현대자동차를 예로 들어 "기업이 장사를 잘해야지 사람들이 먹고사는데, 그걸 방해할 정도로 파업한다는 거는 있을 수 없다"면서 노조의 집단행동이 국가경제나 서민생활에 크게 해를 끼치고 있다고 주장한다.

노조에 대해선 잘 모르지만, 어떨때 보면, 배때기가 불렀다. 그 정도 임금이면 되지 얼마나 더 많이 벌려고 하나. 더 달라고 파업을 해서 손해를 끼치고 물건 안 만들고. 웬만하면 파업 안하고 하면 서로가 좋은데. 근데 그 사람들 큰 회사 있는 사람들은 보너스도 있죠, 퇴직금도 있죠, 그래도 다달이 나오는 월급이 있죠. 그런 사람들은 굉장히 좋은 거야. 우리네 같은 경우는 보너스도 없지 퇴직금도 없지. 뭐 나오는 게 내가 일해서 내가 벌어서 먹어야지만. 아파서 누워 있어도 10원 하나 안 나와요 우리는.(강재섭 674면)

지금 노조는요, 너무 정치색이 짙은 거 같아요. 너무요. 너무 정치색이 짙은 거 같아요. 어떤 때는, 물론 저 사람들도 이유가 있다 하고 처음에는 좀 이렇게 정도껏 하는 거는 좋아하는데, 나중에는 눈살 찌푸리게 만들어요. 나중에 노동자를 위해서라기보다, 자기네 정치를 위해 그러는 거 같아요. 진짜 노동자를 위해 일한다고 하면은 그런 식으로 안해요. 너무 정치적이에요. 근데 인제 전태일이 시대가 지난 거 같아요. 노동자를 위하는 건 이미 지나갔어요. 자기 이익을 위해서는 너무 막 피눈물 없고 회사도 안 돌보고. 회사가 살아야 자기네도 사는데, 너무 있잖아 배가 부르다 못해 터지길 바라는 거 같아요.

(박명숙, 132면)

2006년 현재 노조조직률이 10퍼센트 수준에 머물러 있는 가운데, 종업원수 300인 이상 대기업 조직률이 62.9퍼센트인 반면 30인 미만 영세 사업장의 경우에는 단지 8.3퍼센트에 불과하다. 또한 정규직 노동자의 노조조직률은 21.7퍼센트에 달하지만, 비정규직 노동자의 조직률은 기껏 2.8퍼센트이다. 이처럼 노동조합이 대기업 정규직 노동자들을 중심으로 조직되어, 정작 노동조합이 절실히 필요한 중소사업장과 비정규직 노동자들 대다수는 소외되어 있다. 건설일용직인 이창석씨는 노동운동단체가 자신 같은 "변방의 사람들"에 대해 해주는 것 없이 일부 노동자들만을 대표하고 그들의 이익을 추구하는 집단이기주의로 변질되고 있다고 강하게 비판한다. 그렇다보니 노동조합이 대기업 정규직 조합원의 이익 보호에 치중하고 대다수 취약 노동자들을 소홀히 함으로써 노동양극화를 방조하고 있다는, 노동조합운동의 '연대 위기론'[3]을 제기되기도 한다.

노동운동단체도 지금 만인을 위한(?) 노동운동이 아니잖아요. 뭐 자기 자기 집단 있잖아. 어떤 집단을 대표하는 노동운동이지 내가 보기에는. 이런 우리처럼 변방에 나와 있는 사람들 있잖아. 이런 사람들을 위해서 그 사람들이 해주는 게 뭐가 있냐 이거지. 없다 이거지. 진짜 제로예요, 제로. 그러나 우리나라 사람들 목소리 크면 이긴다고 집단이기주의 해갖고 자기들이 추구하는 그것만 싹 빼내갖고 가고. 난 진짜 그런 거 보기 싫어요. (이창석, 165면)

최근 노동조합운동이 침체하게 된 원인으로 노조 내부의 여러 문제가 지적되기도 한다. 조중호씨는 자신이 일하는 공장의 노조간부들이 "끝발"을 내세워 연봉 3000만원이 넘는 정규직 신입사원 채용에 개입하는 잘못된 관행을 고발한다. 사실 지난 수년 동안 노조간부들이 금품수수와 인사개입 등으로 파문을 일으키며 운동의 도덕성을 손상시키는 사건이 연이어 터져나왔다. 김한성씨 역시 공기업노조의 사례를 들어 노동조합 간부들이 "경영층이라든지 관리층 위에서 군림하여" 인사에 개입하거나 경영혁신에 "반대를 위한 반대"를 하는 일이 잦은 점을 문제 삼고 있다. 다른 한편 이진우씨는 노동조합활동에 "진짜 사람이 많으면 많을수록 힘이 일어나는데, 사람이 없다보니까 힘이 빠진다"고 하면서 "노조 지도부가 앞에서 보여주면 따라갈 텐데 얼굴도 잘 안보이니까", 다시 말해 노조의 리더십이 무너져 조직이 유지되지 못하고 와해되는 것이라고 주장한다. 또한 고광택씨는 조직 내부의 '정파'라고 불리는 활동가집단의 경쟁과 권력다툼으로 노동운동의 순수성이 사라진다고 걱정하기도 한다. 이에 더하여, 아파트경비원인 박영국씨는 단지마다 노조가 조직되어 있기는 한데 조합비만 걷어갈 뿐 별 도움을 받은 기억이 없다며, 자신이 노동조합에 그리 관심을 갖지 않은 이유를 밝혔다. 사내 하청노조의 총무 일을 맡고 있는 조중호씨는 조합비도 충분하고 회사에서 모든 것을 지원받는 정규직노조와 달리, 비정규직노조는 회사의 인정을 받지 못해 활동비조차 빌려 쓰는 어려움을 겪고 있다며 고충을 털어놓는다. 이처럼 오늘의 노동조합운동은 비리, 지도부의 소극적인 활동, 재정적 어려움 등으로 노동자 지킴이로서의 위상에 적잖은 타격을 받으며 고전을 면치 못하고 있다.

생산직을 뽑는데, 그것도 간부들 통해서 들어오는 사람들, 노조 진짜 끝발 있는 간부 통해서 들어온 경우고, 그런 추천으로 들어온 경우가 있어요. 걔들은 어디 뭐 누구 추천이라고 써놓게 되어 있어요. 그러면 써놓는다고 그러더라

고, 누구 추천이라고.(조중호, 132면)

반노조 정서에 사로잡힌 지배집단들

우리나라에서는 한국전쟁 이후 냉전체제가 공고해지는 가운데 노동자들의 조직화와 집단행동이 불온시되었다. 특히 1961년 5·16쿠데타로 집권한 박정희정권 치하에서는 노동조합운동이 경제성장에 걸림돌이 되지 않도록 철저히 통제되었다. 재벌 총수를 비롯한 대부분의 사용자들은 회사를 자신의 전유물로 생각하여 노동자들에 대한 군대식 노동통제를 강요하는 한편, 노동조합의 존재 자체를 적대시하는 관행을 뿌리깊게 심어놓았다. 주류언론도 지난 1980년대부터 상업주의에 함몰되면서 경제적 약자인 노동자들의 '입'이 되기보다는 정권이나 자본가에 영합하여 경영효율과 성장담론을 내세우며 노동조합운동의 문제점만을 부각시켰다. 그리하여 반노조 여론을 만들고 증폭시켰다. 그런데 민주화된 지 20여년이 지난 요즘에도 지배집단들은 헌법의 노동기본권에 입각하여 정당하게 활동하는 노동조합을 여전히 불온시하고 배격한다.

조중호씨는 회사 경영진이 노조의 정당한 요구를 받아들이기보다는 노동조합 무력화에 몰두하고 있다고 성토한다. 구체적인 사례로 최근 단체교섭에서 회사측이 요구한 전환배치를 언급하는데, 사측은 유휴인력의 업무조정 차원에서 이를 제안하는 것이 아니라 노조간부나 활동가를 따돌리기 위해 "악용"한다는 것이다. 노동조합과는 무관한 위치에 있는 변형진씨 역시 "사용자 집단은 아무래도 노조를 껄끄럽게" 여기고 있으며 "심지어는 노조가 생기면 사업장 폐쇄하겠다, 이렇게 협박하고 폐업한 다음 다시 조업하는" 방식으로 대응한다는 얘기를 해주었다.

실제로 노동조합이 사측에 요구하는 게 무리한 조건은 아닌데 그리고 만날 사측은 노동조합 무력화시키려고 한다는 거. 무력화. 일반적으로 회사 속셈은 뭐냐하면 전환배치 시켜놓게 문을 열어놓으면 강성 조합원들, 회사 맘에 안 드는 간부들 다 전환배치시킬 것 아니야. 그러면 결론적으로 노동조합을 어용으로 만든다 이거야. 어용. 노동조합을 무력화시키는 거지. 그 속셈이다 이거야.(조중호, 118면)

오현우씨는 "귀족노조"라는 비난이 보수언론에 의해 만들어졌다고 지적한다. 이런 부정적인 이미지가 계속 부각되는데도 노동조합들이 제대로 대응하지 못하는 현실을 안타까워한다. 심지어 조중호씨는 보수언론이 "노동자를 위해 (기사를) 쓰는 게 하나도 없고 다 사용자의 대변인 노릇을 하기" 때문에 "국민들이 언론들 장난에 사기당하고" 있다고 분개한다. 그가 분노하는 배경에는 사내하청노조를 설립했을 때 회사가 동원한 용역깡패들에게 폭행을 당해 언론사들에 취재 요청을 했음에도 철저히 외면당한 쓰라린 경험이 깔려 있다. 조중호씨 역시 노조활동을 하기 이전에는 "항상 언론이 떠들어대는 노동조합 맨날 디리 까는(심하게 비난하는)" 얘기만 듣고 "처음에는 보수언론이 얘기하듯이 그런 줄 알았던" 기억을 떠올리며 보수언론의 낙인찍기식 여론 왜곡에 강하게 문제제기를 하고 있다. 그는 "진짜 올바른 생각을 가지고 있는 지식인들이 나서서" 노동자들의 어려운 현실을 고쳐줘야 하는데, 권력이나 돈을 탐하는 어용지식인들이 많아 우리사회의 문제를 제대로 치유하지 못하고 있다고 덧붙인다. 고광택씨의 경우에는 "노동자들은 시키면 시키는 대로 일해왔던 것인데" 정부와 정치권에서 배부른 노동자들의 파업으로 몰아, 문제를 근원적으로 치유하려 하기보다는 "강제로 눌러 때려잡겠다"는 발언을 일삼는 것을 지적하며, 사회 지도층의 구태의연한 관점을 문제 삼기도 한다.

> 귀족노조라고 얘기하는 것들은 개인적으로는 언론이 만들어낸 얘기일 뿐이라는 생각을 가지고 있고, 노동조합이 대책을 못 만드는 게 안타깝다. 계속 밀리는 거잖아요? 언론에 계속 밀리는 거니까. 결국 언론이라고 대표되는 보수, 보수에 계속 밀리는 건데, 좀 안타깝다. 개인적으로는 그게 귀족노조라고는 전혀 생각을 안하고. 그게 뭐 금융노동자가 됐든 현대자동차가 됐든 노조는 당연히 필요하다고 생각하는 거지. 그게 뭐 귀족노조기 때문에 그렇다 하는 생각은 안하고 있구요.(오현우, 385면)

또다른 저지선, 시민사회운동

1987년 민주화 이후 급속하게 성장한 사회세력으로 시민운동을 꼽을 수 있다. 서구에서 신사회운동으로 일컬어지는 시민운동이 우리나라에서는 1980년대말부터 주목받기 시작했으며, 1990년대에 들어 수많은 시민단체들이 등장하여 명실공히 시민운동의 시대를 열었다. 그동안 시민사회단체들은 재벌개혁·환경 개선·인권신장·부동산 규제·평화 군축·정치비리 척결·복지제도 확충·성차별 해소 등 다양한 활동을 전개하면서 괄목할 만한 성과를 거둠으로써 특히 정부와 기업에 대한 강력한 견제세력으로 인정받고 있다. 최근 들어 날로 심각해지는 양극화에 제대로 대응하지 못한 것을 반성하는 목소리가 시민운동단체 내부에서 나오고 있으며, 양극화를 치유하기 위한 사회경제적 개혁을 지향하는 움직임이 등장하고 있다. 구술자들은 시민사회단체들에 대해 어떻게 생각하고 있을까?

이 물음에 대해 박명숙씨는 "솔직히 우리가 무슨 힘이 있냐고, 불만이 있어도 말도 못하는데 (시민사회단체의) 그 사람들이 크게 힘이 된다"면서 너무 좋다고 답한다. 다만 이런 시민단체들이 요즘 "너무 난립하고 정치색이 짙은 거 같아" 혼란스럽고 "괜찮은 단체까지 싸잡아 넘어가는" 세태가 아쉽다고 지적한다. 최형철씨 역시 지난 참여정부에 "깃발 꽂고 사무실 얻어" 운동단체들이 우후죽순처럼 만들어져 시민사회운동이 크게 번성한 사실을 언급하면서, 타협할 줄 모르고 주장만 내세우는 강경한 운동방식에 치우쳐 있다는 부정적인 시각을 드러내고 있다.

그런데 이창석씨는 많은 시민단체들이 나름의 노력을 하고 있지만 최하류계층 사람들을 과연 대변해주는지에 대해서는 의구심을 표하며, 시민단체활동가들이 생활을 위해 있는 사람들을 대변할 것이라고까지 말한다. 또한 건설현장에서 일부 조선족 교포들의 도덕적 해이를 예로 들어 이들 교포에게 이용당하는 시민사회단체의 무책임성을 문제 삼기도 한다. 유경희씨의 경우에는 농산물 수입개방 저지를 주장하던 단체들이 반대투쟁을 전개했음에도 결국 정부의 의도대로 수입되는 현실을 지켜보며, 별 성과를 얻지 못한 시민사회단체들에 대한 기대감이 사라졌다는 소회를 밝히고 있다.

그분들 나름대로 노력은 많이 하시겠죠. 하시겠지만은 그 사람들이 과연 실제 최하류계층 있잖아요. 밑에서 있는 사람들을 위해서 얼마나 대변해주나, 있잖아요. 난 모르니까. 모르니까 되묻고 싶어요. 어떤 때는 뭐 보면은 시민단체든 무슨 단체든 엄청나게 많더만요. 보면 저건 또 뭐야 저건 또 뭐야 시민단체도요. 직업이잖아요. 그러면은 그 사람들이 우리같이 있잖아요. 우리같이 힘없는 사람들을 대변해가지고 뭘 얻어 가냐 이거예요. 그럼 자기 생활이 안되잖아요. 그러면 그 사람들이 힘있게 대변해주는 사람들은 있는 사람이라는 거예요. 이거는 제 생각이에요.(이창석, 166~67면)

양극화의 저지선 복원을 위하여

38년 전 아름다운 청년 전태일이 산업화시대 음지에서 고통당하는 수많은 노동자들의 문제를 사회에 알리기 위해 숭고하게 산화했다. 그의 죽음은 헛되지 않아 산업현장의 노동문제를 사회적 이슈로 부각시켰으며, 학생과 지식인, 노동자들이 중심이 된 노동운동의 거대한 흐름을 일궈냈다. 그의 외침은 마침내 1987년 노동자대투쟁으로 표출되어 노동법제의 민주적 개혁과 작업장 노동조건의 인간화, 노동자들의 시민권 신장이라는 열매를 맺었다. 그런데 전태일 열사의 분신을 강요했던 노동현장의 문제는 그때나 지금이나 여전히 지속되고 있는 듯하다. 1970년대초 노동자들이 수출입국과 경제성장을 달성하기 위해 저임금 장시간노동에 허덕였다면, 21세기 세계화시대를 맞은 오늘 수많은 비정규직 노동자들은 고용불안과 차별에 시달리고 있다. 1970년대나 요즘이나 국가권력은 늘 사용자 편이 되어 노동자들의 정당한 권리행사를 묵살하거나 노동인권의 사각지대를 방치하고 있다. 그러다보니 지난 1970년 전태일 열사가 그러했듯이, 비인간적인 삶을 강요하는 국가권력이나 기업의 횡포에 항거하여 자기희생의 길에 나선 열사들의 행렬이 지금까지 끊이질 않고 있다.

자본주의사회에서 노동과 자본의 비대칭적인 권력관계를 대등하게 재편하는 실천적인 주체이자 제도적 장치로서 노농조합이 견고하게 자리 잡았다. 물론 노동조합이 조합원들만의 이익을 대변하는 노동시장의 독점기구로서 작동할 경우에는 수많은 취약 노동자들을 외면하는, 차별과 불평등의 방조자가 되기도 한다. 1987년 민주화 이후 우리나라에서는 노동조합운동이 국가권력의 예속에서 벗어나 사회운동의 주력군이 되어 민주적 사회개혁에 크게 공헌했고, 특히 1997년초의 총파업을 통해 노동법 개악을 저지함으로써 맹위를 떨치기도 했다. 그러나 노동조합운동은 외환위기를 배경으로 불어닥친 신자유주의적 구조개혁 공세에 속수무책으로 밀리는 가운데, 노동양극화가 심화되고 서민생활이 파탄에 이르렀음에도 일하는 사람들을 보호하고 대변하는 데는 역부족이었다. 심지어 지난 17대 대통령선거에서 민생고 해결를 바라는 노동자·서민들이 보수정당 후보를 압도적으로 선택하는 것을 뼈아프게 지켜봐야 했다.

이처럼 양극화시대에 노동조합운동이 쇠락한 배경에 대해 구술자들은 조합원들의 개인주의, 노동조합의 조직이기주의, 과격한 투쟁방식, 폐쇄적인 대표성, 리더십의 취약성과 일부 간부의 비도덕적 권력남용, 노조활동의 재정적 어려움, 가시적 성과 미흡 등을 지적하고 있다. 이처럼 노동조합운동이 숱한 문제를 안고 있음에도, 우리 구술자들은 약자의 지킴이로서 노동조합의 존재가치와 그 활동의 필요성에 대해서는 대체로 긍정한다. 김성자씨가 얘기하듯 노동(운동)단체가 없으면 사회적 약자들은 의지할 데 없이 더욱 궁핍하고 고단한 삶의 나락으로 떨어진다는 것을 알기 때문이다. 노동조합운동이 작금의 침체에서 벗어나 노동자들의 힘있는 지킴이로서 역사적 소임을 다하려면, 조직문화·리더십·활동방식 전반에 대한 전면적인 혁신을 단행해야 할 것이며, 우리사회의 지배집단들이 유포하는 반노조 정서를 돌파할 수 있어야 할 것이다. 이에 더하여 압축성장해온 시민사회운동이 사회정의의 위기를 초래하는 양극화문제의 심각성을 깨달아 노동조합운동과 더불어 저지선 구축에 연대할 때 일하는 사람들에게도 희망의 빛이 비칠 것이다.

많잖아. 노동단체는, 많이 나쁘게 저기를 하잖아. 그래도? 근데도 그런 사람이 없으면 또 약한 사람이, 그지? 그렇게 단체가 없으면 약한 사람은 그냥 죽어야 되잖아. 그래서 다 분야분야 다 자기 할 일들을 하는 거지, 그지? 나쁘다고 뭐 그 사람들이 다 나쁘나?(김성자, 512면)

맺음말

O

일하는 사람들의 희망 찾기

우리사회의 들꽃

들꽃 같은 거 가느다랗게 이런 데서 꽃피고 그런 걸 봐도 너무 그런 게 대견하고 아주아주 소중하고 너무너무 예쁜 거야. 지나가다 다시 한번 보게 되고 그러더라고요. 그래서 들꽃도 그냥 가늘게 피는 것 보면 그런 게 더 예쁘고 소중한 거야 막. 그래도 저렇게 열매를 맺느라고, 꽃을 피우느라고, 그 돌 틈에서 억지로 나오면서도 바람 불면 톡 쓰러질 것 같은데도, 그래도 거기서 꽃도 피고 그러는 거 보면. 저런 것들도 다 자기 그걸 하려고 하는데 사람이 돼가지고 그 정도 가지고 못 산다고 하면 되나, 그렇게.(홍순임, 38면)

홍순임씨는 가녀린 들풀들이 거친 땅에서 풍상(風霜)을 겪으면서도 어여쁜 꽃을 피우고 소중한 열매를 맺으며 꿋꿋이 살아가는 모습에 대견해하며, 그렇듯 우리 민초들이 힘겨운 삶을 통해 "뭔가 나라가 또 이렇게 이루어지도록" 지탱해주고 있다며 감사한다. 홍순임씨의 얘기는 우리들이 흔히 접하는 문학의 한 구절처럼 들리지만 새삼스럽게 뭉클한 느낌을 안겨준다. 삶이 갈수록 고단하고 팍팍해지는 양극화시대를 맞아 그들풀 같은 생명력이 더욱 소중하고 절실하게 느껴지기 때문이 아닐지……. 그들의 값진 노동이 성장동력이 되어 우리 경제를 이렇듯 발전시켰으며, 세상을 지탱하고 있다는 사실을 모르는 사람은 없을 것이다. 그럼에도 이 사회의 주역들이 가치를 제대로 인정받지 못하고 늘 허덕이는 현실을 보노라면 안타까움이 더한다. 이러한 느낌은 오늘 한국사회 구성원들이 영위하고 있는 "일 속의 삶"과 "삶 속의 일"을 생생히 탐구하려 했던 우리 연구의 함축된 메씨지를 전해주고 있다.

　우리는 그동안 통계수치로 분석·진단되어온 노동양극화의 '숲'에 가려져 있던 민초의 삶과 노동을 꼼꼼히 살펴 드러내고자 했다. 흔히 노동양극화란, 말 그대로 일하는 사람들 사이에 소득과 고용조건 그리고 기회의 격차가 날로 증대되는 경향을 가리킨다. 그런데 28인의 구술자들의 증언은 흥미롭게도 양지의 좋은 일자리와 음지의 나쁜 일자리로 구분되는 현실뿐 아니라 너나 할 것 없이 각박해지는 일상을 드러낸다. 물론 비정규직이나 중소사업장 노동자들 그리고 영세자영업자들은 대기업 정규직 일자리 또는 전문직종에 종사하는 이들에 비해 매우 열악한 처지에 놓여 있어 노동시장의 분단구조가 강고하게 자리 잡고 있다는 사실을 쉽게 확인할 수 있다. 또한 비정규직·여성·장애인·이주 노동자들의 경우에는 일터에서의 차별과 노동인권의 배제를 절감하면서 소수자의 비애를 견디며 살아가고 있음을 재확인할 수 있었다.

　하지만 분단된 노동시장의 양지와 음지, 어느 편에 속해 있든 구술자들은 각자 체험하는 노농의 견디기 어려운 중압감을 호소하고 있다. 모두 언제 쫓겨날지 모르는 고용불안에 시달리고 있으며, 장시간 노동에 허덕이면서 자신의 여가는 물론 가족과의 여유로운 생활을 포기하고 있다. 또한 날로 불안정해지는 삶의 조건에 의해 일터의 인간관계가 피폐해지는 세태를 애달파한다. 이렇듯, 이 책의 주인공들은 양극화에 따른 물질적인 삶의 조건이 비록 상이할지라도 우리의 노동현실을 관통하는 경쟁논리와 효율성 담론에 떠밀려 각자 생존을 위해 질주해야 하는 굴레에 매여 있는 것이다. 그들은 노동양극화의 이면에 '부자공화국'의 정치경제체제와 가진자 중심의 불균등한 기회구조가 고착되어 있어, 자신들의 노동에 대한 정당한 분배를 가로막는 "강탈의 재분배"[1] 메커니즘이 무섭게 작동하고 있다는 사실을 체감하고 있다. 그렇지만, 우리 구술자들은 삶의 무게에 짓눌리면서도 가족사랑과 훈훈한 이웃관계 그리고 일하는 즐거움에서 희망을 길어올리며 꿋꿋하게 살아가고 있다.

일하는 사람들의 소박한 꿈

바람이 무엇인지를 묻자, 구술자들은 실로 다양한 희망들을 쏟아내고 있다. 그 바람은 노동하는 생활에서 우러나오는 소박한 꿈이기도 하다. 다수가 바라는 첫번째 바람은 그들의 생계원천인 일자리에 관한 것이다. 유경희씨와 김수택씨는 자신들같이 못 배우고 없는 사람들이 먹고살 수 있도록 많은 일자리가 만들어지기를 간절히 바라고 있으며, 김성자씨는 대학 졸업 후 놀고 있거나 아예 졸업을 늦추는 청년들의 구직난을 안타까워하며 이들에게 괜찮은 일자리가 주어지길 희망하고 있다. 박명숙씨 역시 건강한 노인들이 일 없이 놀고 있는 현실을 개탄하면서, "일하지 않으면 욕하는 세상이 와야" 된다며 이들 중고령자를 위한 취업지원책이 마련되어야 한다고 역설한다. 최미경씨는 "고용만 보장된다면 어떤 일도 할 의사"가 있다며 안정적인 일자리를 절실히 바란다. 이창석씨와 조상구씨는 경기가 좋아져 일감이 더 많아졌으면 하는 바람을 밝힌다. 고광택씨는 대기업의 좋은 일자리가 구조조정으로 감축되지 말아야 하고, 더 많은 사람들에게 취업기회를 주기 위해서는 노동시간 단축을 통한 일자리나누기를 실시해야 한다고 주장한다. 이처럼, 일하는 사람들은 무엇보다 생계를 보장하는 일자리가 많이 만들어지기를 바란다.

일거리가 많으면 뭘 해도 움직이면 먹고산다는 거지. 일자리가 아주 많았으면 좋겠어요. 골고루. 이렇게 있는 사람만 배운 사람만 할 수 있는 일거리가 아니고, 못 배웠거나 누구든지 하고 싶으면 할 수 있는 일거리.(유경희, 36면)

없는 사람들 일자리가 많아야 되는 거죠. 일자리가 많아야 돈을 벌어서 생활을 하는 건데, 일자리가 없으면 나라가 아무리 바뀌어도 아무 의미가 없어요. (김수택, 41면)

젊은 사람들 창업하고 일자리, 그것이 제일 첫째잖아. 실력이 있는데도 써먹지 못하는 게 많으니까. 그 사람들 일자리를 줬으면 좋겠고.(김성자, 29면)

임금 노동자의 절반 이상이 비정규직인 현실에서 이들에 대한 노동권과 사회보험 보장은 구술자들의 또다른 바람이다. 지입차주인 이진우씨는 운송회사에 실질적으로 종속되는 유사 고용관계에 놓여 있음에도 산재보상 등을 비롯한 권리들이 거부당한다며 이런 것들을 바꾸어야 한다고 강하게 주장한다. 김정은씨 역시 자신 같은 학습지교사들이 사회보험의 사각지내에 놓여 있는 현실이 시정되기를 간절히 바란다. 또한 최미경씨와 박명숙씨는 임시직교사나 일용직 간병인으로 직장을 옮겨다녀야 하느니만큼, 경력에 따라 퇴직금이나 사회보험을 유지할 수 있도록 사회보장제와 근로기준의 이동성을 보장하도록 제도개선이 이뤄지길 희망한다.

일하다 다치면 운전하다가 현장에서 돌발상황이 일어나면 산재처리됩니까? 안된다고요. 노동3권이 (보장)됨으로써 받을 수가 있는 거죠.(이진우, 24면)

장애인과 여성 그리고 이주 노동자 같은 소수자들은 자신들을 차별하거나 모멸하지 않는 따뜻한 사회가 되기를 간절히 바란다. 김다혜씨는 장애인들을 비정상으로 바라보는 시각과 인식이 바뀌어 정상인과 동일하게 취급받기를 바라며, 김영훈씨 역시 능력 있으면 장애인이라도 성공할 수 있는 사회를 꿈꾼다. 조재야씨의 경우에는 한국을 잘 모르는 이주 노동자들을 인간적으로 배려하는 따뜻한 배움터와 자유로운 교류공간이 많이 마련되기를 바란다. 유경희씨는 농가지원에서 배제당했던 사례를 들어, 정부가 서민들을 지원할 때 일하는 여성들에게도 기회가 돌아가도록 양성평등정책을 시행할 것을 요구한다. 대기업 정규직인 고광택씨는 갈수록 개인주의화되는 일터의 세태가 바뀌어 "함께 일하는 동료들과 막걸리라도 한잔 나눌 수 있는" 정겨운 현장 분위기가 되살아나기를 고대한다.

이제 중요한 건 사람들의 시선, 인식, 그런 것들, 장애인 노동자를 똑같은 노동자로 봐줄 수 있는 사회를 만들어야죠.(김다혜, 15면)

구술자들의 가장 큰 희망사항을 꼽자면, 일하는 사람들이 직업 구별 없이 존중받는 것이다. 홍순임씨는 청소미화원이라는 일도 좋은 직업으로 인정받으며 떳떳하게 일할 수 있는 세상이 되기를 희망한다. 이창석 씨는 열심히 일하는 서민들이 제대로 대접받는 사회가 되기 위해서는 지도층의 부조리 또는 비리가 사라져야 한다고 역설한다. 비슷하게, 박영국씨와 이성찬씨도 상류층 사람들이 "혼자 배불리 먹고 잘사는 데" 열중하기보다는 서민들과 더불어 살아가려 하는 "올바른 세상"을 꿈꾸기도 한다.

> 미화원이 제일 말단 직업을 벗어나서 사회에서도 드러내놓고 이 직업이 좋은 직업으로 인정받을 수 있는 그런 때가 좀 돼야 되지 않을까.(홍순임, 16면)

> 이 사회가 진짜 노력할 수 있는 사람들, 노력하면 대가를 받을 수 있게끔 그러기 위해서는 내가 볼 때는 첫째 부조리가 없어져야 돼. 우리나라에. 그게 없어져야지.(이창석, 23면)

희망의 돌파구는?

구술자들이 소박하게 밝히는 일하는 사람들의 희망사항들——일자리 창출, 노동권 확대, 차별 해소, 정의로운 사회 등——은 어느 하나 성취하기가 간단치 않다. 고용 없는 성장과 비정규직 남용으로 일자리문제가 개선될 조짐을 보이질 않고, 정부-재계-보수언론으로 짜인 권력집단이 성장을 위한 노동시장 유연화 담론에 집착하고 있어 노동자들의 사회적 시민권 신장은 엄두조차 내기 어려운 실정이다. 날로 확대되는 노동양극화에서 드러나듯, 분배정의가 온전하게 구현되는 이상향(理想鄕)은 미나먼 이야기다.

이런 현실이 바뀌지 않고 지속적으로 강제되는 것은 노동자들에게 권력이 없기 때문이다. 다시 말해 가진 자들이 제도화된 권력을 전유하면서 일하는 사람들의 권익을 무시하고 배제하기 때문이다. 노동자와 서민이 다수인데도 어찌하여 그들의 권익을 대변하는 정치세력이 자리 잡지 못하는가? 지난한 민주화투쟁을 거쳐 어렵사리 손에 쥔 민주주의가 국민 다수를 주인으로 대접하지 않은 "노동없는 민주주의"로 전락하고 있다. 어느 시대 어느 사회건 물질적 부를 둘러싼 끊임없는 각축이 있게 마련이지만, 소수집단이 부를 독식하는 불평등구조가 지속적으로 강화되는 현실의 배후에는 그들 중심의 냉혹한 지배논리가 작동하고 있다. 다수의 사회구성원들은 분배정의를 바로세울 권력도 없거니와 집단적 의식조차 형성하지 못하고 있는 게 현실이다. 작가 공선옥이 말하듯, "내 가난이 우리들의 가난이 되고 네 외로움이 우리들의 외로움이 되면 그 가난, 그 외로움도 조금은 견딜 만한 것이 될 수"[2]도 있거니와, 이 현실을 타파할 거대한 힘을 영글게 할 수 있을 터인데, 그렇지 못한 현실이 오늘의 양극화를 어찌할 수 없게 만들고 있다.

이 모든 어려움에도 불구하고 일하는 사람들이야말로 우리 시대 희망찾기의 돌파구이다. 그들이 각박한 생존경쟁에 시달려 개체화된 수동적 존재에서 벗어나 이웃을 포용하는 연대의 주체로 탈바꿈할 때만이 노동양극화의 잔인한 구조를 깨뜨릴 수 있을 것이다. 그것을 위해 일상 속에서 인간적인 유대를 맛볼 수 있는 구체적인 계기를 만들어가는 것이 무엇보다 중요하다. 이경숙씨와 홍순임씨가 작은 권익이나마 주체적으로 쟁취했던 경험을 통해, 그리고 박명숙씨가 남들과 어울려 일하는 보람을 통해 연대의 소중함을 체득했듯이 말이다.

기업들의 막강한 권력과 정부의 편파행정이 만연한 현실에서 일하는 사람들의 존재는 여전히 왜소하기만 하다. 따라서 양극화의 저지선으로 그동안 제 역할을 다하지 못한 노동운동과 시민사회운동이 기득권 지키기와 사회경제적 문제에 대한 무관심에서 벗어나 민초들을 엄호하고 이끌어주는 힘있는 원군이 되어야 할 것이다. 더불어 양심적인 지식인들은 일하는 사람들이 간절히 소망하는 '음지가 양지될 수 있는 공평한 기회의 나라'를 열어가기 위한 개혁 대안을 만들어 널리 전파하는 올곧은 목소리라는 역할을 맡아주어야 할 것이다. 요컨대, '부자공화국'으로 변질되는 사회를 구제하기 위한 희망의 돌파구는 일하는 사람들의 연대와 진보적 사회운동의 부활에서 찾을 수 있을 것이다.

머리말

1 『한국일보』 2008. 2. 10.
2 민승규 외 『소득양극화의 현황과 원인』, 삼성경제연구소 2006.
3 최장집 엮음 『위기의 노동: 한국 민주주의의 취약한 사회경제적 기반』, 후마니타스 2005.
4 가정해체의 정도를 나타내는 지표로서 이혼이 1993년의 59만 3000건(1000 가구당 1.3건)에서 2003년의 167만 1000건(1000 가구당 3.5건)으로 세배 늘어났고, 자살률 역시 1993년의 10만명당 10.6명에서 2003년의 24명(총 자살건수 1만 1000명)으로 증가했다. 또한 5대 흉악범죄(살인·강도·강간·절도·폭력)의 경우에도 1997~2004년에 연평균 11.5퍼센트의 높은 증가율을 보였으며, 특히 절도는 같은 기간에 21퍼센트나 증가했다. 이처럼 이혼·자살·범죄 같은 사회해체 현상이 급격히 증대되는 데는 다양한 요인들이 영향을 미치고 있을 것이나, 그 가운데 노동양극화와 관련된 경제적 불안정과 생활고가 주요하게 작용한 듯하다.
5 김유선 「한국의 노동시장: 진단과 전망」, 2007. 이 자료에 따르면, 우리나라의 임금불평등도(5.4배)는 OECD국가 중 임금불평등이 가장 심한 것으로 알려진 미국(2005년 4.5배)보다 높은 수준이다

6 이병훈 「노동시장 양극화와 산업별 고용구조」, 2007.

7 한때 사회과학에서 풍미했던 사회계급이라는 이론적 개념이 현실세계의 불평등 문제를 지나치게 단순화하고 노동자들의 다양한 이해관계를 추상적인 동질성으로 치부함으로써 노동자대중으로부터 호응을 얻지 못하고 결국 혁명엘리뜨에 의해 실패한 사회주의 실험으로 귀결되었던 역사적 경험에 대한 제프 일리(Geoff Eley)의 지적을 새겨볼 만하다(제프 일리 『The Left 1848~2000』, 유강은 옮김, 뿌리와이파리 2008, 109~110면).

8 구술면접의 질적 연구방법에 대해서는 유시주·이희영 『우리는 더 많은 민주주의를 원한다』(창비 2007)를 참조할 것.

9 당초 연구팀은 5인으로 구성되었으나 구술면접 진행과정에서 한 사람이 일신상의 사정으로 사퇴했다.

10 이 연구의 수행과정에서 희망제작소의 유시주 객원연구위원, 이희영 대구대 사회학과 교수, 강현선 연구원으로부터 구술방법 자문과 원고검토 그리고 실무지원 등의 도움을 받았던 바, 이에 심심한 감사의 뜻을 전한다. 특히, 유시주 연구위원은 원고 전체를 꼼꼼하게 검토하고 본문의 서술방식을 개선하기 위한 수정보완 의견을 제시하여 독자의 이해를 높이는 데 적잖은 도움을 주었다. 또한 한국노동사회연구소의 최은계 교육국장이 일부 원고를 검토해주어 내용을 보완하는 데 도움을 주었다.

11 당초에는 외국계기업 종사자를 포함시키기로 했으나 구술자 섭외가 어려워 대기업 사무관리직으로 대체했다.

제1장 28인의 프로필

1 생산가능인구(만 15세 이상인 자)에서 경제활동인구(만15세 이상 인구 중 조사 주간에 상품이나 써비스를 생산하기 위해 실제로 수입을 벌어들이는 일을 한 취업자와 구직활동을 한 실업자를 말함)를 뺀 나머지 1495만 4000명(38.2퍼센트)은 비경제활동인구이다.

2 한국비정규노동센터와 한국노동사회연구소가 통계청에서 조사한 부가조사 자료를 이용하여 밝힌 비정규직 노동자의 규모는 정규직보다 더 많고, 지난 8년 동안 전체 임금노동자의 '55퍼센트±2퍼센트'를 전후하여 큰 변동이 없다(한국비정규노동센터 『비정규노동』 2007년 12월호; 한국노동사회연구소 『노동사회』 2007년 12월호).

3 여기에는 호출근로가 포함되었다.

4 한국비정규노동센터 『비정규노동』 2007년 12월호.

5 우석훈·박권일 『88만원세대』, 레디앙 2007.

6 통계청 「2008년 청소년 통계」, 2008년 5월 5일 보도자료.

7 연령을 나누어보면 20~24세의 경제활동참가율은 52.6퍼센트, 고용률은 48퍼센트 수준이다. 25~29세의 경제활동참가율은 73퍼센트로 비교적 높지만 고용률은 68.4 퍼센트로 크게 떨어진다. 저조한 고용률은 20~24세의 실업률이 8.7퍼센트, 25~29 세 실업률이 6.3퍼센트로 전체 평균 실업률의 2배가 넘는 것에서도 확인된다.

8 『한겨레신문』 2008. 3. 13.

9 노동부가 상시노동자 50인 이상 민간기업 2만 125곳을 대상으로 실시한 장애인 고용현황 조사에 따르면 기업규모별 의무고용률은 노동자 50~299인 기업이 평균 1.69퍼센트, 300~999인 기업은 평균 1.51퍼센트, 1000인 이상 기업은 평균 1.30퍼 센트로 나타났다. 에이블뉴스(http://www.abledata.co.kr) 2008. 7. 7.

제2장 일은 나에게 무엇인가

1 그룹홈은 사회생활에 적응하기 어려운 아동·청소년·노인들을 소수의 그룹으로 묶어 가족적인 보호를 통해 지역사회에 적응할 수 있도록 돕는 소규모 시설 또는 가정을 뜻한다.

2 칼 맑스는 자본주의 사회의 '노동 소외'를 네가지 범주로 나누어 설명했다. 노동자 는 자신의 몸을 생존을 위한 '수단'으로 삼기 때문에 자기 자신으로부터 소외되며, 그러면서 유적 존재로서 자신의 사회활동으로부터 소외되고, 노동을 투여해 생산 한 생산물을 소유할 수 없으므로 생산물로부터의 소외되며, 마지막으로 인간에 의한 인간 소외가 일어난다고 보았다(칼 맑스 『경제학-철학 수고』, 김태경 옮김, 이론과실천 1997).

3 홀거 하이데 『노동사회에서 벗어나기』, 강수돌 외 옮김, 박종철출판사 2004.

제3장 고용불안시대

1 2008년 현재 등록금 1000만원 시대를 맞아 대학생의 35.6퍼센트가 채무자(평균 대출금액 558만원)로 전락하고 있고 정부 학자금 대출을 제때 못 갚아 신용불량 딱지가 붙은 대학생이 3400명을 넘어서고 있다.

2 비정규직 평균임금 119만원에 20대 급여의 평균비율 74퍼센트를 곱하면 88만원 정도가 된다. 세전소득(월급 명세서에서 세금을 제외하기 이전 소득) 88만원에서 119만원 사이의 급여를 받게 될 '88만원 세대'는 최초로 승자독식 게임을 체험하고 있는 세대이며, 탈출구 없는 막장인생을 맞고 있는 것이다(우석훈·박권일 『88만원세대』, 레디앙 2006).

3 2008년 1월 연령별 취업자 현황을 보면 40, 50대 중장년층 일자리는 34만 5000개, 60살 이상의 고령층 일자리는 1만 5000개가 증가한 반면, 15~19세와 20대 일자리는 각각 2만 8000개, 9만 8000개 감소했다(통계청 『2008년 1월 고용동향』).

4 2007년 서울시 공무원시험은 두가지 기록을 세웠다. 2007년 5월 72명을 모집하는 서울시 소방공무원에 총 8469명이 응시해 117대 1이라는 높은 경쟁률을 기록했다. 그리고 5개월 뒤인 10월 932명을 뽑는 서울시 지방공무원 7·9급 공채시험에 총 9만 7775명이 응시해 105대 1의 경쟁률을 보였다. 이같은 경쟁률은 서울시가 1964년 공채시험을 실시한 이래 가장 높은 수치다. 한편 2007년 상반기 공기업 취업경쟁률은 145대 1로 대기업(101대 1)과 은행권(100대 1) 취업경쟁률보다 훨씬 높았다.

5 미래세대인 예비노동자들은 대학 1학년부터 만년백수로 전전하지 않고 좋은 직장을 얻기 위한 기본조건이 되어버린 B+ 이상(3.5)의 학점과 영어성적(TOEIC) 그리고 자격증 취득에 매달리고 있다. 이러한 환경에서 청년들은 문화의 생산자가 아닌 소비자로 전락하고 있으며, 조직내에는 '우리(We are)보다는 나(I am)'를 우선시하는 풍토만이 남아 있다. 우리사회는 사회구성원들이 공유해야 할 공동체적 가치보다는 개인주의와 적자생존 논리로 이들을 무장시키는 데 급급한 실정이다.

6 통계청 『2008년 1월 고용동향』. 통계청의 공식 실업률은 3.3퍼센트 내외이나, 최저임금을 받는 저임금 노동자(1442만명)나 18시간 미만의 비자발적 단시간 노동자(130만명)까지 포함된 질적 실업률은 11.6퍼센트에 이른다(이상동, 새로운사회를여는연구원 홈페이지 http://saesayon.org/).

7 제레미 리프킨은 『노동의 종말』에서 "오늘날의 노동은 사형선고를 받고 죽음을 기다리고 있으며, 대량실업으로 이어지고, 노동에 종말을 고하는 추세"로 갈 것이라고 보았으나, 도미니크 슈나페르는 『노동의 종말에 반하여』라는 책에서 "(노동은) 우리들에게 현재까지 유효한 가치이며, 아직까지도 이 세상의 현실을 구성할 수 있는 희망인 노동에 기대를 걸어야 한다"고 본다(도미니크 슈나페르 『노동의 종말에 반하여』, 김교신 옮김, 동문선 2001).

8 김진균 「일상생활의 비인간화: 정리해고의 불길한 삶의 터전」, 『노동사회』 제20

호, 한국노동사회연구소 1998.

제4장 우리는 '같은' 노동자인가?

1 통계청 발표자료에 따르면 2006년 비정규직의 평균임금은 정규직 평균임금의 62.8퍼센트이다. 2001년 이후 현재까지 지속적으로 60퍼센트 수준을 유지하고 있어, 정규직과 비정규직의 임금격차는 줄어들 기미를 보이지 않는다. 2006~07년에 시간당 임금상승률을 살펴보면 정규직 6.9퍼센트, 비정규직 4.2퍼센트로 임금차이는 오히려 더 확대되고 있다(김유선「2007 비정규직 규모와 실태」, 『노동사회』 127호, 한국노동사회연구소 2007).

2 유리천장(glass ceiling)이란 여성들이 고위직에 진출하더라도 어느 선 이상 올라갈 수 없는, 보이지 않는 차별이 존재한다는 뜻이다. 이는 1970년대 미국의 경제주간지인 『월스트리트 저널』에서 사용되었던 신조어로 여성들에 대한 사회의 보이지 않는 차별을 이르는 말로 쓰였다. 최근 국내에서는 승진을 가로막을 뿐 아니라, 노동시장 진입장벽(유리문), 제한된 교육훈련(유리교실), 직종 분리(유리벽), 그리고 인사와 해고 등에 보이지 않는 손(유리손)을 비롯한, 여성을 차별하는 각종 장치들이 존재함을 밝히는 연구들이 진행되고 있다.

3 스펙(specification)은 학력·학점·토익점수 등을 합한 것을 이르는 신조어로 최근 취업을 준비하는 젊은이들이 주로 쓰는 표현이다.

4 2005년 15세 이상 장애인의 경제활동 참가율은 38.2퍼센트로 같은 해 전체 노동인구의 경제활동 참가율인 62퍼센트의 절반을 조금 넘는 수준이다. 또한 성별 장애인 취업자 비율이 남성 장애인 43.5퍼센트, 여성 장애인 20.2퍼센트라는 점은 장애인이자 여성인 경우 더더욱 일할 권리를 보장받지 못하는 현실을 여실히 보여준다. 더구나 장애에 대한 사회적 편견과 물리적 제약 등으로 장애인이 비장애인에 비해 실망실업자(취업을 할 의사가 있으나 취업 가능성이 적다고 판단하여 적극적인 구직활동을 포기한 사람)가 더 많음을 감안한다면 15세 이상 장애인의 절대다수가 실업 혹은 반실업 상태에 있다고 해도 과언이 아닐 것이다. 장애인은 그들을 둘러싼 사회·경제적 조건으로 교육 접근성을 크게 제한받고 있어 노동시장 진입 이전부터 차별을 받는다. 비장애인을 기준으로 구성된 각종 교육시설과 교육프로그램은 결과적으로 장애인에게 교육기회를 박탈하여 이후 이들의 취업능력을 제한하는, 차별의 재생산구조로 작용하고 있는 것이다. 그뿐 아니라 취업에 성

공한다 하더라도 2005년 현재 장애인의 월평균 수입은 114.9만원(보건복지부 『2005 장애인 실태조사』)으로 같은 해 상용노동자의 월평균 임금(252.5만원)의 45.5퍼센트에 불과하다.

5 보건복지부 『2005 장애인 실태조사』 참조.

6 통계청 싸이트 '청소년 통계교실'에서는 이주 노동자를 '우리의 이웃'이라고 소개한다. 1990년대 3D업종 기피 현상으로 이주 노동자의 수가 꾸준히 늘어났는데 외환위기 때 다소 주춤하던 증가율은 외환위기 직후인 1999년부터 다시 꾸준히 상승하고 있다. 공식집계된 외국인 이주 노동자의 총규모는 등록 노동자(36만명)와 미등록 노동자인 이른바 불법체류자(23만명)를 포함하여 59만명으로 우리나라 인구의 1.2퍼센트에 해당하는 수치이다.

제5장 최소한의 기준을 넘어서는 인권을 누릴 수는 없는가?

1 이정한 「이주 노동자가 단속을 피해 도망가다 발생한 사고도 산재다」, 『노동사회』 제134호, 한국노동사회연구소 2008.

2 근로복지공단의 이주 노동자 산업재해 보험금 급여지급 현황을 보면, 2001년 2076명에서 2007년 5876명으로 2.5배 이상 늘어났다(『한겨레신문』 2008. 5. 27). 통상 사용자들이 산재발생을 감추려 한다는 점을 고려하면, 실제 산업재해를 당한 이주 노동자는 더 많을 것으로 추정된다. 한편 이주 노동자 체불임금 보증보험 가입률은 고용허가제 사업장의 경우 의무적으로 가입해야 하는데도 2005년 3만 5035명(92퍼센트)에서 2008년 7월 현재 15만 2934명(62.8퍼센트)으로 30퍼센트 정도 줄어들었다(『한겨레신문』 2008. 08. 25).

3 김유선 「2008년 3월 비정규직 규모와 실태」, 『노동사회』 제134호, 한국노동사회 연구소 2008.

4 대표적인 사회학자인 에밀 뒤르켐은 산업화 초기에 벌써 "사용자들이 우월한 지위를 악용하여 노동자들의 이익을 지나치게 침해하는 것을 막기 위해서는 산업법률과 같은 규정의 필요성"을 주장했다. 또한 그는 "사용자들이 노동자들에게 최소임금 규정뿐만 아니라 질병, 사고 등에 대한 대책까지 보장"해주도록 요구했다(에밀 뒤르켐 『직업윤리와 시민도덕』, 권기돈 옮김, 새물결 1998).

5 1991년 0.39퍼센트에 불과했던 민간부문 장애인 고용률은 2006년말 기준 1.35퍼센트로 늘어났다. 장애인 의무고용률 2퍼센트를 초과해 고용한 사업주에게는 장

애 유형과 성별에 따라 1명당 월 30만~60만원의 장애인 고용촉진 장려금을 지원하고 있다. 노동부 통계에 따르면, 장애인 고용촉진 장려금을 지급받은 사업체는 2005년 4142개소에서 2007년 4869개소 등으로 매년 꾸준히 증가하고 있다. 이와 동시에 허위·부정한 방법으로 고용장려금을 지급받는 사업체도 매년 증가해 적발된 사업체 수도 2006년 15개사에서 2007년 30개사로 전년 대비 2배 증가했다. 실제로 근무하지도 않는 장애인을 마치 근무하는 것처럼 서류를 꾸미거나 임금을 적게 주는 수법으로 장애인고용장려금 17억원을 빼돌린 업체가 6개나 되었다.

6 김유선 「2008년 3월 비정규직 규모와 실태」, 『노동사회』 제134호, 한국노동사회연구소 2008. 건강보험은 지역과 직장으로 나뉘는데, 직장의료보험 가입률 통계만으로 한국사회의 의료혜택 수혜율을 전체 국민에 적용하기에는 무리가 있다.

7 노동부 산재통계개선위원회의 제2차 시험표본조사 결과 자료(한겨레신문 2007. 10. 22).

제6장 유연한 시장, 섬이 되는 사람들

1 여기서 청소 직종이란 일반적인 건물청소뿐만 아니라 소독 및 살균써비스, 상하수도 수도관 청소써비스 등 환경과 위생 관련 업무를 포함한 것이다.

2 병영적 통제 방식이란 마치 군대에서처럼 위압적이고 권위적인 명령과 지휘에 절대복종하도록 작업장 노동자를 압박하는 통제 방식을 말한다.

3 기업의 인적·물적 자원 정보를 전산화하여 관리하는 응용프로그램을 지칭한다. 이 씨스템은 소위 '종이 없는 사무실'(paperless office)을 구현한다고 불릴 만큼 업무와 경영의 효율성을 높인다는 평가를 받아 공공부문과 대기업들이 경쟁적으로 도입하고 있다. 2003년께 민주노총과 진보사회단체로 구성된 '노동자 감시 근절을 위한 연대모임'은 이 씨스템이 현장 노동감시의 중요한 수단으로 활용될 수도 있음을 경고하기도 했다.

4 호크실드(Hochschild)는 감정노동을 "대중적으로 지켜야 할 외양(표정, 자세)을 창조하기 위해 감정(feeling)을 관리하는 것으로서, 임금을 목적으로 하기 때문에 교환가치를 지닌다"고 정의한다(Hochschild, 1983: 7). 감정노동은 대개 육체노동이면서 정신노동이지만 둘의 물리적 결합이 아닌 화학적 결합이 이루어지는 노동 형태라 할 수 있다. 항공기 승무원, 판매사원, 사회복지사들의 써비스가 대표적이다. A. R. Hochschild, *The managed Heart : Commercialization of Human Feeling,*

University of California Press 1983.

5 최근 모든 기업의 최우선 목표는 '고객만족'이다. 그런데 고객만족은 민간기업에만 국한되는 목표는 아니다. 1998년부터 한국생산성본부는 국가차원의 고객만족도(NCSI)를 조사하여 발표하고 있는데, 2008년 1월 발표에 따르면 1998년 58.8점이던 고객만족도가 2007년 72점으로 약 10년 사이에 13.2점이 향상되었다. 2007년에는 237개사가 조사대상이었는데, 5등급 이상이 97.5퍼센트, 3등급 이상이 73.8퍼센트에 달해 매우 높은 만족도 수준을 보였다.

6 마누엘 카스텔『정보도시: 정보기술의 정치경제학』, 최병두 옮김, 한울 2001.

제7장 일중독사회: 일에 치여 죽기

1 일중독은 일과 자신의 병적 관계뿐만 아니라 다른 사람과의 병적 관계까지 포함한다. 즉 일이 사람들의 삶에서 지배적 비중을 차지하면서 자기 일은 물론 다른 사람들과도 병적 관계를 형성하게 되고, 또 갈수록 더 많은 일이나 더 높은 성과를 내야만 만족할 수 있으며, 나아가 그 일을 중단하는 경우엔 견디기 어려운 불안감과 상실감을 느끼게 되는 병적 상황이다(강수돌「일 중독이란 무엇인가」, 『일 중독 벗어나기』, 메이데이 2007).

2 크리스 틸리·찰스 틸리『자본주의의 노동세계』, 이병훈·조효래 외 옮김, 한울 2006.

3 2007년 8월 현재 전체 경제활동인구 중 노동자들의 월 평균 노동시간(45.9시간)은 주5일제가 시행된 2004년(47.8시간)에 비해 2시간 정도 줄었다(김유선『한국의 노동 2007』, 한국노동사회연구소 2007).

4 여성의 가사노동은 경제활동 종사자들에게 무료로 써비스를 제공함으로써 사회 전체의 경제에 버팀목 역할을 하는 중요한 사회적 가치를 지니고 있다. 그래서 가사노동은 '보이지 않는 노동', 혹은 '그림자 노동' 등으로 불리기도 한다. 이반 일리히는 그림자 노동(shadow work)을 비생산적·비상품적이라는 이유에서 생산노동에 가려진, 지불되지 않은 노동의 세계라고 말한다. 전통적으로 임금을 획득하는 임금노동자에게만 관심을 보이는 사회는 그림자 노동을 계속 은폐해왔다. 이렇게 은폐된 그림자 노동은 곧 지불되지 않는 활동이며, 여성에게 어쩔 수 없이 부과된 새로운 형태의 예속으로 이해되고 있다(이반 일리히『그림자 노동』, 박홍규 옮김, 미토 2005).

5 독일의 석학 홀거 하이데 역시 『노동사회에서 벗어나기』(1993)에서 "자본주의 체제는 일중독(또는 중독행위)을 조장할 뿐만 아니라 중독 자체를 먹고 살며, 나아가 자본주의체제 자체가 본질적으로 중독체계"라고 지적한다.

제8장 일과 가족, 그 어긋난 만남

1 통계청 「인구주택총조사」에 따르면 외환위기 이전인 1995년 여성가구주 비율은 전체 가구의 16.6퍼센트였으나, 10년이 지난 2005년에는 그 비율이 21.9퍼센트로 증가했다. 이 가운데 이혼으로 인한 여성가구주 비율은 1995년 7.1퍼센트에서 2005년 14.4퍼센트로 2배 이상 급증했다.

2 일반적으로 여성가구주(모자가정)는 남성가구주(부자가정)에 비해 경제적으로 어려운 상황에 더 많이 노출된다. 남성에 비해 여성에게 불리한 노동시장의 성격 때문에 여성가구주의 빈곤화는 쉽게 예상되는 결과이다. 실제로 외환위기 이후 여성가구주의 빈곤율이 급격히 증가하여 '빈곤의 여성화' 현상이 심각하게 나타났다. 다시 말해 빈곤인구의 다수가 여성으로 채워지고, 특히 최저생계비 이하의 빈곤가구에서 여성가구주 비율이 갈수록 늘어가고 있는 것이다. 외환위기 이후 여성가구주 비율이 증가하면서, 여성가구주 가구의 빈곤율도 외환위기 발생 직전인 8.3퍼센트에서 경제상황이 호전되기 시작한 2000년까지 16.9퍼센트로 2배가량 증가했다. 이는 남성가구주 빈곤율과 비교할 때 3~4배 높은 수치이다.

3 IMF 직전인 1996년 1.7퍼센트였던 조이혼율(인구 1000명당 이혼율)은 1997년 2.0퍼센트로 늘어나기 시작하여 2003년에 3.5퍼센트로 정점에 도달했다가 다시 감소 추세로 전환되었으나, 2007년 현재 2.6퍼센트로 여전히 높은 수준을 유지하고 있다. 이 같은 이혼 증가율은 한때 세계 최고 수준을 기록했다. 이혼율 증가의 원인을 모두 경제위기 탓으로 돌릴 수는 없지만 이혼율이 외환위기 전후로 급격히 증가했음을 고려할 때, 경제적 어려움이 가족공동체의 해체를 촉발하는 데 큰 영향을 미친 듯하다.

4 『한국일보』 2007. 5. 27.

5 다음해인 1997년의 사유별 이혼건수는 총 9만 1519건이었으면 그중 경제문제로 이혼한 건수는 3866건이었다.

제9장 우리를 살게 하는 것들

1 칼 맑스 『헤겔법철학비판』, 홍영두 옮김, 아침새벽 1989.

제10장 노동양극화를 확대재생산하는 조건들

1 유경준·최바울(2008)이 발표한 「중산층의 정의와 추정」이라는 한국개발연구원 (KDI) 보고서에 따르면 가구 총소득을 기준으로 중위소득의 50~150퍼센트에 해당하는 중산층 가구의 비중이 1992년 75.2퍼센트에 이르렀으나, 2000년 61.1퍼센트, 2007년에는 57.6퍼센트로 크게 줄었다.

2 제도학파의 노동경제학자들과 진보적인 산업사회학자들은 노동시장의 분단구조가 존재하는 것에 주목하면서 높은 임금 및 복지제도-높은 숙련-고용안정으로 대표되는 중심(core) 또는 1차(primary) 노동시장과 저임금-저숙련-고용불안으로 특징지을 수 있는 주변(peripheral) 또는 2차(secondary) 노동시장으로 구별하여, 이들 부문간의 일자리 이동이 제한됨으로써 사회불평등이 고착화되는 문제점을 지적하고 있다.

3 존 롤스 『정의론』, 황경식 옮김, 이학사 2003.

4 비정규직 노동자들의 직업이동을 분석한 여러 연구결과에 따르면, 비정규직 일자리가 정규직 일자리로 이행하는 '징검다리'(stepping stone)로 기능하기보다 한번 빠지면 벗어나기 어려운 '덫'(trap)으로 작용한다는 사실이 밝혀지고 있다. 구체적으로, 통계청의 경제활동인구 조사자료에 대해 시계열분석을 실시한 남재량·김태기는 자신의 논문(「비정규직, 가교인가 함정인가?」, 『노동경제논집』 제23권 제2호)에서 비정규직 일자리를 그만둔 노동자들 중 단지 1퍼센트만이 정규직 일자리로 진입한 반면, 80퍼센트가 다시 비정규직 일자리로 되돌아간 사실을 입증했다.

5 활동보조제도는 장애인복지법에 의거하여 등록된 1급 장애인을 대상으로 신체-정신적 이유로 원활한 일상생활과 사회활동이 어려운 장애인들에게 신변처리와 의사소통 등에 대한 보조써비스를 제공하는 제도이다.

6 적하효과는 넘쳐흐르는 물이 바닥을 적시듯이(滴河), 대기업이나 고소득층 등 선도부문의 경제적 성과가 높아지면 중소기업이나 저소득층 등 낙후부문에도 혜택이 돌아가 경제 전반이 활성화되는 것을 말한다.

7 2004년에 중소기업체 노동조건 실태를 조사한 김유선의 연구에 따르면 300인 미만 중소기업 가운데 하청업체의 원청업체 의존도는 83.7퍼센트이며, 원청업체 의

존도가 95퍼센트 이상인 업체도 76.0퍼센트에 이른다. 또한 이들 중소기업은 납품단가 인하(71.7퍼센트), 불규칙한 발주(53.8퍼센트), 납기단축 촉박(39.3퍼센트), 지나친 품질수준 요구(37.2퍼센트), 납품대금 결제기일 장기화(32.1퍼센트), 거래선 변경 시도(16.7퍼센트), 어음할인료 미지급(14.1퍼센트), 최저가 입찰 채산성 악화(13.3퍼센트), 위탁기업과 원가산정 상충(13.1퍼센트) 순으로 애로사항을 꼽고 있다. 조성재 등이 자동차산업의 원하청 도급구조를 분석한 연구보고서(조성재·이병훈·홍장표·임상훈·김용현 『자동차산업의 도급구조와 고용관계의 계층성』, 한국노동연구원 2004)에서는 원청대기업과 하청중소기업간의 생산성 차이뿐 아니라 불공정 거래에 의해 원·하청 기업간에 수익성과 지불능력에 현저한 격차가 나타난다는 사실을 밝힌다.

8 파견노동은 원청업체의 직접적인 지휘감독이 제도적으로 보장되고 있으나, 하청·용역 노동은 해당 하청/용역업체에 의해 관리감독을 받도록 되어 있다. 더욱이 파견노동자 보호 등에 관한 법률에 따르면, 제조업 생산라인에서는 파견인력의 사용이 한시적으로 제한되고 있으나, 자동차·조선·전자·기계 등의 제조업부문 전반에서 원청업체의 관리자에 의해 감독받아 작업을 수행하는 사내 하청인력의 활용이 널리 확산되면서 불법파견 논란이 끊이질 않고 있다.

9 최장집 엮음 『위기의 노동: 한국 민주주의의 취약한 사회경제적 기반』, 후마니타스 2005.

제11장 노동조합과 시민단체, 양극화의 저지세력인가?

1 Samuel Bowles & Herbert Gintis, "Contested Exchange: New Microfoundations for the Political Economy of Capitalism," *Politics & Society*, Vol. 18(2), 1990, 165~222면.

2 Richard Freeman and James Medoff, *What do Unions do?*, New York: Basic Books 1984.

3 이병훈 「한국 노동조합운동의 연대성 위기」, 『아세아연구』 118호, 2004, 65·89면.

맺음말

1 데이비드 하비는 『신자유주의: 간략한 역사』(최병두 옮김, 한울 2007)에서 신자유

주의의 본질을 경제적 지배계급에 의한 노동자—서민층에 대한 부의 강탈적 재분배(distribution by dispossession)로 설명하고 있다.

2 공선옥 『마흔에 길을 나서다』, 말 2003.

강재섭(남, 40) 봉재업 운영(영세제조업)

고광택(남, 45) 자동차제조업(대기업 정규직)

고지은(여, 22) 편의점(아르바이트)

김다혜(여, 27) 다큐제작작가(장애인 노동자)

김성자(여, 56) 슈퍼 운영(자영업)

김수택(남, 50) 건설일용직

김영훈(남, 35) 컴퓨터프로그래머(장애인 노동자)

김정은(여, 41) 학습지교사(특수고용)

김한성(남, 42) 공기업(정규직)

박명숙(여, 51) 간병 노동자

박영국(남, 65) 아파트경비원(용역)

변형진(남, 48) 변리사

오현우(남, 35) 금융업(전문계약직)

유경희(여, 42) 농민

이경숙(여, 43) 건물청소원(용역)

이성찬(남, 50) 양말 판매(노점상)

이주형(남, 23) 장기 아르바이트

이진우(남, 48) 덤프트럭 운전사(특수고용)

이창석(남, 51) 건설일용직

장현희(여, 47) 식당 노동자

조상구(남, 41) 비정규직 사무원, 대리운전사

조재야(남, 35) 제조업(이주 노동자)

조중호(남, 52) 자동차제조업(사내하청)

최미경(여, 36)   기간제교사

최민호(남, 32)   장기 수험생

최형철(남, 30)   반도체생산(대기업 정규직)

홍순임(여, 60)   건물청소원(용역)

황종수(남, 62)   아파트경비원(용역)

* 이름(성별, 나이) 직업 순.